荊木美行著

『日本書紀』に学ぶ

燃焼社

序にかえて―『日本書紀』の世界―

『日本書紀』の成立　本書で取り上げている『日本書紀』は、ほぼ同時代に完成した『古事記』とともに、日本人にとってはかけがえのない古典である。われわれは、この書を通して、自分たちの祖先が、日本という国の誕生や発展をどのようにとらえていたかを知ることができるのである。

『日本書紀』は、わが国初の勅撰歴史書で、その後『日本三代実録《にほんさんだいじつろく》』まで継続して編纂された六国史《りっこくし》の第一である。その完成・奏上のことは、『続日本紀《しょくにほんぎ》』養老四年（七二〇）五月条に「是《これ》より先、一品舎人親王《とねりのしんのう》、勅を奉《う》けたまはりて日本紀を修《あ》む。是に至りて功成りて奏上す。紀卅巻・系図一巻なり」と明記されており、完成の年次や当時の編輯総裁については問題がない。ただ、いつ誰が編輯に着手し、いかなる手順を経て完成したのかは、不明な点が多い。これは、ひとえに撰上時の上表が残っていないことによる。

編纂の開始は、川嶋皇子以下十二名に、帝紀及び上古の諸事を記定せよと命じた天武天皇《てんむてんのう》十年（六八二）の詔《みことのり》にもとめるのが通説だが、いっぽうで、和銅七年（七一四）二月の、紀清人《きのきよひと》と三宅藤麻呂《みやけのふじまろ》に詔して国史を撰ばせたという『続紀』の記事をもってその着手とするみかたもある。同条は、ふつう、完成を急ぐための梃入れ人事とみられていたが、そうではないとするのがこの説である。

たしかに、天武天皇十年三月を起点とすると、完成までに三十九年もの歳月を要したことになる。しかし、作業の開始が和銅七年二月だとすると、完成までの期間は約六年、それほど不自然とは云えない。しかも、直前の和銅五年には『古事記』が完成しているから、同書の不備を克服するために、新たな歴史書の編纂が思い立たれたのだとすると、両者の関係もうまく解釈できる。

ただ、和銅七年説では説明できないこともいくつかある。一つには、『日本書紀』が、「何某氏の祖」と書く場合の氏の姓《かばね》を八色《やくさ》の姓《かばね》（天武天皇十二年制定）以前のもので記す点である。これは、編纂の開始を和銅七年とする説では説明がむつかしく、事業の始動を天武天皇十年とすることによって、はじめて理解できることがらである。

また、つぎのような事例もある。安康天皇《あんこうてんのう》紀元年二月条には、天皇によって殺害された大草香皇子《おおくさかのみこ》に仕えていた難波吉師日香蚊《なにわのきしひかか》父子が、皇子の遺骸《いがい》の傍らで殉死した話が載せられている。忠臣日香蚊を称えるエピソードだが、こうした所伝が採用されているのは、日香蚊の子孫の難波大形《なにわのおおかた》が天武天皇朝の記定事業のメンバーの一人だったからだと考えられる。大形は、編輯会議の席上、自家の家記を持ち出し、日香蚊＝忠臣説を強く推したのであろうが、これなども、天武天皇十年の詔が『日本書紀』編纂を指示したものであることの証しである。

さて、こうしてみていくと、天武天皇の時代に『日本書紀』の編纂が始まったとする説はまず動かないと思うのだが、なお解決できない問題もある。それは、おなじく天武天皇朝に企劃された『古事記』との関係である。

『古事記』は、その序文によれば、天武天皇が稗田阿礼《ひえだのあれ》という舎人《とねり》を使って編纂を始めたものだという。天皇は、諸家の帝紀と旧辞が真実と異なり、偽りを多く加えていることを憂えていた。そして、「故《かれ》、惟《こ》れ帝紀を撰録し、旧辞を討覈《とうかく》して、偽を削り実《まこと》を定めて、後葉《のちのよ》に流《つた》へむと欲《おも》」って、その定本の編纂に着手したのである。

しかし、この作業は、天皇の存命中には完成しなかった。元明天皇の時代になって（持統・文武天皇の時代のことは、序文にとくに記載がないので不明とするほかない）、あらためて天皇が太安萬侶《おおのやすまろ》に命じて、阿礼の読んだ旧辞を「撰録」させたのが、現存の『古事記』である。序文には、和銅五年正月に至って献上されたとある。

こうした編纂の経緯を一瞥《いちべつ》しただけでも、『古事記』が『日本書紀』とかかわりの深い書物であることがわかるのだが、では、着手の先後や両者の関係はどうかと云うと、杳《よう》として知れない点が多い。ここに、記紀研究のむつかしさがある。

編者は誰なのか　編纂に携わった人々の名もすべては把握できない。確実なのは、最終段階における編輯総裁が舎人親王であったこと、和銅七年に紀清人と三宅藤麻呂がスタッフに加わったという二点だけである。

もっとも、天武天皇十年の詔が『日本書紀』に関するものだとすると、ここに名を連ねる川嶋・忍壁（刑部）二皇子と広瀬・竹田・桑田・三野の四王、それに前述の難波大形をはじめとする上毛野《かみつけのの》三千《みちぢ》・忌部首《いんべのおびと》・阿曇稲敷《あづみのいなしき》・中臣大嶋《なかとみのおおしま》・平群子首《へぐりのこびと》らが編者であったことになる。

ただ、老齢や死亡を理由に途中でこの事業から離れたひともあっただろうし、完成までにはメンバーの交替も少なくなかったと考えられる。坂本太郎氏は、大宝律令の編纂にかかわった藤原不比等《ふじわらのふひと》・下毛野古麻呂《しもつけののこまろ》・伊吉博《いきのはか》徳《とこ》・伊余部馬養《いよべのうまかい》についても、「これらの中には書紀の撰修にあずかってもおかしくない人がある」と推測しておられる。さらに、加藤謙吉氏は、養老五年に紀清人とともに表彰された文章博士《ものじょうはかせ》の山田三方《やまだのみかた》・下毛野古麻呂・楽浪《さざなみの》河内《かわち》を『日本書紀』編者にあてるとともに、彼らの多くが藤原不比等と接点をもっていたことを指摘される。

ところで、『日本書紀』の編者について重要な提説をされたのが、森博達《もりひろみち》氏である。氏は、『日本書紀』三十巻に用いられている漢文の用法から、α群（巻十四～二十一、二十四～二十七）とβ群（巻一～十三、二十二・二十三、二十八・二十九）に分類された（巻三十はべつ）。そして、α群はおおむね正確な漢文で書かれているのに対し、β群には倭習（漢文の誤用、奇用）が多くみられることから、α群は渡来人、β群は日本人の執筆であるとして、前者では薩弘格《さつこうかく》・続守言《しょくしゅげん》、後者では山田三方をその候補としておられる。

森氏の研究は、各巻の性格や成立順序から編者を類推しようとした意欲作だが、はたして、このようなわずかな人数で、厖大な『日本書紀』をまとめることができたであろうか。この点に一抹の不安が残る。さらに、α群・β群という区分についても、森氏の現行区分では、巻第一から十三までは、本文・歌謡・訓注を通じてβ群だが、亀山泰司氏によれば、巻第二の訓注はα群であり、また、巻第十一も、歌謡をふくむ本文がβ群で、訓注はα群だという。亀山氏の指摘のとおりだとすると、かならずしも森氏のような単純な分類は成立しない。むしろ、α群の、假名で施された後次加注は、『日本書紀』の複雑な編纂過程を示唆するかのようである。森氏の研究は、『日本書紀』の音韻論・文章論としては貴重だが、編者の推定に関しては、さらなる検証が需《もと》められる。

「系図」と「別巻」

ところで、さきにもふれたように、『日本書紀』には、ほぼ全部が伝存している本文とはべつに、「系図一巻」が存在した。この系図については、弘仁三年（八一二）の年紀を有《も》つ『弘仁私記《こうにんしき》』の序にも、

清足姫天皇（元正）の負扆の時、（分註略）親王及び安麻呂等、更に此《こ》の日本書紀三十巻并びに帝王系図一巻を撰ぶ。今、図書寮及び民間に見在す。

と記されている。ここで、「系図一巻」が「帝王系図一巻」と言い換えられているところをみると、この系図は、天皇を中心とする皇室系図であったことがわかる。

ただし、薗田香融氏によれば、記載事項はそれにとどまるものでなく、必要に応じて四世、五世の孫に及び、さらには皇別氏族《こうべつしぞく》（天皇の皇子皇女を始祖とする氏族）を説明した「始祖分注」もふくんでいたという。また、ほかにも、歴代天皇の宮都・崩年・宝算・山陵や、治世のおもな出来事といった、帝紀的な情報が盛られていた可能性も考えられる。

散逸の理由ははっきりしないが、十四世紀後半にまとめられた『本朝書籍目録《ほんちょうしょじゃくもくろく》』は、『日本書紀』の本文三十巻を「帝紀」の部に、「帝王系図一巻」を「氏族」の部に分類している。これをみると、はやい段階から「紀卅巻」と「系図一巻」は別個に扱われていたことが判明するのであって、あるいは、こうした認識が散逸の伏線となっているのかも知れない。すなわち、本文三十巻から分離した「系図一巻」は、閲覧に便利な、図式化された系図や、歴代天皇の事蹟を整理した年代記の普及に押され、次第に存在価値を失い、やがて姿を消したと想像されるのである。

ちなみに、雄略天皇紀二十二年（四七八）七月条には、有名な水江浦嶋子《みずのえのうらしまこ》伝説の詳細が「別巻」にみえるという注記があり、「系図一巻」のほかに「別巻」というものが存在したことが知られる。ただし、こちらも現存しない。『日本書紀』の「別巻」については別稿に譲るが、これは、おそらく、編纂過程で生じた餘材を分類・整理したものであろう。『日本書紀』では、採用を見送られたり、紙幅の都合で詳細を掲載できない資料もずいぶんあったと思われる。編纂に携わった人々は、そうした残材の散逸を惜しみ、それらを類聚して保管し、将来に備えることを思い立ったのであろう。その意味で、「別巻」の編纂はこんにち盛んなアーカイブスの魁《さきがけ》をなすものだと云える。

〔附記〕

紙幅の関係で、引用文献や途中の考証を省いたが、詳細を知りたいかたは、拙稿「『日本書紀』概説」（熱田神宮編『熱田本日本書紀』三〈八木書店、平成二十九年十二月〉所収）・「日本書紀研究の現在」（河内春人他編『日本書紀の誕生—編纂と受容の歴史—』〈八木書店、平成三十年四月〉所収）をご覧いただきたい。また、「別巻」については第Ⅰ篇第四章を参照されたい。

『日本書紀』に学ぶ【目次】

第Ⅰ篇　総　論

第一章　『日本書紀』の成立

『日本書紀』の成立

『日本書紀』は、[1]わが国初の勅撰歴史書で、その後『日本三代実録《にほんさんだいじつろく》』まで継続して編纂された六国史《りっこくし》の第一である。その完成・奏上のことは、『続日本紀《しょくにほんぎ》』養老四年（七二〇）五月条に、

是《これ》より先、一品舎人親王《とねりのしんのう》、勅を奉《う》けたまはりて日本紀を修《あ》む。是に至りて功成りて奏上す。紀卅巻・系図一巻なり。

と明記されており、[2]完成の年次や当時の編輯総裁については異論がない。ただ、撰上の際に附されていたはずの序文や上表文が残っていないために、[3]編纂の経緯は不明な点が多い。ゆえに、『日本書紀』撰修の意図を知るためには、同書の成立をあきらかにしておく必要がある。そこで、小論では、まず、『日本書紀』の成立に関する卑見を開陳し、それを踏まえつつ、同書がなにを目的として編まれたのかを考えてみたい。

『日本書紀』の編纂にかかわるもっとも古い記録は、天武天皇十年（六八一）にまで溯る。すなわち、『日本書紀』天武天皇十年三月には、

丙戌。天皇、大極殿に御《おはしま》して、川嶋皇子・忍壁《おさかべの》皇子・広瀬王・竹田王・桑田王・三野王・大錦下上毛野君《かみつけののきみ》三千《みちぢ》・小錦中忌部連首《いんべのむらじこびと》・小錦下阿曇連稲敷《あづみのむらじいなしき》・難波連大形《なにはのむらじおほかた》・大山上中臣連大嶋《なかとみのむらじおほしま》・大山下平群臣子首《へぐりのおみこびと》に詔《みことのり》して、帝紀及び上古の諸事を記定《しるしさだ》めしめたまふ。大嶋・子首、親《みづか》ら筆を執りて以て録す。

とあって、天武天皇が多数の王族・豪族を集めて、帝紀・上古の諸事の整理に着手したことがみえている。ここにいう帝紀（帝皇日継・先紀・帝王本紀とも）とは皇代記のことである。[4]また、上古の諸事（旧辞・本辞・先代旧辞とも）とは、

神代巻のすべてと皇代記の一部に該当する神話・伝承のたぐいである。そして、これらを「記定め」させたという右の事業こそが、『日本書紀』編纂の始まりだと云われている。結論を先に云えば、筆者も、そう考えてよいと思う。ただ、『日本書紀』の編纂が天武天皇十年三月に企劃・立案されたとすると、同じころ天皇が編纂に着手したという『古事記』との関係が問題になる。そこで、『古事記』についてもふれておきたい。

『古事記』は、その序文によれば、天武天皇が稗田阿礼《ひえだのあれ》という舎人を使って帝紀・旧辞の討覈《とうかく》（よく調べて正すこと）に着手したのが、その最初だという。もっとも、この作業は、天武天皇朝には完成せず、元明天皇の時代になって（持統・文武天皇の時代のことは、序文にとくに記載がないので不明とするほかない）、あらためて太安萬侶《おおのやすまろ》（安麻呂とも）に命じて、阿礼の読んだ旧辞を「撰録」させたのが、現存する『古事記』である。序文には、和銅五年（七一二）正月二十八日に元明《げんみょう》天皇に献上されたとある。

こうして完成した『古事記』は、三巻から成る。上巻は神代の話で、中・下巻は人代を取り扱う。具体的には、天御中主神《あめのみなかぬしのかみ》から日子波限建鵜草葺不合命《ひこなぎたけうがやふきあえずのみこと》以前を上巻で、神武《じんむ》天皇から応神《おうじん》天皇の十五代を中巻で、仁徳《にんとく》天皇から推古天皇の十八代を下巻で、それぞれ記述している。神のこととして語られる古い時代の物語を上巻にまとめたのは当然として、歴代天皇のことを中巻と下巻にわけ、応神天皇以前を中巻としたのは、いかなる理由にもとづくものか。これは、おそらく、『古事記』が編纂された七八世紀には、応神天皇以前を「遠つ世」とみなす時代認識が一般化していたことによるものであろう。[5]

ところで、先の天武天皇十年三月の詔を『古事記』撰録の始まりとみる説がある。[6] (一)『古事記』も天武天皇が始めた事業である、(二)記序にも帝紀・旧辞の討覈が謳われている、という二点を考慮すると、両者の関係は誰もが思いを致すところである。しかし、この説にはいささか無理がある。なぜなら、『古事記』序には、

即ち阿礼《あれ》に勅語《みことのり》して、帝皇の日継《ひつぎ》と先代の旧辞とを誦《よ》み習はしめたまひき。

とあり、同書の編纂は、天皇が自身の身辺に仕える阿礼と二人で始めた小規模な作業だったとみられるからである。[7]

これは一つの仮説だが、天皇は、この作業を通じて官撰の歴史書の必要性を痛感し、阿礼との作業とはべつに、あらたに天武天皇紀十年三月条にみえるような大規模な国史編修を思い立ったのではあるまいか。天武天皇朝に始まったという、『古事記』『日本書紀』という二つの歴史書編纂の関聯・先後関係についてはいろいろと説があるが、筆者は、そのように考えている（図1参照）。

ただ、その後の記録には『日本書紀』の編纂事業はみえず、これが天武天皇の在位中にどこまで進んだのかはよくわからない。しかし、詔の出た翌年三月に境部石積《さかいべのいわつみ》らに命じて造らせたという『新字《にいな》』四十四巻や、持統《じとう》天皇五年（六九一）八月に諸氏に提出を命じた「墓記（纂記）」は、『日本書紀』編纂のための準備、ないしは材料の蒐集とみられている。[8]

以後の足取りは杳として摑めないが、やがて元明天皇朝に至って、事業は再開されたらしく、『続日本紀』和銅七年（七一四）二月戊戌条には、つぎのような記事がみえている。

従六位上紀朝臣清人《きのあそみきよひと》・正八位下三宅臣藤麻呂《みやけのおみふじまろ》に詔《みことのり》して、国史を撰ばしめたまふ。

これはおそらく、『日本書紀』の編修局に紀清人・三宅藤麻呂の二人が新たに加入したことを云うものであろう。舎人親王が編修局の総裁に任じられたのも、あるいはこのころかも知れない。[9] ここに云う「国史」を『日本書紀』と解釈することには異論もあるが、[10] 筆者はそう考えて差し支えないと思う。撰進前の『日本書紀』にはまだ正式名称がなかったであろうから、それを「国史」と称しているのは格別不審なことではない。

ただ、これとはべつに、右の記事をもって『日本書紀』編修の始まりとみなす説[11]がある。

なるほど、そう考えると、『日本書紀』成立の事情をうまく説明できるところがある。たとえば、天武天皇十年

図１　『古事記』『日本書紀』の編纂過程（私案）

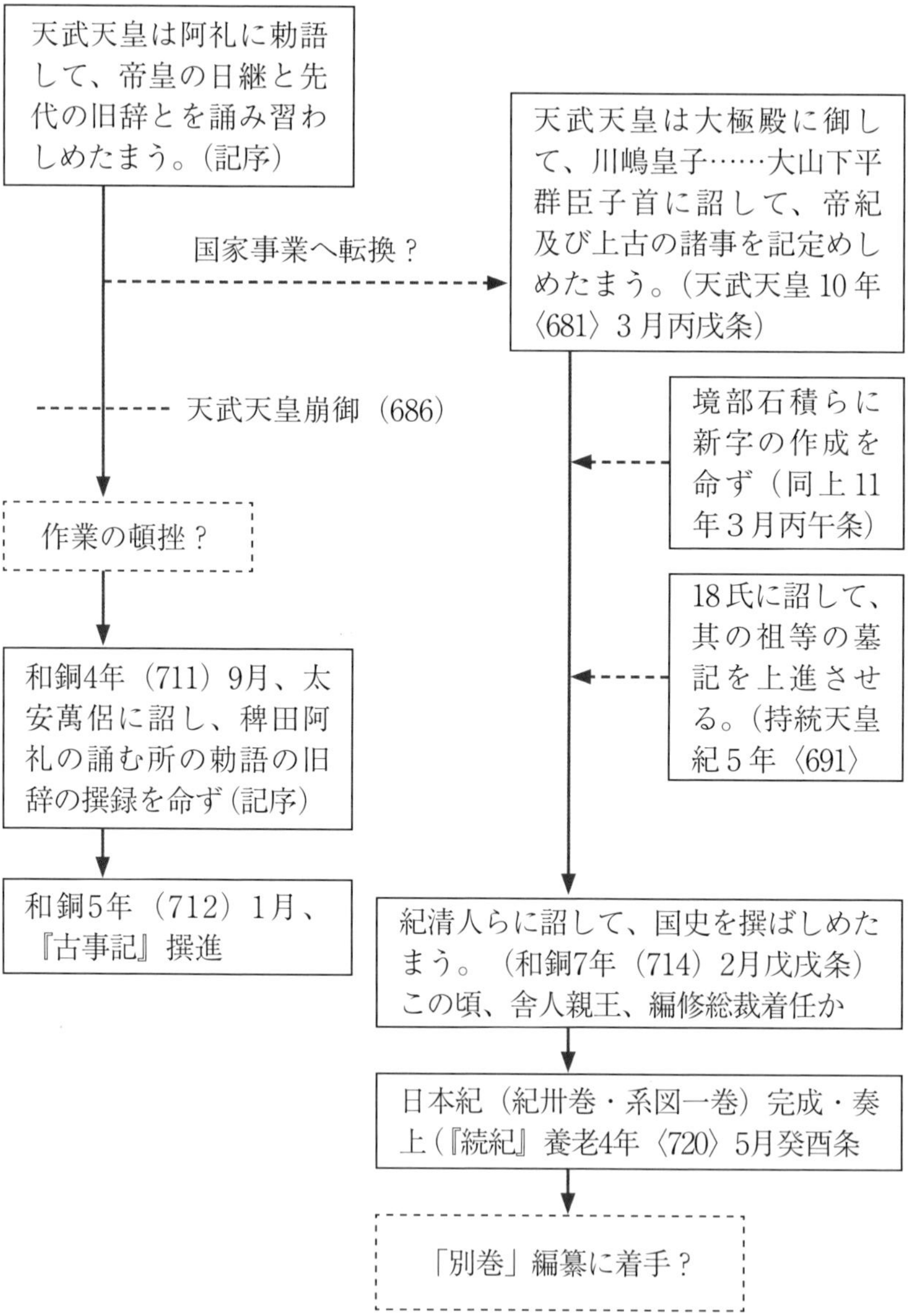

三月を起点とした場合、『日本書紀』は完成までに四十年近い歳月を要したことになるが、これは、いささか長きに失した感がある。その点、和銅七年二月を編修開始とすれば、完成までは約六年となり、それほど不自然でない。また、直前の和銅五年には、すでに『古事記』が完成している。そこから、『日本書紀』は、『古事記』のどこかに不満があって、それを克服するために編修されたのだと考えると、両者の関係を巧みに説明できる。

こうしてみると、和銅七年説はなかなか魅力的だが、よく考えると、疑問がないわけではない。

まず、天武天皇十年三月の記事だが、これを、広義の『日本書紀』編纂の開始ととらえることは、それほど不都合なことではないと思う。天武天皇朝は、壬申の乱における勝利を梃子《てこ》に、天皇の権力が強化され、国力が充実した時期である。したがって、この時期、律令の整備とともに、国史の編纂が思い立たれたとしても不思議ではない。また、四十年という年月についても、現代人の感覚からすれば、いささか長すぎるかも知れないが、後続の『続日本紀』にしても、完成までに三十年を要している。はじめての本格的な国史の制作に多くの歳月を費やしたとしても、それは怪しむに足りない。

むろん、これだけでは納得しない読者もおられるだろう。しかし、有力な証拠が、ほかならぬ『日本書紀』にある。それは、同書が「何某氏の祖」と記す場合の氏《うじ》の姓《かばね》が、いずれも天武天皇十三年（六八四）に制定された八色《やくさ》の姓《かばね》以前のものであるという点である。(12) これは、『日本書紀』が天武天皇朝以前の材料を利用した証しであって、編纂作業を和銅七年二月以降とする説では説明がつかない。

つぎに、『古事記』との関係だが、『日本書紀』が、かならずしも『古事記』の不備を補う目的で編纂されたとは断言できない。たしかに、『日本書紀』は『古事記』よりも分量が多く、内容も豊富である。歴史書としての体裁は、『日本書紀』のほうがはるかに整っている。

しかし、帝紀と旧辞のみを素材とするわずか三巻の『古事記』と、それ以外にも資料の博捜につとめ、国家の歴史を描こうとした『日本書紀』とでは、書物としての性格が大きく異なる。『古事記』に満足できないからといって、『日本書紀』が編まれたというのは、いささか短絡的ではあるまいか。第一、『日本書紀』が『古事記』の欠点を克服するために編まれたのであれば、かならずや『古事記』を引用したにちがいないが、そうした徴証はいっさい見当たらないのである。[13]

以上のような理由から、筆者は、和銅七年二月の記事そのものを否定するものではないが、このときから『日本書紀』の編修が始まったとみる説は採らない。むしろ、持統天皇崩御のあと停滞していた国史編纂の事業が、ここに至って、完成に向けて再開されたというのが真相でないだろうか。その意味で、この記事を、舎人親王を総裁とする、狭義の『日本書紀』編纂の開始と表現することは、かならずしも事実に反するものではない。

誰が書いたのか

では、『日本書紀』は、いったい誰が編纂したのか。

はっきりしているのは、最終段階における編修総裁が舎人親王という点だけである。

舎人親王は、天武天皇の第三皇子で、母は天智天皇皇女の新田部《にいたべの》皇女である。天武天皇五年（六七六）に生まれ、天平七年（七三五）十一月に薨《こう》じている。『公卿補任《くぎょうぶにん》』に年六十とあるから、『日本書紀』撰進のときには四十四歳だったことになる。親王は、持統天皇九年（六九五）正月に浄広弐《じょうこうに》を授けられ、養老二年（七一八）正月、二品《にほん》から一品《いっぽん》に昇っている。『日本書紀』完成の前年十月には、同じく天武天皇皇子の新田部親王とともに皇太子（のちの聖武《しょうむ》天皇）の輔《ほ》翼《よく》を命じられ、内舎人《うどねり》・大舎人《おおとねり》・衛士《えじ》を与えられ、封戸《ふこ》も二千戸に及んだという。また、『日本書紀』完成の三カ月後は、知太政官事《ちだじょうかんじ》に任じられており、薨ずるまでその地位にあり、新田部親王とともに、元正《げんしょう》〜聖武天皇朝において宗室の年長として政界に重きをなした。

前述のように、天武天皇紀十年三月条にみえる帝紀及び上古の諸事を記し定めたという詔が『日本書紀』編纂の開始だとすると、川嶋皇子と忍壁（刑部）皇子もそのメンバーだったことが知られる。ただ、この二人は、それぞれ持統天皇五年（六九一）九月、慶雲二年（七〇五）五月に薨じている。天武天皇皇子では、長《なが》親王（第四皇子）と穂積《ほづみ》親王（第五皇子）も霊亀元年（七一五）に薨じたので、天武天皇の皇子でこの事業にふさわしい人物は、舎人親王を措いてほかにいなかったのである。

つぎに、編纂スタッフとしては、どのような人物が想定できるであろうか。

天武天皇紀十年三月条によって、広瀬王・竹田王・桑田王・三野王という四人の諸王と上毛野三千・忌部首・阿曇稲敷・難波大形・中臣大嶋・平群子首の名が判明するが、老齢や死亡を理由に途中でこの事業から離れたものもいたであろうから、完成までには、さらに多くの人々がかかわったと思われる。最終段階でこの事業のメンバーに加わった紀清人・三宅藤麻呂の二人は、その名が特定できる稀有な例である。[14]

天武天皇十年三月当時の編修委員に関しては、興味深い研究がある。それは、『日本書紀』安康《あんこう》天皇元年二月戊辰条にみえる、大草香皇子《おおくさかのみこ》事件（この話は、安康天皇記にもほぼ同じ内容のものがみえる）を取り上げた粕谷興紀《かすやおきのり》氏の論文である。[15] 安康天皇紀によれば、安康天皇が、弟の大泊瀬皇子《おおはつせのみこ》（のちの雄略天皇）に大草香皇子の妹の幡梭皇女《はたびのひめみこ》（『古事記』では「若日下王」）を娶《めと》らせようとして根使主《ねのおみ》（『古事記』では「根臣」）を使者として大草香皇子のもとに派遣したという。ところが、彼は、大草香皇子が妹の贈り物として献上した押木《おしき》の玉縵《たまかずら》に目が眩《くら》み、「皇子は妹を差し出すことを拒否している」と讒言《ざんげん》する。そして、これを信じた安康天皇は、激怒して大草香皇子を殺害するのだが、この時、皇子に仕えていた難波吉師日香蚊《なにわのきしひかか》の父子は、主君が罪なくして死んだことを悼み、皇子の遺骸《いがい》の傍らで殉死したという。

ところが、『日本書紀私記《にほんしょきしき》』甲本（弘仁三年（八一二）におこなわれた日本紀講筵の記録で、『弘仁私記』とも云う）の安康天皇の巻には、「帝王紀」と称する別系統の史料が残されている。それによると、日香蚊は、主君の大草香皇子のあとを追って自殺したのではなく、安康天皇の軍勢に殺されたことになっている。しかも、そこには、『日本書紀』にみえる忠臣の面影は微塵《みじん》もなく、安康天皇側の軍衆から「蠕蜋匹夫（蠕螂のように卑しい奴）」と侮蔑される狡猾《こうかつ》な従者の姿があるだけである。

「帝王紀」と『日本書紀』を比較するとき、両者に共通するのは、㈠大草香皇子に仕える従臣として日香蚊なる人物がいた、㈡彼は首を切るという形で命を落とした（自殺か他殺かは不明）、という二点であり、その人物評価に至っては、「帝王紀」と『日本書紀』とでは百八十度ちがう。いずれの描写が真実に近いのかはしばらく措くとして、『日本書紀』が日香蚊父子を忠臣とする伝承を採用したのは、いかなる理由によるものか。

これは、おそらく、『日本書紀』の編纂のメンバーに日香蚊の子孫にあたる難波大形が加わっていたことと関係があると考えられる。『日本書紀』天武天皇十年正月丁丑条には、

丁丑。（中略）是日。親王・諸王を内安殿《うちのあんどの》に引入れ、諸臣は、皆外安殿《とのあんどの》に侍り、共に置酒《おほみきめ》して楽を賜ふ。則ち大《だい》山上《せんじょう》草香部吉士《くさかべのきし》大形《おほかた》に小錦下の位を授く。仍りて姓《かばね》を賜ひて難波連《なにはのむらじ》と曰ふ。

とあって、大形は、『日本書紀』編纂がはじまる直前に難波連を賜っている。

こうしてみると、日香蚊を忠実な従臣として描く記述も、大形が自家の家記を持ち出して、忠臣説を強く推したと考えれば、合点がいく。天武天皇十年三月の記定事業を『日本書紀』編纂の開始とみる説は、じつは、こうした内的証拠からも裏づけられるのである。

なお、編者を取り上げた機会に、太安萬侶についてもふれておこう。

『古事記』の撰者安萬侶が、『日本書紀』にも関与していたことは、『弘仁私記《こうにんしき》』序にみえる。この説は『日本紀《にほんぎ》竟宴《きょうえん》和歌《わか》』（宮中で『日本書紀』の講じたあとの宴会で詠まれた和歌をまとめたもの）序にも踏襲されており、これを認める研

究者も少なくない。しかし、いっぽうでは、弘仁講筵の講師で安萬侶の子孫の多人長《おおのひとなが》がとくに祖先の名をあげたのではないかというみかたもあり、いまだに決着をみない。ただ、㈠『古事記』序と『日本書紀』本文に共通の用語がみられること、[16]㈡神代紀に引かれた一書に『古事記』とよく似た説があること、[17]㈢養老五年（七二一）の日本紀講筵の講師を安萬侶とする説のあること、などを考慮すると、安萬侶の関与を想定することも、あながち的外れな推測ではない。

書紀編纂の意図

以上、『日本書紀』が完成に至るまでの経緯と、編纂に携わった人々を推測してきたが、これを要するに、同書は、天武天皇の提案によって編纂が開始されたものと考えられる。途中、停滞はあったものの、元明天皇朝に事業が再開され、舎人親王を編修総裁とする体制が整い、養老四年に至って完成した。元明天皇は、夫草壁皇子《くさかべのみこ》の父である天武天皇の遺志を継ぎ、この事業を全うしようとしたのであろう。[18]

ところで、こうした筆者の臆測が中《あた》っているとすれば、『日本書紀』の企劃は、天武天皇が稗田阿礼を使って始めた帝紀・旧辞の討覈にまで溯ることになる。だとすると、『日本書紀』のそもそもの編纂の意図は、ほかならぬ『古事記』序文に語られていることになる。

そこで、あらためて『古事記』の序を読んでみよう。これによれば、天武天皇は、諸家で承け伝えもっている帝紀と旧辞は、すでに真実とちがい、偽りを多く加えていることを耳にし、「故《かれ》、惟《これ》れ帝紀を撰録し、旧辞を討覈して、偽《いつはり》を削り実《まこと》を定めて、後葉《のちのよ》に流《つた》へむと欲《おも》」って記定事業を始めたのだという。つまり、天皇のねらいは、帝紀と旧辞の正説を択ぶところにあったのである。「斯《こ》れ乃《すなは》ち邦家の経緯、王化の鴻基《こうき》なり。（この帝紀と旧辞は、すなわち国家組織の根本となるものであり、天皇統治の礎である）」という言葉には、二書が国家の根幹をなすものであるという、天皇の考えがよくあらわれている。

では、そもそも、この帝紀や旧辞は、いつごろなんの目的で編まれたものなのか。

編纂の時期を欽明天皇朝とみたのは津田左右吉《つだそうきち》氏だが、(19)その論文にははっきりした根拠は示されていない。しかし、『古事記』下巻の皇位継承の伝承は、欽明天皇即位の正統性を示したところで終わっているので、帝紀のもとになる「原帝紀」が欽明天皇朝に作られたとする推測は理に適《かな》っている。(20)そこで、以下、この点について、詳しく解説しておこう。

武烈《ぶれつ》天皇記には、

故、品太天皇《ほむだのすめらみこと》の五世の孫、袁本杼命《をほどのみこと》を、近淡海国《ちかつあふみのくに》より上《のぼ》り坐《いま》さしめて、手白髪命に合せて、天の下を授《さず》け奉《まつ》りき。

〈応神天皇の五世孫の袁本杼命〈継体天皇〉を近江国から上京させて、手白髪命に娶わせて天下をお授け申し上げた〉」

とあるが、こうした書きぶりは、『古事記』が、継体《けいたい》天皇ではなく、仁賢《にんけん》天皇皇女の手白髪命を王権の正統な後継者とみなしている証拠である。しかも、『古事記』では、欽明天皇の即位を安閑《あんかん》・宣化《せんか》天皇のそれより先に掲げたり、欽明天皇の宮のことを「師木嶋大宮」と表現するなど、欽明天皇を特別視した記事が目につく。これらは、いずれも、尾張氏の血を引く安閑・宣化天皇よりも、手白髪命が生んだ欽明天皇のほうが、王権の正統な後継者であるとする認識、ないしは主張にもとづくものである。

してみると、『古事記』下巻の皇位継承の伝承は、仁徳→履中→仁賢→欽明天皇系の王統を是とする立場によって書かれた物語であり、そうしたストーリーは、一連の話の最後にくる欽明天皇の治世にまとめられたと判断するのが自然である。

しかも、葛城《かづらき》氏が仁徳・履中天皇系の王統と親密な関係にあったことを思えば、「原帝紀」の編纂に同氏が関与していた可能性が考えられる。欽明天皇朝には、葛城氏の同族である蘇我《そが》氏から大臣が出ているし（蘇我稲目）、馬子の娘の堅塩媛《きたしひめ》と小姉君《おあねのきみ》は、ともに欽明天皇の妃であった。この点からも、欽明天皇朝は「原帝紀」が編纂されるのに相応しい時代である。当時、天皇は、継体→安閑→宣化天皇系の王統と対立していたから、みずからの正統性を「原帝紀」に書き残しておく必要があったのであろう。

さて、このようにみていくと、帝紀や旧辞はヤマト政権の大王を支える思想的な拠りどころであったことがわかる。それゆえ、王権にとって不都合な内容をふくむ異本の蔓延は、王権の存立基盤を殆《あやう》くするものであった。天武天皇が、帝紀・旧辞の討覈を急務とした理由も、おそらくそこにあったのであろう。未曽有《みぞう》の内乱の末に即位した天皇もまた、二書によって自身の正統性を主張する必要があったのである。

ただ、天武天皇朝の帝紀・旧辞の討覈作業の目的がそこにあったとしても、これをそのまま『日本書紀』に当て嵌《は》めることはできない。なぜなら、前述のように、実際の『日本書紀』は、帝紀・旧辞以外にも、豊富な材料を駆使した、本格的な歴史書だからである。とくに、中国史書の本紀の体裁を強く意識していることは、『日本書紀』の史書としての性格をよくあらわしている。

思うに、当初は帝紀と上古の諸事(旧辞)の決定版を目指していたが、編纂が長引くあいだに、編集方針の転換があったのであろう。そのため、『日本書紀』が最終的に目指したところはなんだったのかと問われれば、肇国《ちょうこく》以来の歴史を綴《つづ》った、堂々たる国史を作ることにあったと答えるのが正解であろう。

とはいえ、『日本書紀』がその主たる材料を帝紀・旧辞に仰いだ以上、その性格に規制されるのはある程度やむをえない。仁徳天皇や仁賢天皇をきわめて徳の高い聖帝に描くところなどは、その片鱗である。しかしながら、長期にわたる編纂の結果、かなりの部分にわたって古代天皇制の立場から改変が施されており、(21)『古事記』下巻に残る思想は影をひそめてしまったのである。

注

（1）『日本書紀』には別に「日本紀」という称謂がある。そのことは、この書物のことを記した史料に、二様の表記があらわれることからもあきらかである。ただ、どちらが本来の書名であったのかは、はっきりしない。『続日本紀』養老四年五月条に「日本紀」とあることや、『続日本紀』以下の国史が「日本紀」と称する点を根拠に、「日本紀」のほうを本名とする説がある。しかし、これらの論拠は、「日本紀」が『続日本紀』の撰進された延暦十年代（七九一～八〇〇）の通称であったことを示すに過ぎず、撰修当時の書名が「日本紀」であったことの証しにはならない。なお、塚口義信「『日本書紀』と『日本紀』の関係について」（『續日本紀研究』三九二、平成二十三年六月）は、「日本紀」は「日本書紀」三十巻と「系図一巻」の総称であり、「日本書紀」と「日本紀」は区別すべき用語だとする前人未発の新説である。同氏の所説についてはなお慎重に検討したいが、小著では、「日本書紀」で統一している。ご寛恕を乞う次第である。

（2）現存しない「系図一巻」と雄略天皇紀二十二年条にみえる「別巻」については、それぞれ第Ⅰ篇第二章と附論を参照されたい。なお、「別巻」については『日本書紀研究』第三十三冊（塙書房、令和二年三月）所収の「『日本書紀』の「別巻」をめぐって」で詳しくのべているので、これまた参照を乞う。

（3）『続日本紀』の当該条には、本来、『日本書紀』完成の経緯がいま少し詳しく記述されていた可能性がある。『続日本紀』前半二十巻はもと三十巻あったものを圧搾した経緯があるので、その際に割愛されたのかも知れない。

（4）帝紀になにが記されていたのかは、研究者によって多少とらえかたが異なるが、歴代天皇の諡号《しごう》または称号、都の所在地、后妃の出自、皇子皇女、崩年、山陵の所在地などであろう。このほかにも、治世における重要事項や、さらには、皇位継承をはじめとする、かなり具体的な物語がふくまれていたことは、本文で紹介した大草香皇子事件の異伝を掲げる「帝王紀」の存在などから類推できる。

（5）この点については、塚口義信「『古事記』の三巻区分について」（横田健一編『日本書紀研究』第十二冊〈塙書房、昭和五十七年十一月〉所収）を参照。

（6）平田俊春「古事記の成立」（『藝林』一―二・三、昭和二十五年六・八月、のち改題して平田氏『日本古典の成立の研究』〈日本書院、昭和三十四年十月〉所収）五二～五九頁。なお、直木孝次郎氏は、天武天皇十年二月の律令編纂の詔とのかかわりから、同年以前に天武天皇が歴史編纂に着手していたというのは早過ぎるとして、平田説を支持し、つぎのようにのべておられる。「大がかりにやろうとしたが、なかなかうまくいかない、それで天武天皇はみずから稗田阿礼を相手に歴史編纂に着手した。これが天武天皇の十三、四年のころのことであろう」（「古事記・日本書紀の成立過程」『別冊歴史読本「古事記」「日本書紀」の謎』〈新人物往来社、平成七年二月〉所収、のち直木氏

『直木孝次郎古代を語る』3〈吉川弘文館、平成二十年十二月〉所収、六六～六七頁）。しかし、『古事記』に着手したのがいつだったかは、記序にも記されていないので、直木説も推測の域を出ない。

（7）坂本太郎「日本書紀の成立」（『國學院大學日本文化研究所紀要』三、昭和三十三年八月、のち『坂本太郎著作集』第二巻〈吉川弘文館、昭和六十三年十二月〉所収）は、それを即位後まもなくのことと推測するが（八三頁）、おそらくそのとおりであろう。

（8）『新字』の内容については諸説あるが、「前年から始まった国史編纂に資するため、古語や国語を表記すべき文字を選定した書」とみる説にしたがう（和田英松「天武天皇の新字に就て」『東亜の光』一四―一一、大正八年十一月、のち和田氏『國史國文之研究』〈雄山閣、大正十五年二月〉所収・嵐義人「最古の漢和辞典「新字」をめぐって」『別冊歴史読本　日本古代史「記紀・風土記」総覧』〈新人物往来社、平成十年三月〉所収、など参照）。また、「墓記（纂記）」については、坂本太郎「纂記と日本書紀」（『坂本太郎著作集』第二巻〈前掲〉所収）四～五頁による。なお、「墓記」に関する近年の研究としては、笹川尚紀「墓記考」（同氏『日本書紀成立史攷』〈塙書房、平成二十八年三月〉所収）がある。

（9）和田英松『本朝書籍目録考證』（明治書院、昭和十一年十一月）は、和銅七年二月条が舎人親王の奉勅を書き落としている可能性を指摘する（三七頁）。

（10）中西康裕「『続日本紀』と実録」（『續日本紀研究』三二八、平成十二年十月、のち改題して中西氏『続日本紀と奈良朝の政変』〈吉川弘文館、平成十四年七月〉所収）。

（11）平田氏「古事記の成立」（前掲）六〇頁参照。なお、坂本氏の「古事記→帝紀旧辞記定＝日本書紀撰修開始」説への反論に関しては、同氏「天武天皇の叡慮と日本書紀の撰修」（『藝林』二―四、昭和二十六年八月、のち平田氏『日本古典の成立の研究』〈前掲〉所収）も参照。なお、黒板勝美校訂・解説『日本書紀精粋』（大日本教化図書株式会社、昭和八年十二月）の「序説」一〇～一一頁や、和田英松『本朝書籍目録考證』（前掲）三四～三七頁も、舎人親王を編修総裁とし、紀清人・三宅藤麻呂らの参劃する狭義の『日本書紀』は、この和銅七年（七一四）二月をもって編修が開始されたとしている。ちなみに、坂本太郎『六国史』（昭和四十五年一月、吉川弘文館、のち『坂本太郎著作集』第三巻〈吉川弘文館、昭和六十四年一月〉所収）四三頁では、「和銅七年を書紀撰修の起点とする説」として、岩橋小彌太『上代史籍の研究』（吉川弘文館、昭和三十一年一月、のち同四十八年三月増補版）を紹介するが、岩橋氏は「此の事を直に日本書紀の編纂と断定する事も多少の危険を含むといはなければならない」（一一九頁）とのべ、むしろこの説には懐疑的である。

（12）山田英雄『日本書紀』（教育社、昭和五十四年六月、のち『日本書紀の世界』として平成二十六年二月に講談社から再刊）二六頁。

(13) 坂本氏「日本書紀の成立」(前掲) 七八〜七九頁。

(14) このほか、坂本氏は、大宝律令の編纂にかかわった刑部親王・藤原不比等・下毛野古麻呂・伊吉博徳・伊余部馬養についても、「これらの中には書紀の撰修にあずかってもおかしくない人がある」(『六国史』〈前掲〉四五〜四六頁) とのべておられる。また、加藤謙吉「『日本書紀』と渡来人」(大山誠一編『聖徳太子の真実』、平凡社、平成十五年十一月、のち平成二十六年二月に平凡社ライブラリー所収) は、養老五年に紀清人とともに表彰された文章博士の山田三方・下毛野古麻呂・楽浪河内を『日本書紀』編纂のメンバーと推定しておられる。加藤氏は、『日本書紀』編纂に関与したと推定される人物の多くが、藤原不比等と接点をもつことも指摘しておられる。

(15) 粕谷興紀「大草香皇子の虚と実」(『皇學館論叢』一一―四、昭和四十三年八月)。

(16) 太田善麿『古代日本文学思潮論 (Ⅲ) 日本書紀の考察』(桜楓社、昭和三十七年十一月) 一一一〜一一二頁。なお、この問題については、西田長男「壬申紀の成立と古事記」(『國學院雜誌』六三―九、昭和三十七年九月、のち同氏『日本神道史研究』第十巻〈講談社、昭和五十三年八月〉所収)・西宮一民「古事記序文の成立について」(『國學院雜誌』六六―四、昭和四十年四月、のち同氏『日本上代の文章と表記』〈風間書房、昭和四十五年二月〉所収)・粕谷興紀「古事記序文の壬申の乱―西田長男博士の所説を中心として―」(『藝林』二〇―一、昭和四十四年二月) も参照されたい。

(17) 直木氏「古事記・日本書紀の成立過程」(前掲) 七五頁。

(18) 山田氏『日本書紀の世界』(前掲) 三一頁。

(19) 津田左右吉『日本古典の研究』(岩波書店、昭和二十三年八月、のち『津田左右吉全集』第二巻〈岩波書店、昭和三十八年十月〉所収) 四八頁。

(20) 塚口氏「〝原帝紀〟成立の思想的背景」(『ヒストリア』一三三、平成三年十二月) 一一七〜一二〇頁。なお、旧辞の成立年代はあきからでない。同書はしばしば帝紀と併称されるので、原帝紀の成立が一つの目安になるが、これも決定的な根拠ではない (塚口義信「帝紀・旧辞とは何か」『新視点　日本の歴史』第二巻〈新人物往来社、平成五年三月〉所収、一五〇頁)。

(21) 具体例は枚挙に遑がないが、たとえば、「大悪天皇」とされる雄略天皇がいっぽうで「有徳天皇」と記されるのは、允恭天皇系の天皇を愚かで無能な人間とする「原帝紀」の思想に対し、『日本書紀』編者が天皇絶対制の立場から修正を試みた結果だと考えられる。この問題については、内海洋子「雄略天皇像について」(『日本書紀研究』第二〇冊、塙書房、平成八年十月)・塚口義信「『古事記』における雄略天皇像をめぐって」(同上第一三〇冊、塙書房、平成二十六年十一月) を参照されたい。

第二章　『日本書紀』の「系図一巻」

「系図一巻」とはなにか

『日本書紀』は、『古事記』におくれること八年、養老四年（七二〇）五月、舎人《とねり》親王が勅を奉じて撰進した歴史書である。完成のことは、『続日本紀』養老四年五月二十一日条に、

先レ是。一品舎人親王奉レ勅。修二日本紀一。至レ是功成奏上。紀卅巻。系図一巻。

とみえている。ここで注目されるのは、『日本書紀』には、現存する「紀卅巻」に加えて、べつに「系図一巻」が存在したことである。

弘仁三年（八一二）に宮中でおこなわれた「日本紀講筵」の記録を『弘仁私記《こうにんしき》』と云うが、この講義録の序文にも、

清足姫天皇負扆之時。親王及安麻呂等。更撰二此日本書紀三十巻并帝王系図一巻一。今見在二図書寮及民間一。

という記事がみえている。これが、さきの『続日本紀』養老四年（七二〇）五月条に対応することは一目瞭然だが、ここでは「系図一巻」が「帝王系図一巻」と言い換えられている。岩橋小彌太《いわはしこやた》氏は、二つの記事の比較から、「謂ゆる系図一巻は書紀中に見える所の諸家の系図まで網羅したものでなく、唯皇室のみの系図であるといふ事を示してゐるやうでもある」とのべておられるが（「日本書紀」（『増補上代史籍の研究』上巻〈吉川弘文館、昭和四十八年三月発行〉所収、一五〇頁）、筆者も、「系図一巻」に歴代天皇の系譜が書かれていたことは認めてよいと思う。

薗田香融氏の研究

そもそも、ここに云う「系図」とは、いかなるものなのか。

「系」は血筋のつづきを意味し、「図」はえがくことだと云うが（田中卓「姓氏と系図」『日本姓氏大事典』〈新人物往来社、昭和五十三年十一月〉、のち『田中卓著作集』第二巻〈国書刊行会、昭和六十一年十月〉所収、四九四頁）、「系図」という漢語は中国にもあまり例がない。諸橋轍次氏の『大漢和辞典』にみえる「系図」の用例も、右の『続日本紀』の記事だけである。このことは、「系図」がかの地において一般的な用語ではなかったことを示唆しているが（中国では、祖先から代々受け継いだ系統や血筋をあらわす語としては、むしろ「世系」が一般的である。『新唐書』にも「宗室世系」「宰相世系」の例がある）、日本では好んで用いられたようである。

「系図」の用例が乏しいとなると、系図が本来いかなるものを意味したか、定義がむつかしい。字義によって、「譜第《ふだい》」「譜図《ふと》」「系譜」などとおなじく、氏族・家族の血縁関係を代々記した記録と考えるにしても、ここで問題としている「系図一巻」にどのような情報が盛り込まれていたかは判然としない。

ただ、そうしたなか、薗田香融《そのだこうゆう》氏は、興味深い假説を提唱しておられる（①「日本書紀の系図について」末永先生古稀記念会編『古代学論叢』〈同記念会、昭和四十二年十月〉所収、のち薗田氏『日本古代財政史の研究』〈塙書房、昭和五十六年六月〉所収、②「消えた系図一巻」（上田正昭ほか『「古事記」と「日本書紀」の謎』〈学生社、平成四年九月〉所収）。同氏の所説は、おおよそ以下のとおりである。

『日本書紀』の「紀卅巻」は、初出の人物には某の子・某の祖などの説明を加えることによって、その出自《しゅつじ》をあきらかにしているが、ときにこうした説明のない例がある。武渟川別《たけぬなかわわけ》・狭穂姫《さほひめ》・蘆髪蒲見別王《あしかみかまみわけ》・葛城高額媛《かつらぎのたかぬかひめ》の場合がそれである。しかし、これら四人の出自は、『古事記』のほうには明記されている。そこから、薗田氏は、「紀卅巻」が彼らの出自を書いていないのは、その説明を「系図一巻」に譲ったからではないかと推測された。

さらに、氏によれば、『古事記』にみえる大きな系譜群が、ときとして「紀卅巻」では脱落しているという。具体的には、建内宿禰《たけしのうちのすくね》系譜（孝元天皇記）をはじめとする、日子坐王《ひこいますのみこ》系譜（開化天皇記）、倭建命《やまとたけるのみこと》系譜（景行天皇記）、天之日矛《あめのひぼこ》系譜（応神天皇記）、若野毛二俣王《わかぬけふたまた》系譜（応神天皇記）、という五つの系譜群がそれである。これらは、いずれも歴代天皇の系譜的記載に匹敵するほどの分量と独自性を備えたものだが、氏によれば、さきにあげた四人の出自の缺落も、これら系譜群を省略した結果だという。

こうした推測が的を射たものだとすると、右の系譜から「系図一巻」の内容を類推することが可能になる。すなわち、「系図一巻」は皇室中心の系図だが、その記載は、必要に応じて四世、五世の孫にまでおよぶものであり、さらには皇別氏族《こうべつしぞく》（天皇の皇子皇女を始祖とする氏族）を説明した「始祖分注」もふくんでいたということになる（薗田氏①論文〈前掲〉四四〇頁）。

「系図一巻」の逸文

薗田氏の復元案は、説得力に富む推論である。じつは、筆者も、以前は氏の説を全面的に支持していた。ところが、ある時点から、「系図一巻」には、系譜以外のことも書かれていたのではないかと考えるようになった。

筆者がそう考えるきっかけとなったのは、『八幡宇佐宮御託宣集《はちまんうさのみやごたくせんしゅう》』に引かれた、つぎの一文である。

・類聚国史巻廿一云、誉田天皇、（応神天皇、）足仲彦天皇第四子也、母曰二気長足姫尊一、天皇以下皇后討二新羅一之年、歳次庚辰冬十二月上、生二於筑紫之蚊田一、幼而聡達、玄鑑深遠、動容進止、聖表有レ異焉、皇大(ママ)后摂政之三年立為二皇太子一、（時年三、）初天皇在レ孕而、天神地祇授二三韓一、既産之完生二脺上一其形如レ鞆。是肯(肖)下皇太后為二雄装一之負上レ鞆、（肯、此云二何叡(阿)一、）故称二其名一謂二誉田一、上古恪(俗)、号レ鞆謂二褒武多一焉、摂政六十九年夏四月皇太后崩、元年春正月丁亥朔、皇太子即位、是年也、太歳庚寅四十一年春二月甲午朔戊申、天皇崩二于明宮一、（時年一百一十歳、一云、崩二于大隅宮一。今案二帝王系図一云、軽嶋明宮、大和国高市郡、）（中野幡能校注『神道大系　神社編四十七　宇佐』〈神道大系編纂会、平成元年三月〉二〇～二一頁による）

これは、冒頭に「類聚国史巻廿一云」とあることからもわかるように、『類聚国史《るいじゅうこくし》』からの引用である。同書の巻廿一が現存しないこんにちでは、その逸文として貴重である。

この逸文について研究された二宮正彦氏は、冒頭の「誉田天皇」云々から末尾の割注の「時年一百一十歳。一云、崩㆓于大隅宮㆒。」までを『類聚国史』の逸文と判断された（二宮正彦「類聚国史の逸文」『日本上古史研究』七―一一、昭和三十八年十一月、二四〇～二四一頁）。しかし、筆者は、直後の「今案㆓帝王系図㆒云」以下も、『類聚国史』からの引用、それも同書に附されていた「帝王系図」の文章ではないかと考えている（この点については、野木邦夫「『八幡宇佐宮御託宣集』にみえる「帝王系図」について」『史料』一四七、平成九年二月、も参照されたい）。

周知のように、『類聚国史』は、寛平四年（八九二）に菅原道真が撰上したものである。完成した『類聚国史』には、本文二百巻・目録二巻に加えて「帝王系図三巻」が附されていたというから（『菅家御伝記』寛平四年五月十日条）、『八幡宇佐宮御託宣集』の引く「帝王系図」とは、この「帝王系図三巻」の一部だと考えられる。

ところで、この「帝王系図三巻」については、『日本書紀』の「系図一巻」に、その後新たに書き足した分を加えて三巻としたものだとする、伴信友《ばんのぶとも》の説がある（『比古婆衣』六の巻「類聚国史」『伴信友全集』巻四〈国書刊行会、明治四十年四月〉所収〉一三二～一三三頁）。『類聚国史』が、六国史の記事を分類・排列したものである以上、『日本書紀』の「系図一巻」もなんらかの形で同書に組み入れられるべきだから、この推論には説得力がある。そうなると、「軽嶋明宮、大和国高市郡」という記述も、もとを辿れば、「系図一巻」に存したものであり、そこには、歴代天皇の宮都のことも記されていたことになる。

「系図一巻」が『弘仁私記』序において「帝王系図」と言い換えられていることは、さきにも紹介したとおりである。「帝王系図」（「帝皇系図」とも書く）という名の書物は後世にも数多く作られているが、下文で詳しく紹介するように、これには二種ある。一つは図表化された系図で、いま一つは天皇を中心とする年代記、すなわち皇代記を云う。これらの「帝王系図」には、天皇の系譜だけでなく、宮都・崩年・宝算・山陵や、治世のおもな出来事が記載されていたから、おなじく「帝王系図」と称される「系図一巻」に、宮居以外にもいろいろな情報が盛られていた可能性は否定できないと思う。

むろん、後世の「帝王系図」と『日本書紀』の「系図一巻」を同列に論じることはできない。しかし、さきの『類聚国史』の逸文や後世の「帝王系図」の記述を参考にするかぎり、「系図一巻」には歴代天皇にかかわる、さまざまな情報が盛られていた可能性は大きい。

「系図一巻」と帝紀

さて、「系図一巻」の内容を右のように推測すると、必然的に帝紀との関係に思いをいたす必要がある。

よく知られているように、帝紀は、記紀の原資料となった重要な文献である。その内容については、研究者によって多少とらえかたが異なるが、歴代天皇の諡号《しごう》や称号をはじめとして、宮都・后妃の出自・皇子皇女・崩年・山陵などが記されていたと考えられている。また、治世における重要事項や、皇位継承などにかかわるかなり具体的な物語も載せられていたとみられている（塚口義信「帝紀・旧辞とは何か」『新視点日本の歴史』2〈新人物往来社、平成五年三月〉所収）。

こうした帝紀の記載事項は、筆者の想像する「系図一巻」の内容とよく一致するが、だとすると、「系図一巻」とは、まさに帝紀のことではあるまいか。

ここに云う帝紀とは、正確に云うと、帝紀の正説、すなわち、『日本書紀』の編纂室に蒐《あつ》められた複数の帝紀をもとに、編者がまとめあげたものである。譬えて云えば、神代紀の正文（本文）のようなものである。

ご存じのかたも多いと思うが、神代紀の正文は、複数の「一書」を綜合して、『日本書紀』編纂の際にあらたにまとめられたものである（西川順土「日本書紀巻一巻二の「云云」の用例をめぐって」『皇学館大学紀要』九輯〈昭和四十六年一月〉、のち西川氏『記紀・神道論攷』〈皇學館大学出版部、平成二十一年三月〉所収）。おそらく、「系図一巻」もこれと同じく、〝帝紀の決定版〟を目指したものだったのではあるまいか。

では、それはどのような体裁だったのであろうか。

そもそも、系譜は、その形式によって、㈠文章系図・㈡竪《たて》系図・㈢横系図の三種に分類されるが、以下の理由から、古い系譜は㈠の体裁をとっていたと思われる。

①『釈日本紀《しゃくにほんぎ》』所引「上宮記一云」の継体天皇関係系譜や『上宮聖徳法王帝説《じょうぐうしょうとくほうおうていせつ》』の所引の聖徳太子関係系譜など、七世紀以前の古い系図は、例外なく文章系図である。

②現存する竪系図のうち、古いものと考えられる『海部氏《あまべし》系図』や『円珍俗姓《えんちんぞくせい》系図』も奈良時代に遡るものではなく（いずれも九世紀の書写）、横系図の出現に至っては、さらに遅れる。

③右の竪系図には、「之―子」などといった、もとは文章系図であったものを系線で繋ぐ形にあらためた形迹が残るので、竪系図は文章形式の系図から派生したと考えられる。

ゆえに、「系図一巻」も、おそらくは漢文をもって記されていたとみてよい。具体的なイメージとしては、「紀卅巻」の旧辞的記載の乏しい部分、たとえば、巻四の綏靖～開化天皇紀を聯想していただければよいと思う。

散逸の原因

ところで、この「系図一巻」は、なにゆえ現存しないのか。

『日本書紀』では、「紀卅巻」はほぼ完全な形で伝存しているのに、ひとり「系図一巻」が伝わらないのは、いかにも不思議である。やはり、そこには、それなりの理由があったはずである。

前出の薗田氏の解釈は、こうである。氏は、まず、弘仁六年（八一五）に撰進された『新撰姓氏録』の皇別にみえる「日本紀合《にほんぎにあへり》」という注記が、「系図一巻」との一致を示すものだとする。そして、勢力交替がすすみ、新しい氏族秩序に即応して『新撰姓氏録』が編纂されるころになると、古い氏族秩序にもとづく「系図一巻」の存在はむしろ邪魔になり、それが消滅に結びついたとみるのである（薗田氏②論文〈前掲〉一二五〜一三〇頁）。

興味深い解釈だが、よく考えると疑問もある。

まず、『新撰姓氏録』の「日本紀合」という注記だが、これが、はたして「系図一巻」との一致を示したものかは決め手を缺く。「系図一巻」との一致を云うのなら、ほぼ同じ時期の『弘仁私記』序の例から推して、おそらく「帝王系図合」と書いたはずである。しかも、現行の『新撰姓氏録』は原本をもとにした抄本だから、こうした注記が原本に存したかどうかは、疑わしい。この点も、薗田説には不利であろう。

かりに原本の注記だとすると、新しい氏族秩序に即応して編まれた『新撰姓氏録』が、なぜ、古い氏族秩序にもとづく『日本書紀』の系図との一致をわざわざ注記しているのか。氏の説では、この点をうまく説明できない。『新撰姓氏録』が完成するころには、高橋氏と安曇氏が、神事の日に御膳を供奉《ぐぶ》する次第の先後をめぐって争っている。同様に、中臣氏と忌部氏も、幣帛使《へいはくし》をめぐって争論を繰り広げるなど、氏族間の紛糾が続出していた。こうしたトラブルはついに訴訟にまで発展するが、注意を惹くのは、その裁定にあたって『日本書紀』が拠りどころとされている点である。このことは、当時、『日本書紀』が権威のある書物だったことを示している。それゆえ、おなじ『日本書紀』の「系図一巻」が邪魔者扱いされて姿を消したとする解釈には、やはり無理があると思う。

以上のような理由から、筆者は、散逸の時期や理由は、べつなところにもとめる必要があると考えていた。ただ、妙案はなく、とりあえずは、消滅の原因をつぎのように想定してみた。
①「系図一巻」のもつ情報は、おおむね「紀卅巻」にも記されていたので、わざわざ手間暇かけて「系図一巻」を写すことが、次第におこなわれなくなった。
②しかも、どちらかと云うと、読みづらい文章系図にかわって、一覧に便利な横系図などのかたちに再構成された帝王系図が次第に流行したことも、「系図一巻」が廃《すた》れる原因になった。

いちおうもっともらしい説明だが、今となってはいささか心許ない気がする。そこで、以下は、この点についてあらためて論じてみたい。

「紀卅巻」と「系図一巻」

「系図一巻」の散逸について考えるうえでヒントとなるのが、『本朝書籍目録《ほんちょうしょじゃくもくろく》』の『日本書紀』に関する記載である。同書は、わが国で撰述された四百九十三部の書物を、神事・帝紀・公事・政要・氏族・地理など、二十の部門に分類して示した図書目録である。その成立は、鎌倉時代後期の十四世紀後半と云われている。

この目録では、まず「帝紀」の部に、

日本書紀　三十巻　舎人親王撰、従神代至持統、凡四十一代

として、『日本書紀』の本文三十巻を掲げ、これとはべつに、「氏族」の部に、

帝王系図一巻　舎人親王撰

と記して「系図一巻」をあげている。

『本朝書籍目録』が、原本を確認しえたかどうかは定かでないので、右の記載は、『本朝書籍目録』編輯のころまで「系図一巻」が伝存していた証拠とはなりえない。ただ、律令や風土記など、古代の典籍の多くは、応仁の乱（一四六七〜一四七七）を経て散逸したものの、それ以前には多く存在していたので、「系図一巻」も、鎌倉時代後期に存在していた可能性も皆無ではない。

この点に関する議論はしばらく措くとして、ここで、『日本書紀』の「紀卅巻」と「系図一巻」をべつべつに記載していることは、注目してよい。本来、不可分であるはずの両者が別個に掲げられているところをみると、「系図一巻」は、いつのころからか本文と切り離され、独立した書物として取り扱われたようである。

分離の時期は明確でないが、はやくからそうした認識があったことは、さきの『弘仁私記』序からもうかがえる。前にも引いたが、『弘仁私記』序には「更撰二此日本書紀三十巻并帝王系図一巻一。」という記述があった。「系図一巻」を「帝王系図一巻」と呼び、しかも、それを「日本書紀三十巻」とならべて記す同書の筆法は、『弘仁私記』序が書かれた時点で（弘仁末年をあまりくだらない時代に、弘仁講筵に通じたものが書いたとみられる。この点については、粕谷興紀「日本書紀私記甲本の研究」〈『藝林』一九―二、昭和四十三年四月〉参照）、「系図一巻」が「紀卅巻」と同等の、しかも、別な書物として扱われていたことをうかがわせる。

『弘仁私記』本文には、「紀卅巻」全巻にわたる和訓や説明、約九百項目が記されているが、「系図一巻」部分を対象とした注解は見当たらない（他の『日本書紀私記』も、乙・丙・丁本も同じ）。日本紀講筵の記録に「系図一巻」のことがみえないのは不審だが、当時すでに「系図一巻（帝王系図一巻）」が「紀卅巻」から分離していたと考えれば、とくに怪しむに足りない。

問題は、乖離の時期がいつまで溯るかだが、これについては不明とするほかない。しかし、ことによると、すでに『日本書紀』の編者自身が、二つを別物と認識していたかも知れない。その可能性については、最後にもう一度ふれる。

帝王系図の展開

ここで、あらためて『帝王系図』と称する書物について取り上げたい。「系図一巻」は『弘仁私記』序において「帝王系図」と言い換えられているので、この名称を冠する書物についても考えておく必要がある。

さきにもふれたように、後世、『帝王系図』『帝皇系図』の名をもって呼ばれる典籍には、大きくわけて二つのタイプがあった。すなわち、図表化された歴代天皇の系図と、皇代記である。

まず、前者だが、平安時代にはいると、竪系図や横系図形式の『帝王系図』と称する皇室系譜が、数多く登場する。現存するものとしては、十三世紀後半成立の『釈日本紀』巻四に収められた「帝皇系図」「王枝別系図」や、十五世紀に成立した『本朝《ほんちょう》皇胤《こういん》紹運録《しょううんろく》』が知られている。

このほかにも、さきの『本朝書籍目録』「氏族」の部には、「帝王系図一巻　為長撰」「帝王広系図百巻　基親卿撰」「帝王系図一巻　兼直宿禰抄」などという書名がみえている。これらがはたしてどのような体裁だったかは、現在では知るよしもないが（平基親の『帝王広系図』などは、百巻という分量から推せば、各種の系図を類聚したものとも、歴代天皇の事蹟や出来事を詳細に記したものかも知れない）、なかには、竪系図や横系図もふくまれていたにちがいない。系線を用いて図表化した系図は見た目にもわかりやすい。こうした、閲覧に便利な系図が、『日本書紀』の「系図一巻」を駆逐した可能性も否定できないので、さきにあげた散逸の理由の②は、いまなお有効ではないかと思う。

ところで、これとはべつに、皇代記のことを「帝王系図」と称した例がある。この種の年代記については、『扶《ふ》桑略記《そうりゃっき》』を例にとるのがわかりやすいので、以下、同書についてのべることにする。

『扶桑略記』の材料については、平田俊春『私撰國史の批判的研究』（国書刊行会、昭和五十七年四月）に詳しい研究がある。これによると、『扶桑略記』の、それも六国史がもとになっている光孝天皇以前の部分は、『帝王系図』という名の年代記に依拠したものだという。

『扶桑略記』が『帝王系図』を材料に用いていることを看破したのは、平田氏の慧眼《けいがん》である。氏の推論のとおりならば、『扶桑略記』から他の諸書の引用を除いた残りの部分が、『帝王系図』の記載ということになる。いまそれらを通覧すると（『私撰国史の批判的研究』〈前掲〉二六九～二八三頁参照）、天皇の諡号・代数・治世・皇子女・父母の名・即位年月・生年・都、さらには崩年月・宝算・陵墓が整然と記されているが、これは、まさしく、筆者の想像する「系図一巻」と酷似している。ことによると、『扶桑略記』が利用した『帝王系図』は、「系図一巻」の流れを汲むものかも知れないが、これは確たる根拠があっての推論ではない。

平田氏が『扶桑略記』前篇のもとになったとする中原撰『帝王系図』二巻は、もとより「系図一巻」そのものではない。第一、巻数や収録代数が一致しない。しかしながら、「系図一巻」をベースに、その後の情報を書き継いだ『帝王系図』が存在し、それを『扶桑略記』の編者が利用した可能性はじゅうぶん考えられる。おそらく、こうした〈増補版〉とも云うべき『帝王系図』の出現によって、〈旧版〉、すなわち「系図一巻」は顧みられなくなり、それが消滅の原因となったであろう。

おわりに

以上、「系図一巻」に関する、私案を開陳してきた。「系図一巻」については、ずいぶん前から研究しているにもかかわらず、決定的な見解が打ち出せず、内心忸怩たるものがある。本章では、いささかこれまでの考えを改め、
(一)『日本書紀』においては、「紀卅巻」と「系図一巻」が別個に扱われ、それが「系図一巻」散逸の伏線となった、
(二)分離した「系図一巻」は、図表化された系図や年代記の普及に押される形で消えていった、という構想を描いてみた。

ところで、もし、「系図一巻」が帝紀の正説をまとめたものだとする筆者の推論が正しければ、『日本書紀』編纂の目的についても、従来とはまたちがったみかたができるように思う。

記紀編纂の直接の材料となったのは帝紀だが、さらにそのもとになった書物は「原帝紀《げんていき》」と呼ばれ、それが成書化されたのは、欽明天皇朝のことだと考えられる（塚口義信「〝原帝紀〟成立の思想的背景」『ヒストリア』一三三、平成三年十二月）。

「原帝紀」の成立を欽明天皇朝とみる根拠はいくつかあるが、もっとも有力なのは、『古事記』下巻の皇位継承の伝承が、欽明天皇即位の正統性を示したところで終わっている点である。欽明天皇朝には、皇室内部において、継体・

安閑・宣化天皇系王統と、欽明天皇系王統とが対立していたので、天皇は、反対派勢力に対抗するためにも、みずからの正統性を裏づける「原帝紀」を編纂する必要があったのである。

こうした「原帝紀」の果たす役割は、その後の帝紀にも承け継がれたようである。

周知のように、帝紀は「帝皇日継《すめらみことのひつぎ》」とも称され、「ひつぎ」すなわち、皇位継承を記録したものとする認識が、はやくから滲透していた。この「帝皇日継」は、舒明天皇や天武天皇の殯宮《もがりのみや》において朗読されているが、これは帝紀のもつ重要な機能を示している。すなわち、帝紀は、歴代天皇の系譜を記録したものだから、それを公の場で読み上げる行為は、ヤマト王権の正統性を周知徹底させることを意味したのである。

そのように考えていくと、「系図一巻」は、こうした「帝皇日継」の流れを汲むものではなかったかという推測が頭を過《よ》ぎる。『日本書紀』の淵源が天武天皇紀十年（六八二）三月条の詔にあることは、第一章でのべたとおりだが、当初、天皇が目指していたのは、帝紀・旧辞の正説を定めることによって、自身の正統性を主張するところにあったと思われる。しかしながら、その後、天皇も崩御し、編纂が長引くなかで、編集方針にも転換があったらしく、出来上がった『日本書紀』は、帝紀・旧辞以外にも豊富な材料を取り込んだ、堂々たる歴史書である。その意味で、「紀卅巻」は、天武天皇の思い描いたとおりのものとは云えない。しかし、天皇の意向はまったく解消してしまったのではなく、「系図一巻」に承け継がれたと考えられるのである。

さきに、『日本書紀』の編者自身が「紀卅巻」と「系図一巻」をそれぞれ独立したものと考えていたのではないかとのべたが、「系図一巻」編纂の意図が「紀卅巻」のそれとはべつなところにあったとすると、完成した時点から両者が別物と認識されていた可能性は大きい。

むろん、薗田氏の研究にもあるように、系譜的記載に関しては、「系図一巻」のほうが詳細な箇所があったと考えられるので、「系図一巻」には「紀卅巻」を補完するはたらきがあったというみかたは、けっしてまちがってはいない。ただ、「系図一巻」がないからと云って、たちまち「紀卅巻」が理解できなくなるわけではないので（実際、「紀卅巻」に記載された情報は皇室系図のかなりの部分を網羅している）、「系図一巻」の有つ情報が「紀卅巻」の理解を助けるという理由で、両者を不可分のものとみる必要はないと思う。

ちなみに、六国史のなかでは、『日本書紀』にのみ「系図一巻」があり、『続日本紀』以下の五国史にはこれに該当するものがない。『日本書紀』だけ他の国史と体裁がちがうというのも不思議だが、肇国から説き起こす六国史の第一なればこそ、天皇統治の根源を示す「系図一巻」を添える必要があったのだろう。

なにぶんにも関聯史料が少ないため、推論に終始した点はお詫びしたいが、臆説を披露して大方のご批正を乞う次第である。

第三章　『日本書紀』の元史料―大草香皇子事件をめぐって―

編纂物としての記紀

われわれが、ヤマト政権の成立過程や歴代天皇（大王）の事蹟について研究しようとするとき、基礎となる史料は『古事記』と『日本書紀』である。この記紀が編纂にあたって主要な材料としたのが帝紀と旧辞であることは、周知のとおりである。

しかし、帝紀や旧辞はいちどに出来上がったものではない。長い時間をかけてまとめられたもので、そこに記された神話や伝承には、いろいろな異伝があったであろうし、さらには時間の経過とともに多くの改変を蒙ったと思われる。『古事記』の編纂を思い立った天武天皇は「朕《われ》聞く、諸の家の賷てる帝紀と本辞と、既に正実《まこと》に違ひ、多《おお》く虚偽《いつはり》加へたり。今の時に当りて其の失《あやまり》を改めずは、幾《いく》ばくの年も経ずして其の旨滅びなむと欲《す》」とのべたというが（『古事記』序による）、これは当時複数の帝紀と旧辞が併存し、相互に看過しがたい錯誤の存したことを憂えた切実な叫びである。

こうした状況に思いを致すとき、複数の原資料のなかから、正説を択び文章を整えていく記紀編纂の作業がいかに苦労の多いものかは想像に餘りある。しかし、見逃してはならないことがある。それは、記紀も編纂物である以上、そこには編者の判断や主観が介在するという事実である。それゆえ、記紀が記す内容が、ことの真相を伝えたものかどうかは、かんたんには判断できない。われわれが記紀の神話や伝承を研究する際につねに心がけねばならないのは、記紀の文章の行間を読むことである。

小論では、安康天皇朝に起こった、大草香皇子（『古事記』は「大日下王」）の殺害事件に題材をとりながら、記紀の記述を鵜呑みにすることがいかに危ういか、そしてその背後にある真実を探るにはどうすればよいのかを考えてみたい。

大草香皇子事件とは

はじめに、記紀が伝える大草香皇子事件についてみておきたい。まず『古事記』からである。『古事記』下巻、安康天皇段には、つぎのような記事がみえている。さほど難解な文章ではないが、新編日本古典文学全集『古事記』から、読み下し文で掲げておく。

　天皇、いろ弟《ど》大長谷王子《おほはつせのみこ》の為《ため》に、坂本臣《さかもとのおみ》等《ら》が祖《おや》、根臣《ねのおみ》を、大日下王《おほくさかのみこ》の許《もと》に遣《つかは》して、詔《のりたま》はしめしく、「汝命《ながみこと》の妹《いも》、若日下王《わかくさかのみこ》を、大長谷王子に婚《あ》はせむと欲《おも》ふ。故《かれ》、貢《たてまつ》るべし」とのりたまはしめき。爾《しか》くして、大日下《おほくさかの》王《みこ》、四《よ》たび拝《をろが》みて、白《まを》ししく、「若《も》し如此《かくあ》る大命《おほみこと》有《あ》らむかと疑《うたが》へり。故《かれ》、外《と》に出《いだ》さずして置《お》けり。是《これ》、恐《かしこ》し。大命《おほみこと》の随《まにま》に奉進《たてまつ》らむ」とまをしき。然《しか》れども、言以《こともち》て白《まを》す事、其礼無《それゐやな》しと思《おも》ひて、即《すなは》ち其《そ》の妹《いも》の礼物《ゐやしろ》と為《し》て、押木《おしき》の玉縵《たまかづら》を持たしめて、貢献《たてまつ》りき。根臣《ねのおみ》、即《すなは》ち其《そ》の礼物の玉縵を盗《ぬす》み取《と》りて、大日下王《おほくさかのみこ》を讒《よこ》して曰《い》ひしく、「大日下王は、勅命《おほみこと》を受けずして曰《い》はく、『己《おの》が妹《いも》をや、等《ひと》しき族《うがら》の下席《したむしろ》と為《せ》む』といひて、横刀《たち》の手上《たかみ》を取りて怒《いか》りつるか」といひき。故《かれ》、天皇《すめらみこと》、大《おほ》きに怨《うら》みて、大日下王を殺して、其《そ》の王《みこ》の嫡妻《むかひめ》、長田大郎女《ながたのおほいらつめ》を取り持ち来て、皇后《おほきさき》と為《し》き。

これによれば、安康天皇は、弟の大長谷王（のちの雄略天皇）に大日下王の妹の若日下王（『日本書紀』では「幡梭皇女」）を娶らせようと根臣（『日本書紀』では「根使主」）を使者として大日下王のもとに派遣したという。ところが、あろうことか、大日下王が妹の贈り物として献上した押木《おしき》の玉縵《たまかづら》に目が眩み、大日下王は妹を差し出すことを拒否していると讒言する。そして、これを信じた安康天皇は、激怒して大日下王を殺し、その妻長田大郎女《ながたのおほいらつめ》を奪ったという内容である。

じつは、この話は、これで終わりではなく、さらなる事件へと発展していく。安康天皇が皇后とした長田大郎女《ながたのおほいらつめ》には、大日下王との間に目弱王（『日本書紀』では「眉輪王」）という幼い子どもがいた。この連れ子がふとした機会に、実父殺害の張本人が義父の安康天皇であることを知り、実父の敵として安康天皇を殺す。大長谷王は、この報に接し、たいへん驚くとともに、兄たちに相談するが、彼らの煮え切らない態度に憤慨し、まず同母兄の黒日子王を、ついで同母兄の白日子王を殺害する。いっぽう、目弱王は助けをもとめて、都夫良意美の家に逃げ込む。都夫良意美は目弱王をかばうが、大長谷王の軍勢に敗れ、都夫良意美は目弱王を刺し殺し、自死に及ぶ。

いわゆる、目弱王の変と呼ばれる事件である。この事件のことはのちにもう一度ふれるとして、ここではその発端となった大草香皇子事件について考えたい。

『日本書紀』の記述

ところで、この事件は、『日本書紀』のほうにも記されている。しかも、『日本書紀』のほうが圧倒的に詳しい。そこで、以下、『日本書紀』安康天皇元年二月戊辰条から、当該部分を読み下し文で紹介しておく（以下、引用は新編日本古典文学全集『日本書紀』による）。

元年の春二月の戊辰《ぼしん》の朔に、天皇《すめらみこと》、大泊瀬皇子《おほはつせのみこ》の為《みため》に、大草香皇子《おほくさかのみこ》の妹幡梭皇女《いもはたびのひめみこ》を聘《あと》へむと欲《おもほ》す。則ち坂《さか》本臣《もとのおみ》が祖根使主《おやねのおみ》を遣《つかは》して、大草香皇子に請《こ》はしめて曰《のたま》はく、「願《ねが》はくは、幡梭皇女《はたびのひめみこ》を得《え》て、大泊瀬皇子《おほはつせのみこ》に配《あは》せむ」とのたまふ。爰《ここ》に大草香皇子《おほくさかのみこ》、対《こた》へて言《まを》さく、「僕《やつかれ》、この頃重病《ころおもきやまひ》に患《かか》りて、愈《い》ゆること得《え》ず。譬《たと》へば、物《もの》を船《ふね》に積《つ》みて潮《しほ》を待《ま》つ者《ひと》の如《ごと》し。然《しか》れども、死《みう》せなむは、命《いのちのかぎり》なり。何《なに》ぞ惜《をし》むに足《た》らむ。但《ただ》し妹《いも》幡梭皇女の孤《みなしご》なるを以《も》ちて、え易《たやす》く死《し》なざらくのみ。今《いま》し陛下《きみ》、其《そ》の醜《みにく》きことを嫌《いと》ひたまはずして、荇菜《をみなめ》の数《かず》に満《み》てむとしたまふ。是《これ》、甚《はなは》だ大恩《おほきなるみめぐみ》なり。何ぞ命《おほみこと》の辱《かたじけな》きを辞《いな》びまをさむ。故《かれ》、丹心《きよきこころ》を呈《あらは》さむと欲《おも》ひ、私《わたくし》の宝《たから》、名《な》は押木珠縵《おしきのたまかづら》といふを捧《ささ》げて、〈一《ある》に云《い》はく、立縵《たちかづら》といふ。又云《またい》はく、磐木縵《いはきのかづら》といふ。〉使《つかは》されし臣根使主《まへつきみねのおみ》に附《つ》けて、敢《あ》へて奉献《たてまつ》る。願《ねが》はくは、物軽《ものかろ》く賤《いや》しと雖《いへど》も、納《をさ》めて信契《しるし》としたまはむことを」とまをしたまふ。是《ここ》に根使主、押木珠縵を見《み》て、其《そ》の麗美《うるは》しきに感《め》でて以為《おも》はく、盗《ぬす》みて己《おの》が宝《たから》とせむとおもひ、則《すなは》ち詐《いつは》りて天皇《すめらみこと》に奏《まを》して曰《まを》さく、「大草香皇子は、命《おほみこと》を奉《うけたまは》らずして、乃《すなは》ち臣《やつかれ》に謂《かた》りて曰《い》へらく、『其《そ》れ、同族《おなじやから》と雖《いふと》も、豈吾《あにわ》が妹《いも》を以《も》ちて妻《め》とすること得《え》むや』といへり」とまをす。既《すで》にして縵《かづら》を留《とど》めて、己《おのがみ》に入《い》れて献《たてまつ》らず。

是《ここ》に天皇、根使主が讒言《よこしまごと》を信《う》けたまひ、則ち大《おほ》きに怒《いか》りて兵《いくさ》を起《おこ》し、大草香皇子の家《いへ》を囲《かく》みて殺《ころ》したまふ。是《こ》の時に、難波吉師日香蚊《なにわのきしひかか》の父子《ちちこ》、並《ならび》に大草香皇子に仕《つか》へまつる。共《とも》に其《そ》の君《きみ》の罪無《つみな》くして死《みう》せたまひぬることを傷《いた》みて、則《すなは》ち父《ちち》は王《きみ》の頸《くび》を抱《うだ》き、二子《ふたりのこ》は各王《おのもおのもきみ》の足《みあし》を執《とら》へて唱《とな》へて曰《い》く、「吾《わ》が君、罪無《な》くして死《みう》せたまふ。悲《かな》しきかも。我《わ》が父子三人《ちちこみたり》、生《い》きてまししときに事《つか》へまつれり。死《みう》せますときに殉《したが》ひまつらずは、是《これ》臣《やつこ》にあらず」といひ、即《すなは》ち自《みづか》ら刎《くぶは》ねて、皇尸《みかばね》の側《かたはら》に死《みまか》る。軍衆《いくさびと》、悉《ことごとく》に流涕《かなし》ぶ。

爰《ここ》に大草香皇子《おほくさかのみこ》の妻中蒂姫《みめなかしひめ》を取《と》りて、宮中《みやのうち》に納《い》れたまひ、因《よ》りて妃《みめ》としたまふ。復遂《またつひ》に幡梭皇女《はたびのひめみこ》を喚《め》して、大泊瀬皇子《おほはつせのみこ》に配《あは》せたまふ。是年《ことし》、太歳甲午《たいさいかふご》にあり。

話のあらましは、『古事記』とかわるところがないが、注目したいのは、『日本書紀』では、『古事記』にはない、難波吉師日香蚊《なにわのきしひかか》父子の殉死のエピソードが附加されていることである。この挿話は一読してわかるように、日香蚊父子の忠臣ぶりを顕彰する内容であり、おそらくは難波吉師氏の家記のたぐいから出た話である可能性が大きいが、この点についてはのちにあらためて取り上げる。

ちなみに、『日本書紀』には、いま一つ『古事記』にはみえないこの事件の後日譚が記されている。それが、以下に引く、雄略天皇十四年四月条の記載である。

夏四月の甲午《かふご》の朔に、天皇《すめらみこと》、呉人《くれひと》を設《あ》へたまはむと欲《おもほ》して、群臣《まへつきみたち》に歴問《ことごとくにと》ひて曰《のたま》はく、「其《そ》れ、共食者《あひたげひと》は、誰《たれ》か好《よ》けむ」とのたまふ。群臣、僉曰《みなまを》さく、「根使主《ねのおみ》、可《よ》けむ」とまをす。天皇、即ち根使主に命せて、共食者とし、遂《つひ》に石上高抜原《いそのかみのたかぬきはら》に呉人を饗《あ》へたまふ。時《とき》に、密《ひそか》に舎人《とねり》を遣《つかは》して、装飾《よそひ》を視察《み》しめたまふ。舎人、復命《かへりごとまを》して曰《まを》さく、「根使主の著《け》ける玉縵《たまかづら》、太《はなは》だ貴《けやか》にして最好《いとうるは》し。又衆人《またもろひと》の云《い》はく、『前《さき》に使《つかひ》を迎《むか》へし時に、又亦著《またけ》せりき』といふ」とまをす。是《ここ》に天皇《すめらみこと》、自《みづか》ら見《み》たまむと欲《おもほ》して、臣《おみ》・連《むらじ》に命《みことおほ》せて、装《よそひ》せしむること饗《あへ》せし時《とき》の如《ごと》くして、殿《おほとの》の前《まへ》に引見《めしみ》たまふ。皇后《きさき》、天《あめ》を仰《あふ》ぎて歔欷《なげ》き、啼泣《いさ》ち傷哀《かなし》びたまふ。天皇、問《と》ひて曰《のたま》はく、「何《なに》の由《ゆゑ》にか泣《いさ》ちたまふ」とのたまふ。皇后、床《みゆか》を避《さ》りて対《こた》へて曰《まを》したまはく、「此《こ》の玉縵《たまかづら》は、昔妾《むかしやつこ》が兄《え》大草香皇子《おほくさかのみこ》の、穴穂天皇《あなほのすめらみこと》の勅《おほみこと》を奉《うけたまは》りて、妾を陛下《きみ》に進《たてまつ》りし時《とき》に、妾が為《ため》に献《たてまつ》れる物《もの》なり。故《かれ》、疑《うたがひ》を根使主《ねのおみ》に致《いた》して、不覚《おもほえ》ず涕垂《なみたた》りて哀泣《いさ》ちつるなり」とまをす。

天皇、聞《きこ》しめして驚き、大《おほ》きに怒《いか》りたまひて、深《ふか》く根使主を責めたまふ。根使主、対《こた》へて言《まを》さく、「死罪《うべ》死罪《なり》、実《まこと》に臣《やつこ》が愆《あやまち》なり」とまをす。詔《みことのり》して曰《のたま》はく、「根使主は、今より以後《のち》、子子孫孫八十聯綿《うみのこのやそつつき》までに群臣《まへつきみたち》の例《ためし》にな預《あづか》らしめそ」とのたまひ、乃《すなは》ち斬《き》らむとしたまふ。根使主、逃《に》げ匿《かく》りて日根《ひね》に至《いた》り、稲城《いなき》を造《つく》りて待《ま》ち戦《たたか》ひ、遂《つひ》に官軍《みいくさ》の為《ため》に殺《ころ》されぬ。

天皇、有司《つかさ》に命《みことおほ》せて、子孫《うみのこ》を二分《ふたつにわか》ち、一分《なかば》は大草香部民《おほくさかべのたみ》として、皇后に封《よさ》したまひ、一分は茅渟県主《ちぬのあがたぬし》に賜《たま》ひて、負嚢者《ふくろかつぎひと》としたまふ。即《すなは》ち難波吉士日香香《なにはのきしひかか》が子孫を求《もと》めて姓《かばね》を賜ひ、大草香部吉士《おほくさかべのきし》としたまふ。其《そ》の日香香等《ひかから》が語《こと》は、穴穂天皇《あなほのすめらみこと》の紀《みまき》に在《あ》り。

事平《ことたひら》ぎし後《のち》に、小根使主《をねのおみ》、〈小根使主は、根使主《ねのおみ》が子《こ》なり。〉夜臥《よるふ》して人《ひと》に謂《かた》りて曰《いは》く、「天皇《すめらみこと》の城《き》は堅《かた》からず、我《わ》が父《ちち》の城《き》は堅《かた》し」といふ。天皇、伝《つて》に是《こ》の語《こと》を聞《きこ》しめして、人《ひと》を使《つかは》して根使主の宅《いへ》を見《み》しめたまふ。実《まこと》に其《そ》の言《こと》の如し。故《かれ》、収《とら》へて殺《ころ》したまふ。根使主が後《のち》の、坂本臣《さかもとのおみ》と為《な》ること、是《これ》より始《はじま》れり。

根使主《ねのおみ》の悪事が露見した話は、『古事記』にはみえないが、ここでも日香蚊の子孫のことが登場する。これも、難波吉士氏がみずからの家の起源を語り、始祖を顕彰する目的をもって書かれたではないかと推察される。さきの日香蚊父子の殉死のことと同様、同氏の家記あたりが出所なのであろう。

帝王紀の逸文の描写

ところで、この悲痛な殉死事件だが、この話についてはたまたま別系統の史料が残されており、それによれば、日香蚊は主君の大日下王のあとを追って自殺したのではなく、安康天皇側の軍勢に殺されたという。そこで、つぎにその史料を紹介するが、それは、『日本書紀私記』甲本の安康天皇の巻に引用される「帝王紀」という書物の逸文である。

『日本書紀私記』甲本は、『弘仁私記』とも呼ばれ、弘仁三年（八一二）におこなわれた「日本紀講筵」の記録である。「日本紀講筵」とは、養老五年（七二一）から康保二年（九六五）にかけて都合七回実施された宮中における『日本書紀』の勉強会のことである。講筵の内容は、難解語句の訓読や解釈が中心だったと考えられている。

『日本書紀私記』甲本は、弘仁年間の講筵の記録の一部で、現在残る写本は転写の過程における誤写や脱字、用字の乱れがまま見受けられるが、基本的に弘仁講筵の際の記録と認めてよい（粕谷興紀「日本書紀私記甲本の研究」『藝林』一九―二、昭和四十三年四月）。おおむね、『日本書紀』に出てくる語句をあげてその訓読を附すという体裁だが、ときに、『日本書紀』と密接な関係をもつ若干の文献が散見する。これは、講筵の講師であった多人長《おおのひとなが》の手によって、各天皇の条の最後のところに附加して講じられたものであると考えられる。

じつは、以下に掲げる安康天皇条にみえる文章も、まさにそれである（便宜上、二段に分けて示す）。

〔本文a〕血酔而・哉今将如切田鯰之頸田(日)香ミ(之)之首
〔傍書a〕血酔而南西流加和(利)奈摩豆能久罯(毘)支流基(碁)等文(久)比加遭・久罯(毘)支良牟
〔釈文a〕血酔《ちゑ》ひて寝《な》せる猲鯰《かりなまづ》の首切《くびき》る如《ごと》く日香蚊が首切《くびき》らむ。
〔訳a〕血に酔っぱらって寝ておいでになるかりなまず（獰悪な鯰）の首を切り落とすように、日香蚊の首を切ってやろう。

〔本文b〕苅胄草香ミ(之)宮如草忱(枕)(姪脱カ)・婦所聞(日)・香香蟷蜋匹夫便挽仰其頤之嚙頸下而殺馬之
〔傍書b〕帝王紀文・胄(苅)日下之宮尓草枕手陁(?)波斯賣乃基(碁)等久枳許由流比加ゝ者イホシリノイヤシヒトスナハチ・(ソ)ノヲトカヒ胄ニ(ヲ)アソフ(ヒキ)仰之頸下于(手)咋氏殺支
〔釈文b〕苅《か》り胄く日下《くさか》の宮《みや》に　草枕《くさまくら》　姪婦《たはしめ》の如《ごと》く聞《きこ》ゆる日香香《ひかか》は（蟷蜋《いひほむしり》の卑《いや》し人《ひと》　すなはち　その頤《おとがひ》を引《ひ》き＊）仰《あふ》ぎし頸下《くびもと》を咋《く》ひて殺《ころ》しき。

＊（ ）内は〔本文b〕によって推定復原した部分。

〔訳b〕（かりふく）草香の宮（大草香皇子の宮殿）にいて、（くさまくら）姪《たわ》し女《め》のように噂されている日香蚊は、かまきりのように卑しい奴だ。そこで、そのあごを引っぱって、首根っこに咋いついて殺してやった。

『弘仁私記』の文章には誤脱や混乱があるので、右の引用は、それを苦労して読み解かれた粕谷興紀氏の論文（粕谷興紀「大草香皇子の虚と実」『皇學館論叢』一―四、昭和四十三年八月）から転載させていただいた。以下、粕谷論文によりつつ、かんたんに説明を加えておく。

実際に写本の体裁をご覧いただけばおわかりのように、この文章は本文と傍書とからなる。結論だけいえば、傍書は「帝王紀」と称する書物からの引用で、文体は音訓交用文体。しかも、一種の歌謡である。いっぽう、本文は、傍書の「帝王紀」を漢訳したものだか、一部に不完全なものが交じる。

この漢訳作業は、粕谷氏の推測によれば、『日本書紀』の編纂段階においておこなわれたものであり、『日本書紀』の述作者は、この「帝王紀」のような音訓交用文体や純然たる和文で書かれたものを漢訳する必要があったという。もっとも、右の引用文は、結果として、『日本書紀』本文には採用されなかったのだが、その理由についてはあらためてふれる。

帝王紀とはなにか

ところで、そもそも、この「帝王紀」とはいかなるものだったのであろうか。

これは、さきにも引用した『古事記』序に「朕《われ》聞く、諸の家の賷てる帝紀と本辞と、既に正実《まこと》に違ひ、多《おお》く虚偽《いつはり》加へたり」とあり、『日本書紀』編纂事業の開始を記した『日本書紀』天武天皇十年（六八一）三月丙戌条に、

> 丙戌に、天皇、大極殿に御しまして、川嶋皇子・忍壁《おさかべ》皇子・広瀬王・竹田王・桑田王・三野王・大錦下上毛野《かみつけのの》君《きみ》三千《みちぢ》・小錦中忌部連首《いんべのむらじこびと》・小錦下阿曇連稲敷《あづみのむらじいなしき》・難波連大形《なにはのむらじおほかた》・大山上中臣連大嶋《なかとみのむらじおほしま》・大山下平群臣子首《へぐりのおみこびと》に詔して、帝紀と上古の諸事を記定《しるしさだ》めしめたまふ。大嶋・子首、親《みずか》ら筆を執りて録す。

と記される帝紀にほかならない。帝紀は、べつに「帝王紀」「帝王本紀」「帝皇日継」「日本帝記」といった、さまざまな名称があるが、これは複数存在した諸本間の呼称の相違であって、結局はおなじものである（むろん、内容までは一致しない）。

帝紀が具体的にはどのようなことを記していたのかは、研究者によって多少とらえかたが異なるが（塚口義信「帝紀・旧辞とは何か」白石太一郎・吉村武彦編『新視点　日本の歴史』第二巻〈新人物往来社、平成五年〉所収）、歴代天皇の諡号または称号・都の所在地・后妃の出自・皇子皇女・崩年・山陵の所在地、などではなかったかと考えられている。このほかにも、

治世における重要事項や、さらには、皇位継承をはじめとする、かなり具体的な物語が帝紀には記されていたとみられている。大草香皇子事件が、帝紀に記載されることは一見不審だが、後述のように、この事件は雄略天皇の即位と密接にかかわるから、「皇祖等の謄極の次第」（『日本書紀』持統天皇二年十一月十一日条）を語る帝紀にこの事件のことが書かれていても、なんら不思議はないのである。

さて、その帝紀の一本からの引用とおぼしきものが、さきの「帝王紀」の文章である。『日本書紀』の原資料が九世紀初頭まで存したことを訝る向きもあろうが、『正倉院古文書』などにも帝紀の存在を裏づける記載がみえているから、奈良・平安時代には宮中や貴族の家にまだずいぶん残っていたとみてよいであろう（第Ⅰ篇第四章参照）。

さきの引用文については、直前の『弘仁私記』の記載に「百敵」「詰曰」とあるので、おそらくは安康天皇の差し向けた軍勢の発言として記されたものであることがわかるが、その内容が「血に酔っぱらって寝ておいでになる獰悪な鯰の首を切り落とすように、日香蚊の首を切ってやろう」であり、「草香の宮（大草香皇子の宮殿）にいて、婬《たわ》し女《め》のように噂されている日香蚊は、かまきりのように卑しい奴だ。そこで、そのあごを引っぱって、首根っこに咋いついて殺してやった」というものである。

これを読んで、読者はどのような印象を受けられるであろうか。ここには、『日本書紀』にみえる忠臣日香蚊の面影は、微塵もない。ただ、安康天皇側の軍衆から「蟷螂」呼ばわりされる狡猾な従者の姿があるだけである。

「帝王紀」と『日本書紀』を比較するとき、両者に共通するのは、大草香皇子に仕える従臣として日香蚊なる人物がいたこと、かれは首を切るという形で命を落としたこと（自殺か他殺かはべつとして）、という二点であり、その人物評価に至っては、「帝王紀」と『日本書紀』とでは百八十度ちがうといっても過言ではないのである。

紀が「帝王紀」とちがう理由

では、日香蚊を忠臣とする人物像が『日本書紀』に定着したのは、いかなる理由によるものであろうか。

これは、比較的かんたんに推測できる。おそらく、『日本書紀』の編纂のメンバーに日香蚊の子孫にあたる難波連大形が加わっていたことと関係があると思われる。『日本書紀』天武天皇十年（六八一）正月丁丑条によれば、

是の日に、親王・諸王を内安殿《うちのあんどの》に引入れ、諸臣は、皆外安殿《とのあんどの》に侍り、共に置酒《おほみきめ》して楽を賜ふ。則ち大山上《だいせんじょう》草《くさ》香部《かべ》吉士《きし》大形《おほかた》に小錦下の位を授く。仍りて姓《かばね》を賜ひて難波連《なにはのむらじ》と曰ふ。

とあって、彼は、『日本書紀』編纂がはじまる直前に、難波連を賜姓されている。その彼が『日本書紀』の編纂に参劃したことは、さきに引いた『日本書紀』天武天皇十年三月丙戌条にみえるとおりである。

こうしてみると、小論で取り上げてきた大草香皇子事件に関する記述で、日香蚊を主君に忠実な従臣として描く記述が採用されているのも、日香蚊の子孫の難波連大形が『日本書紀』編纂段階において、自家の家記を持ち出して、その説を強く推したことが背景にあったと考えれば、納得いくのである。『続日本紀』和銅七年二月戊戌条に、

従六位上紀朝臣清人《きのあそみきよひと》・正八位下三宅臣藤麻呂《みやけのおみふじまろ》に詔して、国史を撰ばしめたまふ。

とある記事をもって『日本書紀』編修の始まりとする説が、古くから存在するが（平田俊春「日本書紀の紀年」『日本古典の成立の研究』〈日本書院、昭和三十四年十月〉所収、ほか）、難波連大形の主張が容れられたとする推測が正しければ、この説は成り立たない。

ただ、「帝王紀」と『日本書紀』のいずれが史実かと云えば、ことはかんたんには決められない。なぜなら、この事件の背後には、当時の皇位継承をめぐる複雑な事情が存したとみられるからである。

『日本書紀』によれば、五世紀のなかごろから六世紀前半にかけては、皇室内部で皇位継承をめぐる骨肉の争いが、たえまなくつづいたという。仁徳天皇ののち、履中・反正・允恭という同母の皇子があいついで即位してから

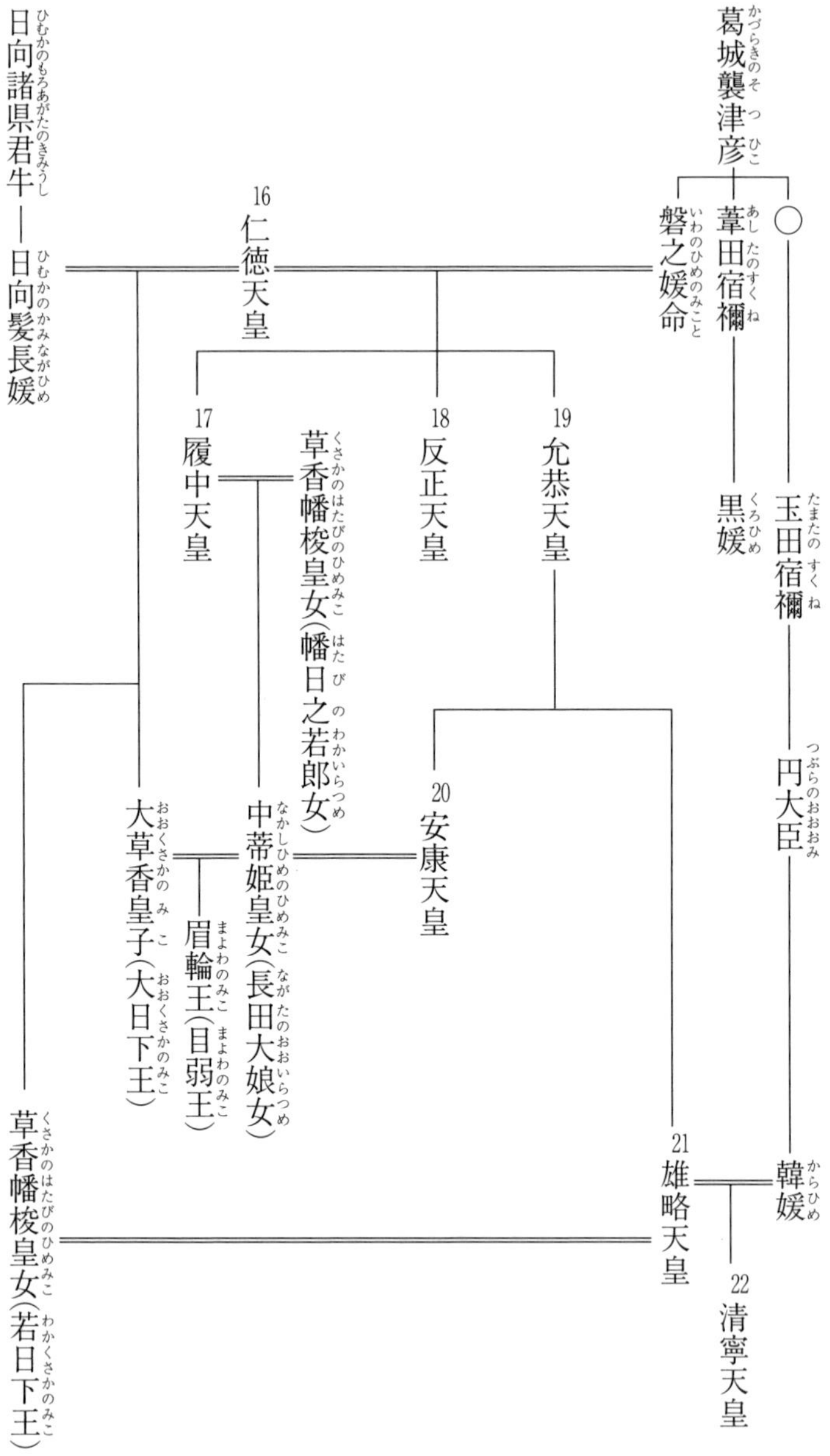

図２　日下大王家関係系図

は、兄弟による皇位継承が定着するが、そのことが、皇位をめぐる争いに拍車をかける原因となった。履中天皇は、即位のまえに同母弟の住吉仲皇子を殺害しているし、允恭天皇も同母兄の木梨軽皇子を自害に追い込んでいる。しかし、もっとも残虐なふるまいをしたのは、雄略天皇である。

大草香皇子殺害事件から眉輪王の変に至る概略については、さきに『古事記』によりつつそのあらましを紹介したが、『日本書紀』もほぼおなじである。安康天皇は、根使主の讒言を信じて伯父の大草香皇子を殺したために、みずからも大草香皇子の子眉輪王に殺害される。大泊瀬皇子（のちの雄略天皇）は、この報に接し、たいへん驚くとともに、兄たちを疑い、まず、同母兄の八釣白彦皇子を殺害し、おなじく同母兄の境合黒彦皇子と従兄弟の眉輪王にもその矛先を向ける。二人は、相談して葛城円大臣の家に逃げ込んだが、大泊瀬皇子は、兵を起こして円大臣の家を囲む。円大臣は、娘の韓愛と葛城の宅七区を献上して許しを乞うが、皇子は彼らを焼き殺してしまう。大泊瀬皇子の残虐ぶりは、その後も止まるところを知らず、ひきつづき安康天皇が市辺押磐皇子を皇位継承者に予定していたことを恨み、皇子を騙して狩りに誘い出して殺害する。そして、同じ月に、皇子の同母弟の御馬皇子も殺害している。

こうして兄弟の排斥に成功した大泊瀬皇子は、泊瀬の朝倉において即位を果たすが、血で血を洗う抗争は皮肉にも皇位継承者の不足を招き、清寧天皇や武烈天皇の崩後にはその候補者にもこと欠くありさまであった。

以上のような当時の動向を思うと、皇位継承を争う派閥のひとびとが互いに反目し、相手のことを敵視し、ことさら悪く罵ることはじゅうぶんに考えられる。ここで取り上げた事件の主人公大草香皇子も、仁徳天皇と髪長媛の間に生まれた、当時の有力者の一人だったのである。

近年、平林章仁氏が詳しく研究されたように〈同氏「日下攷」『龍谷大学論集』四七六〈平成二十二年十月〉・『謎の豪族　葛城氏』〈祥伝社新書、平成二十五年七月〉など〉、大草香皇子・幡梭皇女・眉輪王らは、河内の日下地域を根拠とした、いわゆる「日下宮」王家とも称すべき天皇家の一族であった。

日下は、髪長媛を出した諸県君氏を核とする日向・隼人系集団の移住地であり、そこから出て入内した女性の儲けた王族（「日下宮王家」）の拠点でもあった。日向・隼人系集団や日下宮王家は、武内宿禰の後裔とされる葛城氏や平群臣氏親密な連携関係にあり、じつをいえば、眉輪王こそ、この日下宮王家の最後の王だったのである。彼が最後に葛城円大臣の邸宅に助けをもとめたのは、その証拠である。平林氏は、「いつの時代にも、権力闘争の原因は複雑で、単純には割り切れない」と断りつつも、大草香皇子から眉輪王に至る事件を王統系譜にかぎっていえば、母系において日向諸県君系である日下宮王家と葛城氏の聯合と、それに敵対する非日下宮王家・非葛城氏聯合の抗争ととらえることが可能だとされている（前掲書、一六六頁）。

さて、そうなると、どちらの描写が正しいのかといった疑問にかんたんに答えることは容易ではなく、この場合も、『日本書紀』と「帝王紀」、どちらの記述が真実に近いのかは、判断がむつかしい。日香蚊の描写が真っ向から対立するのも、日下宮王家・葛城氏の聯合と非日下宮王家・非葛城氏の聯合、それぞれに言い分があるからなのだろうが、真相はそう単純ではあるまい。

大草香皇子事件の場合、たまたま「帝王紀」の文章が残っていたために、異伝のあることが知られたが、『日本書紀』の記す事件のなかには、葬り去られた真実や採択されずに埋もれてしまった異説も少なくないはずである。だから、われわれが記紀を読む際には、その文章はあくまで編者というフィルターによって濾過された記述なのだということを、よくよく心得る必要があろう。

第四章　「別巻」とはなにか

水江浦嶋子伝説

これまでもたびたび引用したが、『日本書紀』については、『続日本紀』養老四年（七二〇）五月二十一日条に、

先レ是。一品舎人親王奉レ勅。修二日本紀一。至レ是功成奏上。紀卅巻。系図一巻。

とあって、完成時のそれは、「紀卅巻」と「系図一巻」から構成されていたことが知られる。

ところが、現存する『日本書紀』の本文をみていくと、『日本書紀』には「紀卅巻」「系図一巻」のほかに、「別巻」の存したことが判明する。すなわち、『日本書紀』雄略天皇（以下、「雄略天皇紀」などと略称）二十二年（四七八）七月条には、

丹波国餘社郡管川人水江浦嶋子乗レ舟而釣。遂得二大亀一。便化為レ女。於レ是浦嶋子感以為レ婦。相逐入レ海。到二蓬莱山一歴二覩仙衆一。語在二別巻一。

とみえるのである。これによれば、有名な水江浦嶋子《みずのえのうらのしまこ》伝説については、「別巻」と称する巻に詳細が記されていたことになる。しかし、この「別巻」は、「系図一巻」とともにこんにち伝わらないのであって、雄略天皇紀十二年条にその概略が記載される水江浦嶋子伝説の詳細はもとより、同書になにが書かれていたかは、今となっては知る由もない。

ただ、この水江浦嶋子の物語については、『釈日本紀』巻第十二、述義八、雄略の条に引かれた『丹後国風土記』にこれと似た伝承が記されており、この逸文との関聯が指摘されている。

与謝郡《よさのこおり》日《ひ》置里《おきのさと》の筒川村《つつかわむら》の条下に引かれた、この物語は、昔話としていまに語り継がれる浦島太郎の物語であり、その内容はあまりに有名である。

煩瑣になるので原文の紹介は控えるが、要点を摘むと、逸文は、筒川村に噫部首らの先祖にあたる筒川嶼子（いわゆる水江浦嶼子）という人物の紹介から始まる。ときは雄略天皇朝のこと、嶼子は小舟で大海に漕ぎ出して、亀を釣りあげたが、その亀が、突然乙女（亀比売）に変身して、嶼子を常世《とこよ》の蓬萊山へと誘《いざな》う。仙人境に到着した嶼子は、大勢の歓迎をうけ、乙女と夫婦の契りをかわす。室町物語草子《むろまちものがたりぞうし》の載せる物語とは細部でことなるが（「竜宮」が登場するのは、室町物語草子の段階から）、大筋はおなじである。

やがて三年が経過し、嶼子はにわかに望郷の念にかられ、乙女に心の内を告げる。話し合いの結果、嶼子は故郷へ帰ることになるが、乙女は、別れ際に愛用の化粧箱を嶼子に授け、「あなたが、最後までわたくしを棄てず、ふたたびここへ戻ってこようと思うなら、この化粧箱をぜったいに開けないでください」と告げる。

こうして帰郷を果たした嶼子がみたものは、三百餘年が経過し、かわりはてた筒川郷であった。途方に暮れた嶼子が発作的に化粧箱を開くと、芳香《ほうこう》が風雲とともに翻って天上にのぼる（風土記には老人にかわる話はない）。乙女との約束を破った嶼子は、もはや彼女との再会もかなわず、涙に咽《むせ》んであたりを徘徊《はいかい》するのであった。

『丹後国風土記』が嶼子の物語を書くにあたって利用したという「旧《もと》の宰《みこともち》の伊預部馬養連《いよべのうまかいのむらじ》の記す所」が、『日本書紀』に引かれた「別巻」の記事と同じものを云うのかどうかはわからない。ただ、原文を比較すると、雄略天皇紀の記事にみえる「餘社郡」（「与謝郡」）・「管川」（「筒川村」）・「水江浦嶋子」（「水江浦嶼子」）・「乗舟」（「乗小舟」）・「釣」（「為釣」）・「遂得大亀」（「乃得大亀」）・「便化為女」（「忽為婦人」）・「為婦」（「成夫婦之理」）・「相逐入海」（「至海中博大之嶋」）・「到蓬萊山」（「赴蓬山」）・「仙衆」（「仙侶」）といった字句が風土記と一致しているので（括弧内は、相当する風土記の字句）、『日本書紀』の「別巻」が掲げる水江浦嶋子伝説は、風土記のそれにきわめて近いものだったと考えてよいであろう。あるいは、『日本書紀』が、和銅六年（七一三）に政府が諸国に提出を命じた風土記をみていたのかも知れないが、いかんせん、雄略天皇紀二十二年条の記述が簡略なので、両者の直接の関係はあきらかにしがたい。

別巻とはなにか

では、水江浦嶋子伝説をふくむ「別巻」とは、いったいどのような書物だったのか。

残念なことに、雄略天皇紀二十二年条の「別巻」については、これが唯一の用例ということもあって、不明な点が多い。先行研究もほとんどないのが、現状である。そうしたなか、青木和夫氏が、持統天皇朝の撰善言司《よきことえらぶつかさ》の編んだという「善言」稿本との関聯を指摘されたことは、注意を惹く（「日本書紀考証三題」〈坂本太郎博士還暦記念会編『日本古代史論集』上巻〈吉川弘文館、昭和三十七年九月〉所収、のち青木氏『日本律令国家論攷』〈岩波書店、平成四年七月〉所収）一六一頁）。

撰善言司とは、持統天皇紀三年（六八九）六月癸未（二日）条に、

以三皇子施基・直広肆佐味朝臣宿那麻呂・羽田朝臣斉。斉。此云二牟五問一。勤広肆伊余部連馬飼・調忌寸老人・務大参大伴宿禰手拍与二巨勢朝臣多益須等一。拝二撰善言司一。

とみえるものだが、これが撰善言司についての唯一の史料であり、その業務や「善言」の内容については明確にしがたい憾みがある。しかし、青木氏は、「善言」という言葉の意味するところや、当時の政治情勢、撰善言司のスタッフの顔ぶれなどから、これは、未来の天皇たる軽皇子《かるのみこ》（文武天皇）の倫理教育のために持統天皇が作成を命じた教科書のことで（ただし、未完成）、撰善言司とは、それを撰ぶ官司だったとみておられる。そして、「善言」の稿本は、「持統朝以前の諸史料と区別することなく、書紀撰上のさいに尊重すべき史料とされ」、『日本書紀』が「水江浦嶋子の伝説を撮要して『語在二別巻一。』と注したのは、伊余部連馬飼の記したそれが『善言』稿本に採録されてゐたためではなからうか」と推察された。

青木説にしたがえば、「善言」稿本は、本来、国史編纂とは異なる目的で編まれたが、『日本書紀』の編纂にも流用されたということになる。しかし、この点については疑問がないわけではない。

たしかに、撰善言司という官司の機能については、青木氏の推測のとおりかも知れないが、素朴な疑問として、

帝王学の教材を『日本書紀』が「別巻」という表現で呼ぶことが、はたしてありえただろうか。筆者は、まず、この点を不審に思う。

周知のように、『日本書紀』が異本を掲げるときは、具体的な書名を記すか（たとえば、「百済本紀」や「伊吉連博徳書」など）、「一云」「一書云」「一本云」「或本云」「別本云」などと書くかのいずれかである（書名のない資料の場合、後者の呼びかたを採ったのであろう）。それゆえ、「善言」稿本が『日本書紀』に採用されたとすれば、おそらく他の引用と同じ形式で紹介されたと思われる。にもかかわらず、「善言」稿本にだけ「別巻」という称呼が用いられているのは、いささか違和感をおぼえる。しかも、水江浦嶋子伝説のごとき、男女の深い情愛を描写した説話が、まだ六歳ぐらいの軽皇子が読む倫理教育の教科書として相応しいかどうかも疑問である。

青木氏は、『丹後国風土記』逸文と「善言」のどちらにも伊預部馬養がかかわっている点を重視しておられるようだが、それだけの理由で、「別巻」と「善言」稿本と結びつけることができるかは、やはり疑問とせざるをえない。

「別巻」は『日本書紀』の餘材

「別巻」が「善言」稿本とは無関係だとすれば、雄略天皇紀にいう「別巻」とはなんだったのであろうか。

筆者も確たる根拠があって云うのではないが、この「別巻」こそは、『日本書紀』の編纂で出た餘材を類聚したものではなかったかと想像している。青木説との相違で云えば、同氏が「別巻」を『日本書紀』の材料とみたのに対し、筆者は、『日本書紀』の完成後、編纂に利用した原史料や、採用を見送った餘材を拾ってまとめたものではないかと推測するのである。

『日本書紀』の編纂に先立って（あるいは編纂過程で）、厖大な資料が集められたことは、容易に想像しうる。しかし、蒐集された材料のすべてが、『日本書紀』本文に採用されたわけではない。それは、『日本書紀』安康天皇元年二月戊辰条みえる、大草香皇子《おおくさかのみこ》事件をみてもよくわかる（第Ⅰ篇第三章参照）。

また、『日本書紀』の巻第一・二神代上下は、多くの一書を引用しているが、いまそれらをみると、『日本書紀』の編纂室には、旧辞についても多くの材料が集められていたことがうかがえる。その取捨選択こそが、編者の見識を問われるところなのだが、多くの異伝に目を通し、そこから正説を組み立てる作業は容易ではない。いずれの説を是とするか、編者の間で意見の一致しないケースも少なくなかったであろう。

神代巻では、幾多の資料をもとに正文を作成はしたものの、異説を捨てるに忍びなかったとみえて―あるいは正文に自信がもてなかったのか―異伝を「一書曰」としてかなりの数救済している。また、他巻でも、削るに忍びない異説を分注の形で拾っているのは、前述の「或本云」「別本云」といった引用をみればあきらかである。

しかし、いっぽうで、異伝としても採用されず、日の目をみなかった材料は、かなりの量にのぼったはずである。それゆえ、『日本書紀』編纂が終了したあとに、不採択の餘材を分類・整理する作業がおこなわれたとみることは、あながち的外れな推測ではあるまい。筆者は、これこそが雄略天皇紀にいう「別巻」ではなかったかと想像するのである。『日本書紀』につぐ『続日本紀』では、編纂後にその餘材を集めて類聚し、『官曹事類《かんそうじるい》』や『外官事類《げかんじるい》』といった書物が編まれたが、『日本書紀』の「別巻」にもこれと共通するところがあるように思う。

むろん、『日本書紀』編纂の際にも、同様の餘材編纂の作業がおこなわれたという確証はない。しかし、残材が多数出たであろうこと、そして、不採択の資料のなかにも捨てがたい情報が多かったであろうことは、想像にかたくない。『日本書紀』の編者たちが、それを整理し、後日『日本書紀』を繙くひとびとのために役立てようとする作業、今風に云えばアーカイブに着手したとみることは、不当な推測ではないと思う。それは、『官曹事類』や『外官事類』のように、官人の実務に供することを目的としたものではなかったかも知れないが、『日本書紀』の場合にも、こうした事業の存在を想定してもよいように思う。

　ただ、こう書くと、雄略天皇紀二十二年条のごとき注記がもっと存在していてもよいのではないかという疑問も提出されるであろう。しかし、養老四年の撰上の際に「別巻」についての言及がないことからもわかるように、これはあくまで『日本書紀』完成後にまとめられたものであり、「紀卅巻」作成の段階でそれを注記することはできなかったのであろう。ことによると、雄略天皇二十二年条の「語在二別巻一。」という注記は、『日本書紀』完成後になんぴとかが追筆したものかも知れない。

「別巻」と『日本書紀私記』

　ところで、右のような推測が中《あた》っているとしたら、「別巻」をめぐる想像はさらに膨む。

　『日本書紀』が使った資料のなかに、天武天皇元年（六七二）に勃発した壬申の乱に従軍した舎人《とねり》の手記である「安斗宿禰《あとのすくね》智徳《ちと》日記」「調連淡海《つきのむらじおうみ》日記」「和邇部臣君手《わにべのおみきみて》手記」があったことは、よく知られている。彼らは、大海《おおあ》人皇子《まのみこ》とともに吉野宮に留まった数少ない舎人として、巻第二十八の天武天皇紀上にも登場する。大海人皇子にしたがった舎人のなかには、こうした従軍日記とでもいうべき記録を残した人が複数いて、需《もと》めに応じて『日本書紀』の編修局に提出するようなことがあったのであろう。

　「日記」「手記」のことは『日本書紀』にはみえないが、十三世紀後半にまとめられた卜部兼方《うらべのかねかた》の『釈日本紀』にその逸文がみえる。『釈日本紀』は『日本書紀』の注釈書で、兼方の父兼文《かねふみ》が文永十一年（一二七四）～建治元年（一二七五）ごろ前関白一条実経《さねつね》に講義したときの説にもとづくものだが、なかに歴代の日本紀講筵の覚書である『日本書紀私記』を豊富に引用している。壬申紀には、六月二十六日朝、大海人皇子一行は伊勢国朝明《あさけ》郡の迹太川《とおがわ》の辺りで「天照太神を望拜」したという有名な記事があるが、『釈日本紀』が「私記曰」として引く「安斗宿禰智徳日記」には「二十六日辰時、於朝明郡迹太川上而拜礼天照大神」とある。壬申紀の記述は、おそらくは、これをもとにしているであろう。

『日本書紀』の完成後も、その原材料である従軍日記が複数伝えられ、日本紀講筵に利用されたことは驚きだが、これはけっして偶然ではないと思う。想像するに、『日本書紀』の餘材を収録した「別巻」が宮中に伝来しており、私記を書き残したひとはこれを閲覧しえたのであろう。さきに第三章において、安康天皇紀にみえる大草香皇子事件に関聯して、『日本書紀私記』甲本（弘仁私記）の引く「帝王紀」に言及したが、あるいは、これも「別巻」として保存されていた資料の一部であり、『私記』はそれをみたのではあるまいか。

〔附論〕太安萬侶とその墓

昭和五十四年（一九七九）一月二十二日、奈良市此瀬町《このせちょう》（もとの添上郡田原村此瀬）の茶畑で太安万侶《おおのやすまろ》の墓が発見された。墓の主が太安萬侶と知れたのは、墓誌が埋葬されていたからである。前年、稲荷山古墳辛亥銘鉄剣の百十五文字が解読されるという古代史上の大発見があったから、二年連続のビッグニュースであった。

墓が発見された此瀬町は、奈良市東部の高原地帯である。発見当初には、「どうしてこんなところに?」という声も聞かれたが、この附近には光仁天皇の山陵（田原東陵）やその父にあたる志貴親王《しきのみこ》の墓（田原西陵）がある。奈良時代には、このあたりは貴族や官人の葬地だったと考えれば、律令官人の太安萬侶がこの地に葬られたことも合点がいく。養老《ようろう》喪《そ》葬令《そうりょう》9皇都《こうと》条に「およそ皇都及び道路の側近は、並びに葬り埋《うづ》むるを得ざれ」とあることからもわかるように、墓を平城京に営むことは禁ぜられていた。奈良時代の葬地といえば、元明・元正・聖武天皇らの山陵が集中する平城京の北の丘陵地帯が有名だが、太安萬侶墓の発見によって、この地もまた奈良朝貴族の葬地であったことが確認されたのは、貴重であった。同様に、長屋王や行基の墓がある、西の生駒山麓も、今後は平城京の葬地として見直す必要があろう。

太安萬侶墓は、きわめて簡素なものであった。養老喪葬令10三位以上条には「およそ三位以上及び別祖《べっそ》・氏宗《ししう》、並びに墓を営むことを得。以外はしからず。墓を営むといへども、もし大蔵《だいぞう》せむと欲せば聴《ゆる》せ」とあるが、後述のように、太安萬侶は一族の氏上だったので、墓を造営することができたのである。

太安萬侶墓は、さいわい、発見の状況がよく、発見者の処置も適切だったので、墓の原状をよく留めていた。その後の調査で、墓の構造・副葬品がよくわかったが、墓の構造は、つぎのとおりである。

図３　太安萬侶墓（直径 4,5 メートルの小さな円墳であった）

トンボ山と呼ばれる丘陵の南斜面の中腹に、一辺二メートルの墓壙《ぼこう》を掘り、その中央北寄りの一定範囲に木炭を敷き詰め、その上に墓誌を文字面を下にして置く。ついで、その上に遺骨を納めた木櫃《きびつ》を安置したのち、周囲に木炭を積んで木櫃を覆い、同時に墓壙内を土で埋め固める。そして、さらにその上面に木炭片を敷き、最後に直径四・五メートルの盛り土をして、周囲に幅三〇センチほどの溝を廻らしている（現在は、図3の写真のように、築造当時の状況に復元・整備し、保存されている）。

発見されたとき、なかの木櫃はおおむね腐朽し、周囲の木炭だけが残り、櫃の部分が空洞の状態であった。茶畑の所有者で第一発見者の竹西秀夫氏は、茶の木の改植のために茶畑の急な斜面を水平に掘っていて、内部の空洞に遭遇した。そのため、木櫃のあとにできた空洞を破壊することもなく、遺骨も墓誌ももとのままの姿で取り上げられたのは、幸運であった。

木櫃には、一体分の遺骨と歯牙のほか、真珠四顆と少量の漆喰《しっくい》片《へん》や鉄片が混入していた。奈良時代に薬物・装飾品として珍重された真珠の出土は、他に類例が少ないだけに貴重であった。しかし、なんといっても、太安萬侶の名を刻んだ墓誌の発見が特筆される。

墓誌は、長さ二九・一センチ・横六・一センチ・厚さ〇・一センチの短冊型の薄い銅板で、その表面には四周と中央に界線をもうけ、タガネで二行四十一字を刻んでいたが、その銘文は、つぎのとおりである。

左京四條四坊従四位下勲五等太朝臣安萬侶以癸亥
年七月六日卒之　　養老七年十二月十五日乙巳

これによれば、太安萬侶が、左京四条四坊に住んでいたこと、卒時《そつじ》には従四位下・勲五等だったこと、養老七年（七二三）七月六日に歿したことがわかる。

太安萬侶ら多氏は、もともと平城京のはるか南の十市郡飫富郷（現磯城郡田原本町多附近）を本貫とする氏族で、式内社　多《おおにいます》坐志理都比古《しりつひこ》神社は彼らが奉斎する神社であった。『続日本紀』霊亀二年（七一六）九月二十三日条によれば、太安萬侶は、この日氏長に任じられているが、彼が一族を代表して神祭していたのはこの多坐志利都比古神社であったと考えられる。

ただし、こうした本貫地とはべつに、太安萬侶は平城京内の左京四条四坊（現在のＪＲ奈良駅の西）に宅地を班給され、ここに居住し、官人として暮らしていたのであろう。

『古事記』の撰者として有名な太安萬侶も、律令官人としてはあまり記録が残らず、『続日本紀』には、慶雲元年（七〇四）正月七日に、正六位下から従五位下に、和銅四年（七一一）四月七日に、正五位下から正五位上に、霊亀元年（七一五）正月十日に正五位上から従四位下に昇ったことが知られる程度である。

太安萬侶の死亡については、『続日本紀』養老七年（七二三）七月庚午条に、「秋七月庚午。民部卿《みんぶきょう》従四位下太朝《おおのあそ》臣安麻呂《みやすまろ》卒す」とかんたんな記事がみえている。ちなみに、『続日本紀』では一貫して「太朝臣安麻呂」と書かれるが、墓誌では「太安萬侶」であり、しかも、これは『古事記』序に「正五位上勲五等太朝臣安萬侶」とあるのとおなじ表記である。この一点からも、『古事記』序が後世の偽作であるとする説は成り立ちがたい。

それはともかく、卒時の位階は『続日本紀』と墓誌の記載は一致するが、勲位は『続日本紀』にはみえない。ぎゃくに、墓誌には民部卿だったことも書かれていない。ただ、卒時にはすでに民部卿を辞していたと考えれば、墓誌がそれを省いているのも納得がいく。

餘談だが、太安萬侶は生年がわからないので、死んだときの年齢は不明である。しかし、かりに、養老選叙令《せんじょりょう》21、官人致仕条に「およそ官人年七十以上、致仕《ちし》するを聴せ。五位以上は上表《じゃうへう》し、六位以下は官に申牒《しんてふ》し奏聞《そうもん》せよ」という規定にしたがって、七十歳になった時点で民部卿を辞したとすれば、卒時にはすでに七十を超えていたと考えられる。

太安萬侶は、久安五年（一一四九）に多坐志利都比古神社禰宜の多朝臣常麻呂が国司に提出した『多神宮注進状《おおじんぐうちゅうしんじょう》』（その草案が『和州五郡神社神名帳大略注解』に載せられている）には、壬申の乱で活躍した多品治《おおのほんじ》の子とあるが、おそらくはそのとおりであろう。太安萬侶が帯びていた勲位は壬申の乱の軍功によるものとする説があるが、卒時に七十歳とすれば、壬申の乱のころには十八九である。彼が、父品治とともに大海人皇子側に従軍したことはじゅうぶんにありうる。

なお、『続日本紀』では、卒した月日を「秋七月庚午」とするが、これは儀鳳暦《ぎほうれき》によれば、七月七日のことで、墓誌の記載とは一日のずれがある。『続日本紀』の月日と、他の史料の月日とが一日ちがうことはほかにも例があるので、おそらく、『続日本紀』の編者が用いた暦と奈良時代に実際に使われていた暦のあいだにはわずかな誤差があったのであろう。墓誌の最後には、「養老七年十二月十五日乙巳」という日附が附されているが、これも、儀鳳暦では「乙巳」は十四日となり、やはり、一日の差がある。これは、おそらくは、太安萬侶を墓に葬った日か、あるいは墓誌を作製した日であろう。

『萬葉集』巻二には、「霊亀元年、歳次乙卯の秋九月、志貴親王の薨《こう》ずる時に作る歌一首〈并せて短歌〉」として（題詞には親王の薨去を霊亀元〈七一五〉年九月とするが、これは、『続日本紀』が霊亀二年〈七一六〉八月とするのと約一年食い違う）、

（二三〇）梓弓《あづさゆみ》　手に取り持ちて　ますらをの　さつ矢手挾《たばさ》み　立ち向かふ　高円山《たかまとやま》に　春野《はるの》焼く　野火と見るまで　燃ゆる火を　何かと問へば　玉桙《たまほこ》の　道来る人の　泣く涙　こさめに降れば　白たへの　衣ひづちて　立ち留まり　我に語らく　なにしかも　もとなとぶらふ　聞けば　音《ね》のみし泣かゆ　語れば　心そ痛き　天皇《すめろき》の　神の皇子《みこ》の　出でましの　手火《たひ》の光そ　そこば照りたる

短歌二首

（二三一）高円の　野辺《のべ》の秋萩《あきはぎ》　いたづらに　咲きか散るらむ　見る人なしに

（二三二）三笠山《みかさやま》　野辺行く道は　こきだくも　繁《しげ》く荒れたるか　久《ひさ》にあらなくに

右の歌は、笠朝臣金村《かさのあそみかなむら》が歌集に出でたり。

と志貴親王の葬送のことがみえている。二三〇番歌は、葬列の松明《たいまつ》の火が高円山の野焼きの火のようにみえたことを歌ったものである。葬列は、高円山《たかまどやま》の西北の山麓にあったとみられる親王の春日宮から高円山の北にある能登川沿いに進み、石切峠を越えて田原の里に至ったのであろうが（岩井川に沿って鉢伏峠を越えるルートもあるが、二三二番歌に三笠山が詠まれていることを考慮すると、高円山と三笠山の間を流れる能登川沿いのルートをとったと考えるのが妥当であろう）、太安萬侶の葬列も、養老七年の暮れ、寒さ厳しいおりに、やはり、おなじ道を通って墓のある此瀬町に向かったことであろう。右の歌には、親王の死を哀しむ、笠金村の哀悼の意がよくあらわれている。

〔附記〕

大正六年（一九一七）に、京都市西京区大枝塚原町《おおえつかはらちょう》（かつての京都府乙訓郡《おとくにぐん》大枝村大字塚原）にある宇治宿祢《うじのすくね》の墓から墓誌が出土した。墓誌は、埋葬された石櫃《いしびつ》とともに出土した。石櫃は長さ四五・四センチ、幅四二・九センチ、全高四〇・九センチの大きさで、花崗岩製である。この石櫃には、まるい孔《あな》が穿《うが》たれており、そこに火葬骨《かそうこつ》を納めた、銅製の円筒形印籠蓋《いんろうぶた》造りの骨蔵器が納められていた。墓誌は、その石櫃の下に積まれた小石の南西部分に粘土にまみれて残されていたという。太安万侶の墓誌も、骨と副葬品を入れた木櫃の下に、文字の部分を下向きに伏せて置かれていたから、この宇治宿祢の墓誌の場合とよく似ている。

【主要参考文献】

岸俊男「太朝臣安万侶とその墓」（『文学』四八—五、昭和五十五年六月、のち岸氏『遺跡・遺物と古代史学』〈吉川弘文館、昭和五十五年十二月〉所収）

奈良県立橿原考古学研究所編『太安萬侶墓　奈良県史跡名勝天然記念物調査報告書第四十三冊』（奈良県教育委員会、昭和五十六年九月）

第Ⅱ篇　各　論

第一章　神代巻から皇代記へ

一、スサノヲノミコト―八岐大蛇と草薙剣―

日本神話とはなにか

ここで取り上げているスサノヲノミコト（神名については、複数の表記があるので、原則としてカタカナで記す。以下、おなじ）は、日本神話に登場する有名な神だが、この神の話に入るまえに、神話のあらましについて紹介しておきたい。

われわれが日本神話と云う場合、まず頭に思い泛べるのは、『古事記』や『日本書紀』のそれである。

周知のように、『古事記』では上巻を神代とし、『日本書紀』では巻一・二をそれにあてて、神々の物語を記している。『古事記』と『日本書紀』では、登場する神々や神話の展開に異なるところがある。しかし、天地の創成から説き起こし、イザナギ・イザナミ二神による国生み、アマテラスオオミカミの誕生、オオクニヌシノミコトの国譲りを経て、ホノニニギノミコトの降臨、ヒコホホデミノミコト（神武天皇）の生誕、と展開する話の大筋は一致している。

記紀神話は、時間的な経過を追って話が展開され、ストーリー性をもっているのが、大きな特色である。記紀の神話が「歴史神話」「古史神話」と呼ばれる理由も、そこにある。しかも、記紀に登場する神々は、系譜上、神武天皇の祖先だから、その意味で、この物語は、天皇が日本を統治することの正統性を語った、きわめて政治的色彩の濃い神話だと云えるのである。

記紀神話の成立は古く、その原型となる旧辞はすでに六世紀後半にはまとめられていたとみられるが、『日本書紀』が本文につづけて引用する「一書に曰はく」のような、別系統の所伝が、はやくから存在した。

いったい、神話や伝承は、長い年月を経るあいだに、新しい要素が加えられたり、語り継ぐものによって、改変されていく性格のものである。ゆえに、異なる、複数の神話が存在するのは、むしろ、当然である。『日本書紀』の編者が多くの異説を掲げているのは、古伝を尊重する、編者の学問的な態度のあらわれだと云えよう。追って詳しく紹介するが、この異説の存在が、神話がどのようにして形成されていったのかを探る、大きな手がかりとなる。

八俣の大蛇退治伝承

記紀によれば、高天原を追放されたスサノヲノミコトは根の国に向かうが、天から出雲の地に降り立つ。ここから、一転して舞台が出雲に移るので、以後の八俣の大蛇退治やオオクニヌシノミコトの物語を「出雲神話」と呼ぶことがある。

まず、『日本書紀』巻第一、神代上、第八段の本文によって、その内容を確認しておく（以下の現代語訳では、『日本書紀』では、小島憲之他校注・訳新編日本古典文学全集２『日本書紀』（小学館、平成六年四月）の掲げる原文・読み下し文をテキストにして、同書の現代語訳などを参考に、筆者が訳したものである）。

さて、素戔嗚尊《すさのをのみこと》は、天から出雲国の斐伊川の川上に降り着かれた。そのとき、川上で泣き声が聞こえた。そこで、声のするほうをたずね探していくと、一組の老夫婦がいて、あいだに一人の少女を坐らせて撫《な》でながら哭いていた。素戔嗚尊が、「おまえたちは誰か。どうしてこのように泣いているのか」とたずねると、「わたくしは国神《くにつかみ》で脚摩乳《あしなづち》といい、わが妻は手摩乳《てなづち》といいます。この娘は、わたくしたちの子で奇稲田姫《くしいなだひめ》といいます。いま泣いているのは、これまで私たちには八人の娘がいましたが、年毎に八岐大蛇《やまたのおろち》に呑まれてしまいました。いままた、この娘が呑まれようとしていますが、逃れる術もありません。それで、悲しんでいるのです」と申し上げた。素戔嗚尊が、「もしそういうことならば、おまえは、娘をわたくしに献上しないか」と仰せられた。（脚摩乳は〕「仰せのとおりに献上します」と答えた。そこで、素戔鳴尊は、ただちに奇稲田姫を湯津爪櫛《ゆつつまくし》に変身させ、御髻《みずら》にお挿しになった。そして、脚摩乳・手摩乳に幾度も繰り返し醸した酒を作らせ、棚を八間作らせ、それぞれ一つづつ酒桶を置いて、酒を満たして待っておられた。時がきて、はたせるかな大蛇《おろち》が現れた。頭と尾はそれぞれ八つあり、眼は赤い酸漿《ほおずき》のようであった。松や柏が背中に生えていて、八つの丘、八つの谷のあいだに這いわたる〔ほどの大きさである〕。酒を飲もうとして、頭を一つづつの酒桶に入れて飲み、酔って眠ってしまった。そこで、素戔鳴尊は帯びていた十握剣《とつかのつるぎ》を抜いて、ずたずたにその蛇をお斬りになった。尾を斬ったとき、剣の刃が少し欠《か》けた。そこで、その尾を割いてみてみると、なかに一つの剣があった。これが、いわゆる草薙剣《くさなぎのつるぎ》である〈一書《いっしょ》によると、もとの名《な》は天叢雲剣《あめのむらくものつるぎ》という。きっと、大蛇がいるうえに、つねに雲の気配があったため、〔このように〕名づけたのであろう。日本武皇子《やまとたけるのみこ》のころになり、名を改めて草薙剣《くさなぎのつるぎ》というようになったという〉。素戔鳴尊は、「これは神々しい剣である。わたくしがどうして自分のもとに置いておけようか」と仰せられて、天神《あまつかみ》に献上された。そうした後に、進みながら結婚の地を探して、出雲の清地《すが》に辿り着かれた。そして、「わたくしの心は清々《すがすが》しい」と仰せられた〈これによって、いまこの地を清《すが》というのだ〉。そこに宮を建てた。ある本にはこうある。そのとき素戔鳴尊は歌を詠んで、

八雲《やくも》立《た》つ　出雲《いずも》八重垣《やえがき》　妻《つま》ごめに　八重垣《やえがき》作《つく》る　その八重垣《やえがき》ゑ

〈雲が立ち昇る出雲に幾重もの垣根を、妻を篭らせるために幾重もの垣根を作る。幾重もの垣根よ〉

と仰せられた。そして夫婦の交わりをして、子の大己貴神《おおあなむちのかみ》を生んだ。そこで、「わが子の宮の長官は、脚摩乳と手摩乳である」と仰せられた。それで、二柱の神に名を授けられ、稲田宮主神《いなだのみやぬしのかみ》という。こうして、素戔鳴尊は、とうとう根国《ねのくに》へ向かうこととなった。

以上が、『日本書紀』本文の記載である。『古事記』のほうにもこれとよく似た話が載せられているが、重複が多

いので、ここでは省略にしたがう。

なお、『古事記』では、大蛇退治のあとに、スサノヲノミコトの系譜が長々と続くが、これは大蛇退治の話には直接関係がないので、これも紹介は控える。ただ、この系譜のなかで、オオクニヌシノミコトがスサノヲノミコトの六世孫と記されている点は見逃せない。『日本書紀』本文では、オオクニヌシノミコト（オオアナムチノミコト）は、スサノヲノミコトとクシイナダヒメのあいだに生まれた子ということになっているが、あとで紹介する一書（一）では五世孫、一書（二）では『古事記』と同じく六世孫と記されている。このように、二人の続柄《つづきがら》は本によってまちまちだが、オオクニヌシノミコトにとってスサノヲノミコトが祖神であることは、スサノヲノミコトの性格を把握するうえで重要な要素である（後述参照）。

神代紀の一書

さて、『日本書紀』本文を『古事記』と比較すると、細部では異なる点があるものの、両者はきわめてよく似ている。すなわち、高天原から出雲の斐伊川《ひいがわ》の川上に辿り着いたスサノヲノミコトは、アシナヅチ・テナヅチと遭遇し、その娘クシイナダヒメを救うために大蛇を退治する。そうして、大蛇を斬ったときその尾から得た草薙剣をアマテラスオオミカミに献上し、やがて、出雲の清《すが》（須賀）に住まいをかまえ、クシイナダヒメと結婚するが、こうした筋立ては記紀ともにほぼおなじである。このとき、スサノヲノミコトが詠んだ「八雲立つ　出雲八重垣　妻ごめに八重垣作る　その八重垣ゑ」という有名な歌謡は、『古事記』にも登場する。

『古事記』や『日本書紀』本文の伝える物語は、スサノヲノミコトによる八俣の大蛇退治伝承の、完成されたかたちとみることが可能だが、この話ははじめからこのような整った物語ではなかったようである。なぜなら、『日本書紀』のこの段が引く一書には、いささか異なる伝承が記載されているからである。

そこで、そうした異伝について検討したいが、そのまえに『日本書紀』の一書とはなにか、詳しく説明しておく必要がある。

『日本書紀』が本文につづけて引用する一書は、さきにも書いたとおり、別系統の所伝を云う。『日本書紀』神代上下は十一段から構成され、巻第一は、天地開闢《てんちかいびゃく》から出雲神話までを扱った第一～八段を、巻第二は、葦原中国の平定・天孫降臨《てんそんこうりん》から神武天皇の誕生までを扱った第九～十一段を、それぞれ収録している。いま、段落ごとに、そこに引かれる一書の数を示すと、第一段が六、第二段が二、第三段が一、第四段が十、第五段十一、第六段三、第七段三、第八段六、第九段八、第十段四、第十一段四、となる。少ないところでは一つだけだが、多いところでは十一も引用されている。おそらく、『日本書紀』が編纂されたころには、たくさんの異説が存在したのであろう。しかも、『日本書紀』は異伝を原文に忠実に引用しているので、そこから伝承の成立過程をうかがうことができる。すなわち、複数の異なる所伝を比較することによって、話の膨らんでいくプロセスがある程度判明するのである。

ちなみに、一書は、もとは本文に対する註であったと考えられている。つまり、『日本書紀』が出来た当時は、巻第三以降の註と同様、二行に小書されていたのである。現存する四天王寺本『日本書紀』や三嶋本『日本書紀』がこれを割註のかたちに作るのは、古体を伝えたものである。しかし、いつのころからか、本文と同じ大きさの字で一字下げの体裁で写すことが一般化し、卜部系『日本書紀』の写本は、すべてこの体裁を採用している。

ちなみに云うと、『日本書紀』の本文は、同書の編纂の際に、一書の記載を総合して、あらたにまとめられたもので、一書と同列に論ずべきものではない。この点については、西川順士《にしかわまさたみ》「日本書紀巻一巻二の「云云」の用例をめぐって」（『皇学館大学紀要』九輯、昭和四十六年一月、のち西川氏『記紀・神道論攷』〈皇學館大学出版部、平成二十一年三月〉所収）に詳しい考察があるので、参照を乞う。

『日本書紀』の異伝

さて、以上のことを念頭において、大蛇退治に関する一書の記載をみていこう。

『日本書紀』のこの段には、六つの所伝が掲げられている。このうち、一書（五）は、スサノヲノミコトの身体から船や宮殿などを造る木材が生じたことをのべる独自の内容で、一書（一）～（四）とはいささか異なる。また、一書（六）は、『古事記』のオオクニヌシノミコトとスクナヒコノミコトの話に近いもので、便宜的にこの段に掲げられているが、そこには大蛇退治の話はみえない。そこで、ひとまずこれらは除外し、残る四つの所伝について分析したいが、その内容にもかなりの出入りがある。たとえば、一書（二）には、つぎのようにある。

このとき、素戔嗚尊《すさのをのみこと》は、安藝国《あきのくに》の可愛《え》之川《のかわ》の川上《かわかみ》に降り着かれた。そこには神がいた。名を脚摩手摩《あしなづてなづ》といい、その妻の名を稲田《いなだ》宮主《みやぬし》簀狭《すさ》之《の》八箇耳《やつみみ》という。この神は身籠っていたが、夫婦ともに心配そうで、素戔嗚尊に、「わたくしたちが生んだ子は多いのですが、生むたびに八岐大蛇《やまたのおろち》がやってきて呑んでしまい、一人も生き残っていません。いまわたくしたちは生もうとしていますが、おそらくはまた〔八岐大蛇に〕呑まれてしまうでしょう。それで悲しんでいるのです」と申し上げた。素戔嗚尊はそこで教えて、「おまえたちは多くの果実を使って酒を甕《かめ》八つ分醸《かも》しなさい。〔それを使って〕わたくしが、おまえたちのために蛇を殺そう」と仰せられた。二神は、教えにしたがって酒を用意した。出産のときになって、はたせるかな大蛇が戸口にあらわれ、子を呑もうとした。素戔嗚尊は蛇《おろち》に勅して、「あなたは畏れ多い神です。饗応しないわけにはまいりません」と仰せられて、八つの甕の酒を口ごとに注がれた。その蛇は、酒を飲んで眠ってしまった。素戔嗚尊は、剣を抜いてお斬りになった。尾を斬るとき、剣の刃が少し缺《か》けた。切り裂いてみてみると、剣が尾のなかにあった。これを草薙《くさなぎの》剣《つるぎ》という。これは今、尾張国の吾湯市村《あゆちのむら》にある。すなわち熱田祝部《あつたのはふり》が奉斎している神が、これである。その大蛇を斬った剣を蛇《おろち》之《の》麁正《あらまさ》という。これは今石上《いそのかみ》にある。この後、稲田宮主簀狭之八箇耳が生んだ子の真髪触《まかみふる》奇稲田媛《くしいなだひめ》を、出雲国の簸之川《ひのかわ》の川上に移し住まわせて養育した。その後、素戔嗚尊が〔この奇稲田媛を〕妃とし、お生みになった子の六世孫を大己貴命《おおあなむちのみこと》という。

つづく一書（三）は、一書（二）にくらべると簡略だが、それでも、スサノヲノミコトが計略を巡らしてクシイナダヒメを救済する話の展開は一致している。ただ、最初にあげた『日本書紀』本文や『古事記』の記事と比較すると、（二）・（三）ともに草薙剣の奉献のことや「八雲立つ……」の歌謡の要素が欠《か》けているし、（三）に至っては、スサノヲノミコトが降臨した場所や清（須賀）での造宮の話も出てこない（（二）は、降臨地を記しているが、「安藝国の可愛之川」とあって、他とは異なる。また、クシイナダヒメが住んだ場所も清ではなく、「簸之川の川上」である）。こうしたところから、草薙剣の奉献や歌謡といった要素は、はじめからスサノヲノミコトの大蛇退治の物語に備わっていたのではないことが知られる。

なお、これとはぎゃくに、一書（四）のように、草薙剣の奉献の話はあるものの、クシイナダヒメの救出という大蛇退治の大前提が欠落している所伝もある。ただし、この所伝は、スサノヲノミコトが、子のイタケルノカミを率いて新羅国《しらきのくに》に降り着き、曾尸茂梨《そしもり》という場所に降臨した話が中心であり、大蛇退治にはいちおう言及するものの、やはり、一書（一）～（三）とは趣きが異なる。

神話の源流をもとめて

ところで、この物語の成立を考えるうえで、もっとも重要なのは、一書のなかでいちばん短い一書（一）である。内容は、以下のとおりである。

素戔嗚尊は天から出雲の簸伊川の川上に降り着かれた。そこで、稲田宮主簀狭之八箇耳の娘の稲田姫と申すかたを見初められ、寝所で婚姻をして生んだ子を清《すが》の湯山主三名狭漏彦八嶋篠《ゆやまぬしみなさるひこやしましの》という。ある本によれば、清《すが》の繫《ゆ》名坂軽彦八嶋手命《なさかかるひこやしまでいのち》という。また別な本には、清《すが》の湯山主三名狭漏彦八嶋野《ゆやまぬしみなさるひこやしまの》という。この神の五世孫が大国主《おおくにぬしの》神《かみ》である。

一見すると、大蛇退治の物語の断片とも受け取れるが、じつは、この所伝が、もっともはやい段階における、スサノヲノミコトとクシイナダヒメの物語だったと考えられる。

こう書くと、読者のなかには、意外に思われるかたもあるだろう。なにしろ、大蛇退治のくだりは、この物語のヤマ場だから、それを欠いたのでは物語の体をなしえない。ところが、三品彰英《みしなあきひで》氏によれば、一書（一）は「最も初期的な原型」だという（「出雲神話異伝考」『三品彰英論文集』〈平凡社、昭和四十六年二月〉所収、二二～二五頁）。なぜなら、在地の古伝承をひろく集めた『出雲国風土記』には、スサノヲノミコト奉祀の伝承はあるものの、大蛇退治の物語はその片鱗すら見当たらないからである。三品氏は、大蛇退治の要素が記紀的所伝であって、現地に密着した風土記的な物語ではないという史料的事実に注目し、一書（一）がスサノヲノミコト伝説の「基本的形相」だと看破されたのである。

なるほど、はやくから内外の神話学者が指摘するように、スサノヲノミコトによる大蛇退治の物語は、ギリシア神話のペルセウス・アンドロメダ型神話の類型に属するもので、外来の伝承が日本に持ち込まれたものだと考えられる。この物語は、ギリシア神話の英雄神ペルセウスが、海の怪獣の人身御供《ひとみごくう》とされたエチオピアの王女アンドロメダを救う話だが、類話は、東は日本から、西は西アフリカのセネガンヴィア、ヨーロッパのスカンジナヴィア・スコットランドにまで広い範囲に分布している。

日本周辺では、中国中南部や東南アジアに伝わる話が、記紀の大蛇退治のストーリーと酷似している。しかも、この地域では怪獣を退治する武器は、金属器、それも鉄剣なので、ペルセウス・アンドロメダ型神話の流伝は、鉄器文化の波及とかかわりのあることが想定される。大林《おおばやし》太良《たりょう》氏は、紀元前一千年紀ごろ、何回にもわたる西から東への大きな文化の流れによって、東アジア・東南アジアに伝えられ、日本にもややおくれて中国の江南地方から伝えられた、と推測しておられる。また、大蛇退治の神剣は「蛇《おろち》の韓鋤《からすひ》の剣《つるぎ》」（一書（三）参照）とも呼ばれていたので、あるいは江南から朝鮮半島南部を経由して伝えられたのかも知れない（『日本神話の起源』〈徳間書店、平成二年二月〉一八二頁）。

このように、大蛇退治伝承が外来の要素だとすると、それが備わらない一書（一）のような伝承がプロトタイプだったとする説には説得力がある。三品氏が指摘されたように、スサノヲノミコトは斐伊川の水霊・地霊的神性であり、それを在地の農耕儀礼の実修者である巫女《みこ》クシイナダヒメが、神妻として奉祀していたのであろう。その意味で、一書（一）は、この話の原型を伝えたものだと評価できる。

スサノヲノミコトの本質

そもそも、記紀では、スサノヲノミコトは、荒ぶる神として派手に活躍するが、『出雲国風土記』では、そうした面影はまったくといっていいほど見当らない。しかも、スサノヲノミコト自身は、地名の由来を説く話のなかで、わずか四箇所ほど記されるのみで、あとはその御子が大半を占めている。

『出雲国風土記』で最高神として描かれるオオクニヌシノミコト（オオアナムチノミコト）が、『日本書紀』本文ではスサノヲノミコトの子と記されていることはさきにもふれたが、『出雲国風土記』では、ほかにスサノヲノミコトの御子として、青幡佐久佐日古命《あおはたさくさひこのみこと》（意宇郡大草郷）・都留支日子命《つるぎひこのみこと》（島根郡山口郷）・国忍別命《くにおしわけのみこと》（同郡方結郷）・磐坂日子命《いわさかひこのみこと》（秋鹿郡恵曇郷）・衝矛等乎与留比古命《つきほことをよろひこのみこと》（同郡多々郷）・八野若日女命《やのわかひめのみこと》（神門郡八野郷）・和加須世理比売命《わかすせりひめのみこと》（同郡滑狭郷）の名がみえるが、彼らは、いずれも、各地を国めぐりしてそこに宮居している。この点から判断すると、風土記のスサノヲノミコトは祖神的な存在でしかないのだが、じつは、これこそが本来のスサノヲノミコトの姿なのである。

なお、こんにちに至るまで出雲地方でおこなわれている神代神楽には、大蛇退治をモチーフにしたものがあり、これをみると、出雲にも大蛇退治伝承があったかのように思われる。しかしながら、神代神楽《じんだいかぐら》は、むしろ記紀神話にその題材をもとめているケースが多く、そうした神楽の内容から、出雲にも同様の伝承が伝えられていたとは云えない。

風土記の重要性

以上、スサノヲノミコトの大蛇退治に関する記紀の所伝を比較しながら、この物語の成立過程について考えてきた。

これをみればあきらかなように、出雲神話における風土記の存在はきわめて重要である。『出雲国風土記』には土地の神々のことが記録されているが、そこには、地方固有の神とそれへの信仰が素朴なかたちであらわれている場合が多い。こうした記述が、神の本質や伝承の原型を探る手がかりとなるのであって、記紀神話にみえるスサノヲノミコト像が、この神の本来の姿ではないことも、風土記によって判明するのである。

なお、本章で取り上げたスサノヲノミコトの神話については、ほかにも検討すべき点が多々あるが、それらについてはべつの機会に譲りたい。ただ、草薙剣の問題については、べつに考えたことがあるので〈拙稿「『尾張国熱田太神宮縁記』と『尾張国風土記』逸文」、のち拙著『風土記研究の諸問題』〈国書刊行会、平成二十一年三月〉所収〉、そちらを参照していただければ、幸いである。

二、神武天皇（神日本磐余彦命）

神統譜から皇統譜へ

カムヤマトイハレヒコノミコト（以下、「イハレヒコノミコト」）は、諱《いみな》を彦火火出見《ひこほほでみ》といい、彦波瀲武毘動草不合尊《ひこなぎたけうがやふきあえずのみこと》の第四子である。母は、海神《わたつみ》の娘玉依姫《たまよりひめ》。「イハレヒコノミコト」と聞いてもピンとこないかも知れないが、この人物こそが、『古事記』『日本書紀』に建国の英主と記される神武天皇《じんむてんのう》である。ただし、「神武」という漢風諡号《かんぷうしごう》は、奈良時代に淡海三船《おうみのみふね》がえらんだもので、記紀には「神倭伊波礼毘古命」「神日本磐余彦命」の名でみえる。「イハレヒコノミコト」は磐余《いわれ》地方の男性という通称で、大和の地名（現在の奈良県桜井市）にちなんだものである。おそらく、これが神武天皇の本来の名だったのであろう。小論でも、この名を用いることにする。

記紀の取り扱いでいえば、イワレヒコノミコトは初代の天皇であり、神ではない。『日本書紀』では、巻第一・二が、『古事記』ではその上巻が神代巻《じんだいかん》にあてられており、その内容にはいくらか出入りがある。しかし、伊弉諾尊《いざなぎのみこと》・伊弉冉尊《いざなみのみこと》が国土や天照大神《あまてらすおおみかみ》を生み、やがてその孫の天津彦彦火瓊瓊杵尊《あまつひこひこほのににぎのみこと》が高天原より地上に降臨して、葦原中国《あしはらなかつくに》を統治し、ついでその曾孫《そうそん》のイハレヒコノミコトが日向から大和に移り、橿原《かしはらの》宮《みや》で即位する、という大筋は一致している。

『日本書紀』では、神代巻につづく巻第三が神武天皇紀であり、『古事記』もまたイハレヒコノミコトの話は中巻の冒頭に収め、上巻の神話とは区別している。しかし、イハレヒコノミコトの父母はあくまで神であり、初代の天皇は系譜のうえで神統譜に繋がっている。これが、記紀皇統譜の大きな特徴なのである。

神代《しんだい》と人代《じんだい》とをつなぐイハレヒコノミコト。彼は、記紀によると、日向を発って、苦難の末に大和に入ったという。記紀が伝えるイハレヒコノミコトの物語は、この東征神話で占められているといっても過言でないが、では、それは、いったいどのようなストーリーなのだろうか。

大和に向けて

『日本書紀』によれば、イハレヒコノミコトは、四十五歳のとき、高千穂宮《たかちほのみや》にあって、兄弟や子たちと相談して、塩土老翁《しおつちのおじ》の云う東方の美しい国に都を移すことを決意。水軍をひきいて日向を出発した。筑紫国の菟狭《うさ》（宇佐）で、菟狭国造の祖先の歓迎をうけた一行は、宇佐から九州北岸に出て、遠賀川《おんがかわ》河口附近の岡水門《おかのみなと》にとどまる。ついで、瀬戸内海を東進、安藝国の埃宮《えのみや》から吉備国の高島宮《たかしまのみや》に至り、ここに三年間とどまり、船舶や食料を準備。さらに東へ進んだ一行は、河内国の草香邑の青雲の白肩津《しらかたのつ》に辿り着く。草香邑《くさかのむら》は、いまの東大阪市日下《くさか》町附近だが、かつてはこのあたりまで海が迫っており、船で行くことができたのである。

ここで行軍に切り替えた一行は、生駒山を越えて大和に入ろうとするが、大和の豪族長髄彦《ながすねびこ》の強い抵抗にあう。そこで、やむなく進路をかえて、大阪湾沿いに南下するが、紀伊国の竈山《かまやま》に至って、兄の五瀬命《いつせのみこと》が、長髄彦との戦いで受けた傷のために亡くなる。現在も、和歌山市和田の竈山には五瀬命の墓と伝えられる場所があり、附近には命《みこと》を祀った竈山神社がある。紀伊半島沿岸を航行する一行は、佐野（現在の新宮市佐野附近）を越える。熊野では暴風にあい、稲飯命《いないのみこと》・三毛入野命《みけいりののみこと》の二人の兄を失うが、それでも、なんとか熊野の荒坂津《あらさかのつ》（旧北牟婁郡紀勢町附近とする説が有力）に上陸。

しかし、行く手を阻むものは跡を絶たない。上陸後も苦難の連続だったが、それを乗り越えたイハレヒコノミコトは、ついに大和の菟田《うだ》の下県《しもつあがた》（現在の奈良県宇陀市菟田野《うたの》附近）に至る。

菟田では、土地の豪族を討伐し、その後、イハレヒコノミコトは、菟田の穿邑《うかちのむら》（宇陀市菟田野宇賀志《うかし》）から吉野地方を巡行し、さらには磯城邑《しきのむら》（奈良県桜井市附近）、高尾張邑《たかおわりのむら》（奈良県葛城地方）の土着の豪族を討つ。そして、いよいよ宿敵長髄彦との対決に臨むが、これも苦戦の連続。しかし、最後は、長髄彦の仕える饒速日命《にぎはやひのみこと》が、イハレヒコノミコトに刃向うことの無駄を悟り、長髄彦を殺して降伏。餘勢をかって大和の多くの土蜘蛛《つちぐも》を討伐し、大和平定を完了したイハレヒコノミコトは、畝傍山《うねびやま》の東南の橿原の地に壮大な宮殿を造営して即位する。ときに辛酉《しんゆう》の年の正月、庚辰《こうしん》の元日のことであったという。

イハレヒコノミコトは実在したか

では、こうした東征神話は、はたして史実を伝えたものであろうか。そして、物語の主人公イハレヒコノミコトは、実在の人物なのであろうか。

この問題については議論百出だが、戦後は、イハレヒコノミコト＝非実在とする説が有力であった。と同時に、東征神話も架空の物語だとするみかたが滲透していた。

なかでも、一世を風靡したのが、モデル論である。モデル論とは、記紀にみえるイハレヒコノミコトの行動には、のちの天皇の事蹟が投影されているとみる説である。モデルになったとする天皇は、研究者によってまちまちである。天武天皇《てんむてんのう》の事蹟が投影されたとみる假説もあれば、五世紀後半における河内政権による大和進出や、あるいは、継体天皇《けいたいてんのう》勢力の大和進出が東征神話に反映したのだとするみかたもある。

モデル論は、神話・伝承の成立過程を考えるうえで重要な視点である。しかし、だからといって、こうした理論によって、イハレヒコノミコトとその神話を説明できるものではない。やはり、東征神話の核心には、そのもとになるような事件があったとみるべきではないだろうか。すくなくとも筆者はそう思う。ただ、いずれの立場をとるにしても、記紀の解釈だけでは、どうしても主観に流れやすい。そこで、視点をかえて、イハレヒコノミコトが実在したとすれば、いったいいつごろの人物なのかということを考えてみよう。

さきに、神武天皇が、辛酉の年に即位したという『日本書紀』の記述にふれたが、これは、西暦に換算すると、紀元前六六〇年にあたる。しかしながら、はやくに那珂通世《なかみちよ》氏の指摘したように、この年紀には大幅な延長がある。那珂氏は、天皇一世の平均年数を約三十年として、『古事記』にある崇神天皇《すじんてんのう》の崩年干支《ほうねんかんし》戊寅（那珂氏は、これを西暦二五八年にあてる）から逆算し、崇神天皇の九世代前のイハレヒコノミコトの即位を紀元前一世紀のこととした。

ところが、この推算には問題が多い。まず不安なのが、天皇一世の平均年数を利用している点である。詳しい論証は省くが、天皇の実年代を探る物差しとしては、天皇一代の平均在位年数をもちいるほうが誤差は小さい。また、逆算の起点も、不確かな崇神天皇の崩年干支によるよりも、雄略天皇《ゆうりゃくてんのう》朝あたりから遡るのが無難であろう。すなわち、『宋書《そうじょ》』にみえる倭国王武《ぶ》は、記紀にいう第二十一代雄略天皇のことだと考えられる。そして、この武は、南朝の宋に昇明《しょうめい》二年（四七八）に使者を派遣している。そこで、これを起点に二十代分の年数（約十年×二十代≒二百年）を遡ることによって、イハレヒコノミコトを三世紀後半の人物と考えるのである（安本美典氏は、西暦二八〇年〜二九〇年ごろに絞り込む）。

こうして、神武天皇の活躍した年代を三世紀後半とした場合、おもしろいことに気がつく。それは、ちょうどそのころ、大和で突如として巨大前方後円墳が築造されるようになることである。しかも、それ以前には、おもに九州地方の弥生時代の墳墓の副葬品であった刀剣・矛・鏡・玉・鉄が、この時期を境に、のちに畿内と呼ばれる地域の古墳からも出土するようになるのである。刀剣・鏡・玉といった政治権力の象徴とも云うべきものが、九州地方から近畿地方に移動した背景には、それらを保有する政治集団の移動があったのではあるまいか。

神話の意味するもの

そこで、あらためて記紀に目をやると、そこにはまさしくイハレヒコノミコトが九州から大和を目指して進出してきたことが書かれている。これをたんなる偶然の一致で片づけるわけにはいかないのである。ただ、その際、さきにものべたように、記紀の解釈、すなわち、神話をそのまま史実とみてよいのかが問題になる。この点については、さまざまな考えかたがあろうが、筆者は、さきにものべたように、東征神話をたんなる架空の物語とみるのではなく、そこには、ある程度史実が反映されていると睨んでいる。

多くのひとがイハレヒコノミコト神話に懐疑的であるのは、イハレヒコノミコトが神々の系譜につらなることに原因があるようだ。しかし、渡部昇一氏の指摘にもあるように、ヨーロッパでも王の系譜を辿っていくと、途中から神になることは珍しいことではない。古代イギリスのノーサンブリア王朝やウェスト・サンクス王朝（アルフレッド大王家）の系譜も、いずれも溯れば神である。ギリシア神話のトロイ戦争における英雄ミケーネ王のアガメムノンなども、四代前のタンタウルスあたりで神話の時代に転じている（タンタウルスの親は有名な最高神ゼウス）。

こうしてみると、神々と王の系譜が連続することが、かならずしも神話を虚構とみなす根拠とはならないことがおわかりであろう。イハレヒコノミコトが日向から大和に向かうというストーリーも、後世の改変を蒙ってはいるものの、ある時期、皇室の祖先が南九州地方から近畿地方に移動したことを語ったものではあるまいか。言い換えれば、イハレヒコノミコト神話は、ヤマト政権の前史を神話・伝承のかたちで伝えたものであり、その核心部分には史実が隠されているように思うのである。

日向には、イハレヒコノミコトを祀る古社として宮崎神宮《みやざきじんぐう》がある。同社は、イハレヒコノミコトを主祭神とし、相殿には父の鵜葺草葺不合尊と母の玉依姫命を祀る。社伝によれば、イハレヒコノミコトが日向時代に宮を営んだ地を鎮座地と定めたという。たしかな創建年代は不明であるが、鎌倉時代初期の鎮座とみる説もあるから、古い神社であることはまちがいない。

ただ、かつての日向は、現在の鹿児島県地方をも包括したかなり広い地域を意味していたと考えられ、しかも、イハレヒコノミコトは、おなじ日向でも鹿児島県地方とのかかわりが強い。だとすると、宮崎神宮の鎮座地がイハレヒコノミコトのかつての宮居だとする所伝も、鵜呑みはできない。しかし、こうした記紀神話をよりどころとしたイハレヒコノミコト信仰がいまも日向の地に息づいていることに、筆者は興味をおぼえる。

第二章　王統譜を読む

一、ヤマトタケルノミコト

景行天皇とその時代

大和盆地の東南部、三輪山西麓の柳本古墳群には巨大な前方後円墳が集中しているが、なかでも最大規模を誇るのが、渋谷向山《しぶたにむこうやま》古墳である。この古墳は、後円部径約一六八メートル・前方部幅約一七〇メートル、全長約三〇〇メートルの三段築成の前方後円墳である。古墳時代前期の古墳としては全国的にみてももっとも大きいもので、記紀に、景行天皇の陵墓と記される「山辺道上陵《やまのべのみちのえのみささぎ》」にあたるとみられている。

しかし、はたしてほんとうにこの古墳に景行天皇が葬られているかどうかはわからない。ただ、この古墳は、四世紀中葉から後半にかけて築造されたとみられており、それは、まさしく景行天皇が活躍したと推定される時期とほぼ一致する。しかも、この時期、全国どこを探しても、これだけ巨大な古墳は存在しないのであって、その意味では、この古墳の被葬者を当時のヤマト政権の大王にあてる説は、まったく理由のないことではない。

ここで取り上げるヤマトタケルノミコト（記紀では「倭健命」「日本武尊」と書く）は、その景行天皇の皇子である。記紀によれば、景行天皇には八十人の皇子・皇女がいたと伝えられるが、ヤマトタケルノミコト（小碓尊《おうすのみこと》）は、双子の兄大碓《おおうすの》皇子《みこ》とともに、景行天皇と播磨稲日大郎姫《はりまのいなびのおおいらつめ》のあいだに生まれた。『日本書紀』によれば、彼は、「日本《やまと》童《おぐ》男《な》」とも呼ばれ、ひときわ勇壮な人物だったという。

熊襲と蝦夷

そこで、まず、記紀によりつつ、ヤマトタケルノミコトの国土平定に関する伝承を紹介しておく。

『古事記』では、ヤマトタケルノミコトの熊襲《くまそ》征伐は、兄殺しというショッキングな話からはじまる。景行天皇は、ある日、ヤマトタケルノミコトに、「大碓命は、なぜ、朝夕の食事に出てこないのか、おまえがねんごろに教えさとしてこい」と命じたが、五日たっても大碓命は出仕してこない。天皇がヤマトタケルノミコトにそのわけを尋ねると、彼は、「大碓命が厠にはいったところを捕らえ、手足をもぎとり、薦《こも》に包んで投げ捨てました」とこともなげに答える。天皇は、ヤマトタケルノミコトの荒々しさを恐れ、彼を遠ざけるために熊襲征伐を命じるのだが、この話は『日本書紀』にはみえない。『日本書紀』では、景行天皇の熊襲親征のあとをうけて、熊襲国に赴く勇ましい姿が描写されている。

ヤマトタケルノミコトは、熊襲の首長川上梟師《かわかみたける》（『古事記』では熊曾建兄弟）の宴会に童女の姿に化けてまぎれこみ、梟師を斬る。梟師は、殺される直前、彼に「日本武皇子《やまとたけるのみこ》」の名を奉ったというが、これが、ヤマトタケルノミコトの称号の由来である。

なお、ヤマトタケルノミコトは、この帰途に、出雲国の出雲建《いずもたける》を倒したというが、この話は、『日本書紀』にはみえない。

つぎに、東夷《あずまのひな》が叛乱をおこしたとき、景行天皇はヤマトタケルノミコトにその征伐を命じる。『日本書紀』には、天皇の命令に勇躍して東征に向かったとあるが、いっぽうの『古事記』は、「天皇は私なんか死んでしまえとお思いになっていらっしゃるのだ」と嘆き、泣く泣く出発する弱々しい姿を伝えている。

伊勢神宮に参拝し、叔母の倭姫命から草薙剣《くさなぎのつるぎ》を授かったヤマトタケルノミコトは、駿河に至るが、そこで賊の焼き打ちにあう。しかし、叔母の倭姫命にもらった草薙剣の霊力で火を退け、ぎゃくに賊を焼き殺してしまう。そ

図４　能褒野墓陪塚の調査のもよう（平成25年11月の現地説明会）

して、相模に進み、そこから上総に渡ろうとするが、こんどは暴風雨に苦しめられる。しかし、ヤマトタケルノミコトの妃弟橘媛《おとたちばなひめ》が、海神の犠牲となって入水したため、暴風は止み、一行は無事接岸する。ヤマトタケルノミコトは、そこから陸奥にすすみ、船に大きな鏡をかけて蝦夷に戦を挑んだところ、彼らは戦わずして降服した。

帰途、ヤマトタケルノミコトは、甲斐国の酒《さか》折宮《おりのみや》に滞在し、さらに甲斐より武蔵・上野を経て碓日坂で弟橘媛を偲ぶ。信濃を経て尾張に戻った彼は、近江の伊吹山《いぶきさん》の荒ぶる神を退治しようとして傷つき、大和に帰ることを望みながらも、ついに伊勢国の能褒野《のぼの》で歿する。

ヤマトタケルノミコトの実在性

以上、ヤマトタケルノミコトの英雄ぶりを紹介したが、景行天皇やヤマトタケルノミコトの遠征の話は、記紀の間でずいぶん出入りがある。両書に定着するまでには、本来別な人物の事蹟として伝えられたものもふくめて、さまざまな物語が複線的に伝えられていたようである。

伝承の成立過程を細かくトレースすることはむつかしいのだが、べつに詳しく論じたように（「景行天皇朝の征討伝承をめぐって」芳賀紀雄 監修／鉄野昌弘・奥村和美編『萬葉集研究』第三七集〈塙書房、平成二十九年十一月〉所収）、複数の東征・西征伝承のうち、比較的はやくから語られていたのは、『日本書紀』にのみみえる景行天皇の西征伝承と、記紀がともに記すヤマトタケルノミコトの東征伝承とではないかと思われる。むろん、ここに云う東征・西征伝承とは、記紀にみえるような「完成」された物語ではなく、あくまでその祖型の意味である。

記紀のヤマトタケルノミコト像やその国土平定の物語群をのちの創作とする説はよく知られているが、かならずしもそうとは云えない。なぜなら、後述のように、四世紀代にヤマト政権の勢力が東西に拡張したことは、動かしがたい事実だからである。景行天皇朝の東征・西征伝承も、のちの作り話とみるよりは、版図拡大の事実があり、それがもとになって生まれた言い伝えだと考えたほうが無理のないように思う。

『古事記』では、景行天皇朝をヤマトタケルノミコトを中心として描くという方針から、彼の西征・東征伝承を採用した。この二つの征討伝承のうち、西征譚の形成には景行天皇の西征が影響しているとみられるが、『古事記』が景行天皇の親征についてふれていないのは、その原資料として用いられた帝紀ないしは旧辞には、ヤマトタケルノミコトの事蹟しかなかったからであろう。

いっぽう、『日本書紀』は、古くからあった景行天皇の西征とヤマトタケルノミコトの東征を中心に、多くの伝承を統合し、それらを景行天皇西征↓ヤマトタケルノミコト西征↓同じく東征の順に整理し、なおかつ景行天皇の東国巡狩《じゅんしゅ》を最後に排した。倭王武の上表文は、「ヤマト王権発達史の物語」を東征↓西征の順で書くが、記紀がともに西征↓東征の順で排列しているところをみると、西征が先という認識がはやくから定着していたのであろう。

景行天皇朝の史的意義

景行天皇やヤマトタケルノミコトについては、その実在性を否定する見解が根強く、そうした立場からすれば、拙論は容認しがたいであろう。

ただ、周知のように、崇神天皇から景行天皇にかけての時代は、ヤマト政権の威光が大和の内外に拡大した時期であり、記紀にはそのことを示す記事が数多くみえている。

たとえば、崇神天皇の時代には、四道将軍の派遣・出雲の神宝献上・任那の朝貢など、ヤマト政権の勢力が各地に及んだことを示す記事がみえる。また、崇神天皇につづく垂仁天皇の時代にも、伊勢神宮の鎮座など、ヤマト政権の歴史を語るうえで逸することのできない重要な事件が集中しているし、さらに前述のように、景行天皇の時代には、天皇自身による熊襲征伐やヤマトタケルノミコトの国土平定伝承に象徴される、華々しい活動が記されている。

いっぽう、考古学の方面からみると、前述の渋谷向山古墳の存在が注目される（附近には、崇神天皇陵に治定される行燈山古墳も存在する）。さきにものべたように、この古墳の被葬者を当時のヤマト政権の最高首長（大王）、すなわち記紀に云うところの景行天皇的人物とみることは、それなりに合理性を有つ。当時、ヤマト政権の最高首長がこれほど巨大な前方後円墳を築造したということは、こうした大土木事業を支える富や権力が、彼らの許に集中していたことを示している。したがって、記紀の崇神～景行天皇の治世に、ヤマト政権の勢力の伸長を物語る幾多の事件が集中していることも、理由のないことではない。

景行天皇朝の征討譚は、長期間にわたる伝承の過程で潤色・改変されているので、それがそのまま史実だとは認めがたい。しかし、考古学的見地からみても、四世紀後半におけるヤマト政権の勢力伸長は、動かしがたい事実であり、しかも、それが記紀の伝承とよく符合することを思うと、その祖型というべきものは、相当古くから存在したと考えてよいであろう。こうした考えを一歩進めると、伝承の核心部分には、景行天皇的な大王やヤマトタケルノミコト的な王族が、版図の拡大につとめたという史実が内包されているのではないかという結論に辿りつくのである。

〔附記〕
ヤマトタケルノミコトの墓とされる能褒野王塚古墳が、四世紀後半に活躍したヤマトタケルノミコト的王族の墓である可能性が大きいことは、前掲拙稿で詳述した。また、図4の同古墳の陪塚については、拙稿「三重県亀山市能褒野古墳群見学会参加記」（『地方史研究』三六八、平成二十六年四月）参照。

二、応神天皇

「ホムタワケ」の由来

応神天皇は、仲哀天皇の第四子で、母は神功皇后。『日本書紀』応神天皇即位前紀によれば、神功皇后が新羅を征討した年、遠征先の筑紫の蚊田《かだ》で生まれたという。生まれたとき、腕に鞆のように盛り上がった肉がついていたところから、「誉田天皇《ほむたのすめらみこと》」と呼ばれたというが、これはあくまで附会の説である。応神天皇の「誉田」は、天皇が河内に本拠を移して以後活動の拠点とした誉田《こんだ》（現大阪府羽曳野市誉田）の地名に因んだものであろう。

ちなみに、『古事記』および『日本書紀』所引の「一云」は、太子になって、敦賀の気比《けひ》神宮を参拝したときに、大神と名前を交換して「誉田別尊」となったと異説をあげている。こちらは、成年式（子どもから大人の世界へ移る通過儀礼の一種）の「名がえ」の儀礼を説話化したものであろう。

麛坂王・忍熊王の乱

誉田別皇子が生まれた翌年、神功皇后は、皇子をともなって穴門《あなと》の豊浦宮《とゆらのみや》から大和に帰還するが、そのとき、麛坂王《さかのみこ》・忍熊王《おしくまのみこ》兄弟が謀反を起こす。彼らの母は大中姫。したがって、二王と誉田別皇子は、異腹の兄弟になる。二人は、皇后が筑紫で誉田別皇子を出産したことを知り、群臣がこの幼い皇子を天皇に立てるのではないかと不安をいだいたのである。

神功皇后摂政前紀によれば、兄の麛坂王は、菟餓野《とがの》で戦の勝敗を占った際に、猪に喰い殺されてしまうが、弟の忍熊王は、各地を転戦しながら、神功皇后の差し向けた数万の軍に抵抗。しかし、最後は、琵琶湖沿岸まで敗走し、瀬田で入水する。

この内乱については、従来、神功皇后・応神天皇に象徴される政治集団と麛坂王・忍熊王に象徴される政治集団の対立抗争ととらえ、これに勝利した前者が河内政権を樹立した、と解釈されてきた。しかし、近年の研究によれば、事実はそうではない（塚口義信「佐紀盾列古墳群とその被葬者たち」『ヤマト政権の謎をとく』〈学生社、平成五年九月〉所収）。

内乱の真相

初期のヤマト政権は、大和とその周辺に盤踞していた複数の政治集団によって構成される聯合組織であり、そのなかのもっとも有力な政治集団から最高首長が出ていた。四世紀後半、この最高首長権を握っていたのは、大和東北部から山城南部の地域を勢力基盤とする政治集団。神功皇后陵に治定される五社神《ごさし》古墳など、当時としては最大規模の前方後円墳が集中する佐紀盾列《さきたたなみ》古墳群西群（現奈良市山陵町附近）を築造したのも、この集団である。そして、麛坂王・忍熊王は、その正統な後継者であった。

ところが、四世紀末に、最高首長の座をめぐる内紛が生じ、叛乱を起こした神功皇后・応神天皇の一派が勝利を得た。記紀は、麛坂王・忍熊王を反逆者のように描いているが、これは、記紀のもとになった「原帝紀」が、応神天皇を正統な後継者とする体制のなかでまとめられたことに原因があるようだ。

たしかに、記紀の系譜をみても、麛坂王・忍熊王の母の大中比売命《おおなかつひめのみこと》は、比較的皇族に近い。これに対し、応神天皇の母神功皇后は、父系では開化天皇にまでさかのぼることができるものの、母系の始祖は、新羅の王子天之日《あめのひ》矛《ぼこ》。その優劣はおのずからあきらかである。

応神天皇の故地

ところで、この内乱において応神天皇側の後ろ盾となった勢力の一つに、河内の政治集団があった（塚口氏前掲論文、一一八～一二一頁）。記紀の皇統譜によれば、応神天皇は、品陀真若王《ほむだのまわかのみこ》の娘仲津姫命《なかつひめのみこと》に入り婿したことになっているが、この王は、「ホムダ」という名からもわかるように、河内国古市郡誉田附近を拠点とする政治集団の首長であった。彼は、内乱のあと、佐紀の政治集団から応神天皇をむかえることによって、ヤマト政権の正統な後継者としての立場を確立したのである。五世紀にはいり、最大規模の前方後円墳が、佐紀盾列古墳群西群から古市古墳群に移動しているのも、応神天皇の「入り婿」を境に、最高首長の座が佐紀から河内に移ったからだと考えると、うまく説明できる。

ただ、河内政権に対する、こうした理解は、この政権が、旧満洲・朝鮮半島方面の狩猟騎馬民族や九州勢力といった、外部から侵入した新勢力によって樹立されたとする江上波夫氏や水野祐氏の所説と真っ向から対立する。

しかし、筆者は、河内政権の主体が、外来勢力だとは思わない。なぜなら、河内地方の古市・百舌鳥古墳群には、応神天皇陵とみられる誉田御廟山《こんだごびょうやま》古墳の出現以前に、津堂城山《つどうしろやま》古墳（墳丘長二〇八メートル）・仲ツ山《なかつやま》古墳（墳丘長二八六メートル）・上石津《かみいしづ》ミサンザイ古墳（墳丘長三六五メートル）、といった大型の前方後円墳が、つぎつぎと築造されているからである。

この政治集団は、佐紀盾列古墳群西群を築いた政治集団に木津川・淀川水系を押さえられた三輪山周辺の政治集団が、葛城氏と手を組んで河内地方に活路をもとめたのであろうが、こうした古墳の築造ひとつをとってみても、この勢力が突如河内に起こったものだとは考えがたいのである。

騎馬民族征服王朝論や王朝交替論は、その核心部分には貴重な指摘を数多くふくんでいる。しかしながら、これらの学説にしたがって、応神天皇の出自をあえて九州にもとめることは、四世紀後半から五世紀にかけての王権の本質を見失わせるような気がしてならない。

治世の出来事

ところで、応神天皇の在位年数は、『日本書紀』によれば、四十一年。『古事記』は、応神天皇の崩年干支を甲午（三九四か）とし、おなじく仲哀天皇のそれを壬戌（三六二か）とするので、在位年数は三十三年となり、『日本書紀』のそれとはいささか隔たりがある。しかし、いずれにしても、天皇の治世が長期にわたったことは事実で、記紀には、記事の出入りはあるものの、天皇にまつわる豊富な記載が残されている。

たとえば、武内宿禰《たけしうちのすくね》が弟甘美内宿禰《うましうちのすくね》の讒言のために、あやうく天皇の差し向けた使者に殺されそうになる話（紀九年四月条のみ）、宇治の木幡での矢河枝比売《やかわえひめ》との恋物語（記のみ）、日向の豪族の娘髪長媛《かみながひめ》を召すが、結局は大鷦鷯尊に譲った話（記・十一年是歳条）、吉野の国樔《くず》の歌のこと（記・紀十九年十月条）、妃の兄媛を追って淡路島・吉備へ行幸する話（二十二年三月～九月条）、などである。さらに、『日本書紀』が、仁徳天皇即位前紀でかんたんに記すだけの大《おお》山守命《やまもりのみこと》の反乱についても、『古事記』は、応神天皇の段で詳しく記載している。

このほか忘れてはならないのが、『古事記』に頻出する帰化人伝説である。新羅人が来朝し、建内宿禰命がこれを引率して百済池を作った話、百済の照古王が、阿知吉師に附して馬を貢上したこと、和邇吉師に附して論語・千字文を貢進したこと、新羅の国王の子天之日矛《あめのひぼこ》の渡来（ただし、これは「昔」のこととして記す）、などがそれである。

もっとも、こうした帰化人伝説が応神天皇記に集中しているのは、それらを神功皇后の朝鮮半島遠征の結果とみる『古事記』の年代史観のあらわれであって、かならずしも史実に即したものではない（三品彰英「紀年新考」『増補上世年紀考』〈養徳社、昭和二十三年四月〉所収、二一七～二二三頁）。

応神天皇の時代に、技術者や学者の来朝が多かったという話は、『日本書紀』にもみえる。しかし、『日本書紀』は、百済王の薨去《こうきょ》や即位など、百済側の史料によった記事も載せており、『古事記』とはいささか趣きがことなる。神功皇后紀・応神天皇紀の記事の年紀に干支二運（百二十年）の延長があることも、これら百済関係の記事と、『東国通鑑《とうごくつがん》』などの外国史料の比較によって判明した事実である。

こうした年代比定をもとに、倭王讃を応神天皇にあてる説がある（前田直典「応神天皇朝といふ時代」『元朝史の研究』〈東京大学出版会、昭和四十八年一月〉所収）。はなはだ魅力的だが、いっぽうでは、仁徳天皇とみる説もあって、いまだに定説は存在しない。

三、仁徳天皇

皇位の互譲

仁徳天皇即位前紀には、天皇が即位に至る詳しい経緯が記されている。おなじ話は応神天皇記にもみえるが、ここでは『日本書紀』によって紹介しておこう。

応神天皇は、大鷦鷯尊《おおさざきのみこと》・大山守皇子《おおやまもりのみこ》・菟道稚郎子《うじのわきいらつこ》三人の子のうち、もっとも年少の菟道稚郎子を太子（皇位継承者）に指名していたが、天皇崩御ののち、菟道稚郎子は兄大鷦鷯尊（のちの仁徳天皇）に皇位を譲ろうとする。ところが、大鷦鷯尊はこれを固辞したために、なかなかつぎの天皇が決まらなかった。

そんなおり、応神天皇の子の一人額田大中彦皇子《ぬかだのおおなかつひこのみこ》（母は高城入姫）が倭の屯田《やまとのみた》と屯倉を奪うため、屯田司《みたのつかさ》の淤宇宿禰《おうのすくね》を排除しようとする。しかし、大鷦鷯尊は、淤宇宿禰の弟の証言により、額田大中彦皇子の主張を斥ける。額田大中彦皇子の同母弟の大山守皇子は、かねてより応神天皇が自分を皇太子に立てなかったことに恨みをいだいていたが、この事件が引き金となって、ついに太子菟道稚郎子の殺害を謀る。しかし、大鷦鷯尊がその企てを察知し、菟道稚郎子に通報したので、菟道稚郎子は、先手をとって大山守皇子を殺害する。

こうして、大山守皇子は排除されたが、大鷦鷯尊と菟道稚郎子はたがいに皇位の譲り合い、むなしく三年が経過する。

『日本書紀』によれば、菟道稚郎子は、譲位を果たすために自殺をこころみたというが、『古事記』は夭折したと記すだけである。しかし、いずれにしても、太子の死によって、大鷦鷯尊の即位がようやく実現する。

仁徳天皇は「聖帝」か？

『日本書紀』は、仁徳天皇の在位年数を八十七年とする。『古事記』の崩年干支《ほうねんかんし》（天皇が崩御した年の干支。三十三天皇のうち十五人について記載）から得られる治世年数は三十四年だから、両者のあいだにはかなり開きがある。しかし、いずれにしても、天皇の治世が長期にわたったことは事実で、記紀には天皇にまつわる豊富な記載がある。なかでも、天皇が高台から遠望して、民の竈《かまど》に煙が立たないのを知り、三年間免税したという話は有名である。天皇が、倹約を重ねつつ善政を施し、それによって、国民は豊かになるという、仁政ぶりは記紀がともに記すところである。二書は、仁徳天皇のことを「聖帝」と讃える。

ただ、こうした仁徳天皇の人物像は、葛城氏と親密な関係にある仁徳・履中天皇系の王統を是とする「原帝紀」の性質に由来するようだ。そのため、こうした思想を受け継いだ記紀の記載を、そのまま史実とみとめるわけにはいかない。しかしながら、現在仁徳天皇の陵墓として有力視されている上石津ミサンザイ古墳（大阪府堺市西区石津ヶ丘）は、宮内庁が仁徳天皇陵として管理する大仙《だいせん》古墳（大阪府堺市大仙町、墳丘長四八六メートル）ほどではないが、墳丘長三六五メートルの巨大前方後円墳であり、その偉容は、この天皇の治世が、いかに国力が充実した時代であったかを雄辯に物語っている。

四、磐之媛・八田皇女

葛城襲津彦の女

葛城磐之媛《かづらきのいわのひめ》（石之日売命）は、『日本書紀』によれば、仁徳天皇二年三月、皇后に立てられたという。のちに、大兄去来穂別《いざほわけの》天皇（履中天皇）・住吉仲《すみのえのなかつ》皇子・瑞歯別《みずはわけの》天皇（反正天皇）・雄朝津間稚子宿禰《おあさづまわくごのすくね》天皇（允恭天皇）の四皇子を生んだが、そのうち、三人が皇位を践《ふ》んだ（五一頁図1参照）。同腹の皇子が三人も即位したのはほかに例のないことだが、これは、磐之媛の父葛城襲津彦が、当時の実力者であったことと関係がある。

磐之媛が葛城襲津彦の女であったことは、『古事記』仁徳天皇の段に「葛城之曽都毘古の女、石之比売命」とみえるとおりである。皇族以外の女性が皇后になったのは、彼女がはじめだが、こうした異例の措置も、葛城氏の威光によるところが大きい。後年、やはり、臣下の藤原光明子《こうみょうし》が皇后に立てられたとき、聖武天皇は、二百年以上もまえの磐之媛を例を引いて「今めづらかに新しき政には有らず」（『続日本紀』天平元年八月二十四日条）と勅しているが、いかにも苦しい辯解である。

「妬婦」磐之媛と八田皇女の入内

この磐之媛は、嫉妬深い性格だったことで世に知られているが、これは、後世の人物評ではない。なぜなら、磐之媛のひととなりについては、すでに仁徳天皇記に「其の大后《おほきさき》石之比売命、甚多《いとまね》く嫉妬《うはなりねたみ》したまひき。故《かれ》、天皇の使はせる妾《みめ》は宮の中に得臨《えのぞ》まず。言立《ことだ》てば、足もあがかに（足ずりをして）嫉《ねた》みたまひき」とあるからである。

たしかに、記紀には、彼女の嫉妬深さをうかがわせる話が、いくつも紹介されている。

たとえば、仁徳天皇記によれば、天皇が、吉備海部直《きびのあまべのあたい》の女黒比売《くろひめ》を召し上げたが、彼女は、皇后（『古事記』では「大后」）の嫉妬を恐れて本国に逃げ帰ったという。さらに、『日本書紀』仁徳天皇十六年七月条には、女官の桑田玖賀《くわたのくが》媛《ひめ》という女性を寵臣の舎人《とねり》らに示して、「朕は、この婦女を愛したいと思うが、皇后の嫉妬が苦になって召すことができないまま何年も経ってしまった」と苦悩した話が載せられている。

こうした、磐之媛の嫉妬が絶頂に達するのが、天皇が八田皇女《やたのひめみこ》（後述参照）を宮中に召し入れたときである。いま、『日本書紀』仁徳天皇二十二年〜三十五年条によりつつ、あらましを記すと、つぎのとおりである。

天皇は、八田皇女を召し入れようと皇后に相談するが、当然のことながら、承知するはずもない。

あるとき、皇后が紀国へ出かけたので、天皇は、このときをねらって八田皇女を宮中に召し入れる。しかし、皇后は、難波の済まで戻ったところで、このことを知り、大いに恨み、船を着岸させない。

そうとは知らず、天皇は皇后の船を待つが、皇后は大津に停泊せず、淀川を遡って、木津《きづ》から倭へと向かう。翌日、天皇は舎人の鳥山を遣して、帰還を促すが、皇后は帰らず、なおも進み、山城河（木津川）に至り、奈良山《ならやま》を越えて、故郷の葛城を望む。

その後、ふたたび山城に戻って、筒城宮《つつきのみや》に落ち着いたので、天皇は、的臣の先祖の口持臣を皇后の説得にあたらせるが、皇后はこれを黙殺。ついに、天皇みずからが山城に向かうが、皇后は、「八田皇女とならんで后でいたいとは思いません」といって、面会を拒絶。結局、二人は和解できないまま、皇后は、筒城宮で亡くなり、奈良山に葬られる。

なお、『古事記』は、天皇が筒城宮の訪問したあとのことを書いていないなど、『日本書紀』と多少ことなる点もあるが、大筋では両者は一致している。

葛城氏の勢力圏

こうした、八田皇女の入内に端を発した天皇と皇后の不和は、記紀ともに歌物語の体裁をとり、どこまでが史実かは疑わしい。しかし、葛城氏の勢力を考えるうえで、興味深い点も少なくない。

まず、磐之媛が筒城宮に住み、そこで死んだとされることから、葛城氏がこの地域に拠点をもっていたことが知られる。しかも、『古事記』によれば、筒木《つつき》の韓人奴理能美《ぬりのみ》の家を筒木宮としたというから、葛城氏は、山城南部の渡来系氏族とも親しい間柄にあったことが判明する。

また、『古事記』によれば、天皇は、筒木宮の皇后のもとに丸邇臣口子《わにのおみくちこ》を派遣したというが、これなどは、葛城氏が、山城南部を本拠地とする和珥氏とも結びついていたことをうかがわせる。さらに、記紀は、磐之媛は、和珥氏の本拠の奈良山附近まで行って、故郷の葛城を望んだと書くが、これも、和珥氏と葛城氏とのかかわりを示唆している。そういえば、磐之媛が葬られたのも、奈良山である。

おそらく、両氏は、山城南部と葛城を結ぶ交通をめぐって連携していたのであろう。磐之媛が淀川・木津川を利用し、難波から山城南部に至ったことは、葛城氏がこのルートを確保していたことを示している（平林章仁『蘇我氏の実像と葛城氏』〈白水社、平成八年一月〉所収、一六〇～一六七頁）。磐之媛は、許しを乞う天皇に対し、一歩も譲ろうとしなかったが、こうした強気の態度も、じつは、葛城氏の勢力を恃《たの》む彼女の自負心のあらわれなのだ。

八田皇女の立后と雌鳥皇女

ところで、『日本書紀』仁徳天皇三十八年正月条には、磐之媛の死後、八田皇女が立后したことがみえている（『古事記』には、八田皇女が大后であったことはみえない）。八田皇女の父は応神天皇、母は和珥臣の先祖の日触使主《ひふれのおみ》の娘宮主《みやぬし》宅媛《やかひめ》。したがって、彼女は、仁徳天皇の異母妹にあたる。

しかし、念願の八田皇女を皇后としても、天皇は満足しなかったのか、仁徳天皇四十年二月条によれば、皇后の同母妹の雌鳥皇女《めとりのひめみこ》を妃としようと思い、異母弟の隼別皇子《はやぶさわけのみこ》を仲立ちとしている。ところが、隼別皇子は、ひそかに皇女を自分の妻とし、ながらく復命しない。天皇は、のちにそのことを知り、恨みに思うが、あえて二人を処罰しなかった。しかし、その後、隼別皇子に謀反の心があることを知った天皇は、吉備品遅部雄鮒《きびのほむじべのおふな》と播磨佐伯直《はりまのさえきのあたい》阿餓能胡《あがのこ》に命じて、隼別皇子と雌鳥皇女を殺害する。

このとき、皇后は、「妹を殺しても、彼女が身に附けている物を取り上げないでほしい」と懇願し、天皇もそのように指示する。にもかかわらず、阿餓能胡は、命令に背いて、雌鳥皇女の珠を奪い、妻に与える。ところが、その後、皇后が、偶然にその珠を目にしたところから、略奪が発覚する。

『古事記』は、これを磐之媛のこととする。しかし、この話は、『日本書紀』が伝えるように、雌鳥皇女の同母姉である八田皇后の行為であってこそ、はじめて説得力をもつ。おそらく、『古事記』は、天皇一代に皇后一人という原則を貫くため、あえてこれを磐之媛に置き換えたのであろう。

〔附記〕

中司照世氏の「考古学からみた四・五世紀のヤマト政権と吉備（後編―その一）」（『つどい』三〇〇号、平成二十五年一月）によれば、岡山県の牛窓湾に浮かぶ黒島にある黒島一号墳は前方後円墳（墳丘長約八一メートル）は、海部一族の首長に相応しい立地であること、島の名前が「黒島」で大王妃名と近似すること、前方後円墳で、なおかつ大王妃の墓ではないかと推定される諸例と同様に三段築成の可能性が濃厚であること、五世紀前半の築造と推定されること、など記紀の伝承と考古学的事実とが整合するところから、黒日売が埋葬されている可能性も捨て切れないとしておられる。

五、履中天皇・反正天皇

履中天皇

履中天皇は、仁徳天皇とその皇后磐之媛のあいだに生まれた。履中天皇のあとも、反正天皇・允恭天皇、と磐之媛の腹に生まれた子があいついで皇位を践《ふ》むが、これは、磐之媛の父葛城襲津彦《かづらきのそつひこ》が仁徳天皇朝の有力者であったことに原因があると思われる。

履中天皇は、『日本書紀』によれば、仁徳天皇三十一年、十五歳のときに皇太子となったという。仁徳天皇八十七年に天皇は崩御《ほうぎょ》するが、いまだ服喪《ふくも》の期間が終わらず、即位が実現しないうちに、皇位継承のトラブルが生じる。その発端は、皇太子の婚約者羽田矢代宿禰《はたのやしろのすくね》の娘黒媛《くろひめ》を、同母弟の住吉仲皇子《すみのえのなかつみこ》が奸したことにある。すなわち、黒媛を見染めた皇太子が、住吉仲皇子を彼女のもとに派遣したところ、仲皇子は皇太子の名を騙って黒媛を奸してしまう。しかし、住吉仲皇子が黒媛の寝室に鈴を置き忘れたことから奸通の事実が発覚し、仲皇子は先手をとって皇太子を殺害しようと挙兵する。

皇太子は、平群木菟宿禰《へぐりのつくのすくね》・物部大前宿禰《もののべのおおまえのすくね》・阿知使主《あちのおみ》の三人に助けられ、難波を脱出し河内にのがれる。そして、河内から大和にはいり、石上神宮に滞在。兄が難波にいないことを心配した同母弟の瑞歯別皇子《みずはわけのみこ》（のちの反正天皇）は、兄を追って訪ねてくるが、疑い深くなっている皇太子は弟に会おうとしない。そして、弟に対し、おまえに邪心がないなら仲皇子を殺せ、と命じたので、瑞歯別皇子は、仲皇子の近習の隼人刺領巾《さしひれ》を唆して主君の仲皇子を殺させる。瑞歯別皇子は、この刺領巾を不忠者として殺害したあと、即日大和に向かい、夜半に石上神宮《いそのかみじんぐう》に到着し、ことの次第を兄に報告する。ここにおいて、皇太子は瑞歯別皇子を召し、厚く寵遇して村合屯倉を授けたという。

『古事記』には、住吉仲皇子による黒媛奸通の話がないなど、若干の出入りはあるが、以上の『日本書紀』の記述とほぼ同じ筋の話を記している。

反正天皇

反正天皇は、仁徳天皇の皇子の一人で、母は葛城磐之媛である。履中天皇の同母弟にあたる。

『日本書紀』によれば、履中天皇二年に皇太子となり、その後同六年に天皇の崩御にともなって、翌年即位したという。ただ、記紀の反正天皇に関する記事はきわめて簡略で、即位の経緯についてもとくに記すところがないが、『日本書紀』の記すように、反正天皇が履中天皇の生前に皇太子に立てられたとすると（「皇太子」という表現自体はのちの潤色であろう）、それはおそらく履中天皇が即位に至る経緯と無関係ではあるまい。

履中天皇の項でも紹介したように、仁徳天皇崩御ののち、皇太子（のちの履中天皇）の同母弟の住吉仲皇子が、皇太子の婚約者黒媛を奸したことに端を発し、仲皇子が挙兵して、皇太子の宮に火を放つ。皇太子は、あやうく難をのがれ、大坂を越えて大和に急行する。途中幾度《いくど》も危機にあうが、それを乗り越え、ようやく石上神宮までたどり着き、ここに滞在する。

いっぽう、兄が難波にいないことを心配した同母弟の瑞歯別皇子（のちの反正天皇）は、兄を追ってはるばる石上神宮を訪ねてくるが、疑い深くなっている皇太子は弟に面会しようとしない。そして、弟である瑞歯別皇子に、「おまえに邪心がないのなら、難波に引き返して仲皇子を殺せ」と命じる。同母兄を殺せという皇太子の命令に苦悩しつつも、瑞歯別皇子は、仲皇子の近習の隼人刺領巾を唆して主君の仲皇子を殺させる。そして、即日大和に向かい、夜半に石上神宮に到着し、ことの次第を兄に報告する。ここにおいて、皇太子は瑞歯別皇子を召し、厚く寵遇したというが、この功によって、瑞歯別皇子が兄履中天皇の格別の信頼を得たと思われる。そして、こうした信頼関係が、瑞歯別皇子の立太子へとつながっているのであろう。

六、允恭天皇・安康天皇

妃の説得で即位

允恭天皇は、仁徳天皇の皇子で、さきに即位した履中・反正両天皇の同母弟にあたる。母は、葛城襲津彦《かづらきのそつひこ》の娘磐《いわ》之媛《のひめ》。仁徳天皇と磐之媛のあいだに生まれた子があいついで皇位を踐《ふ》んだのは、磐之媛の父葛城襲津彦が仁徳天皇朝の有力者であったことに原因がある。

『古事記』には、允恭天皇が病弱を理由に即位を固辞したが、臣下の再三の申し出に折れて、ようやく登極したことが、かんたんに記されている。しかし、『日本書紀』允恭天皇即位前紀および同元年条には、この間の経緯について、さらに詳しい記述がある。すなわち、反正天皇六年正月に天皇が崩御すると、群卿は、仁徳天皇の皇子の雄朝津間《おあさつま》稚子宿禰皇子《わくごのすくねのみこ》（のちの允恭天皇）と大草香皇子のいずれを天皇に推挙するかを相談した。そして、雄朝津間稚子宿禰皇子が年長で仁孝だという理由から、皇子に天皇の璽を奉った。

しかし、皇子は、重病であること、また、自分は天皇の器ではないことを理由に、なかなか皇位に即こうとはしない。妃の忍坂大中姫命は、群卿が困り果てているのをみて心を痛め、金鋺《かなまり》の水を持って皇子のまえに差し出し（御手洗の水は、手を洗い浄めて剣璽を受けるためのものか）、人々の望みどおりに、無理にでも皇位に即くよう進言する。皇子は黙ったままで、聞き入れようとしないが、おりしも真冬のこと、風も強く、大中姫命は凍えそうになる。驚いた皇子は、あわてて彼女を助け起こして、即位を決意する。そのことばを聞いて、大中姫命はよろこび、ただちにそれを群臣に伝え、即位が実現する。

氏姓の乱れを正す

『日本書紀』によれば、允恭天皇の治世年数は四十二年（『古事記』崩年干支をもとにした推算では十八年）と長く、在位期間中の記録も豊富である。

たとえば、治世の四年九月、氏姓の混乱を是正するために、詔して盟神探湯《くがたち》（熱湯に手を入れて探り、その爛れによって真偽を判定する神判）を実施したことは、よく知られている。また、翌年には、反正天皇の殯《もがり》を葛城玉田宿禰《かづらきのたまだのすくね》に主宰させたところ、彼は、出仕せず自宅で酒宴を催していた。そこで、天皇は、玉田宿禰を捕らえて誅殺する。天皇家の外戚として繁栄をきわめた葛城氏の驕《おご》りとその後に訪れる凋落とを象徴する大事件である。

なお、皇后の妹で絶世の美女である弟姫《おとひめ》（衣通郎姫）を入内させる話は、『古事記』にはみえないが、天皇・皇后・弟姫のそれぞれの心情をいきいきと描いており、歌物語としてもすぐれている。

皇太子の失脚と安康天皇の即位

この允恭天皇のあとをうけて皇位についたのが、安康天皇。天皇は、諱を穴穂《あなほ》といい、允恭天皇と忍坂大中姫《おしさかおおなかつひめの》命《みこと》のあいだに生まれた。

『日本書紀』允恭天皇二十三年条には、はじめ木梨軽皇子《きなしかるのみこ》が太子に立てられたことがみえている。この軽太子は、艶麗な同母妹軽大郎皇女《かるのおおいらつめのひめみこ》に心を奪われ、彼女と結婚したいと考えていた。しかし、いかに男女の関係がおおらかな当時でも、同母の男女の結婚はタブー。犯せば処罰は免れない。罪に問われることを恐れた木梨軽太子は、想いを胸に秘めていたが、恋慕の情は募るいっぽうで死なんばかりであった。「このままむなしく死ぬよりは、たとえ罪になろうとも、耐え忍ぶことはできない」。そう考えた太子は、ついに密通に及ぶ。しかし、翌年、密告により、二人の関係が発覚。皇女は伊豫に流される。

允恭天皇四十二年正月に天皇は崩御するが、この年の十月に葬礼が終わるころ、木梨軽太子が暴虐をふるい、婦女への淫行に及んだので、国民は太子を誹謗し、群臣も穴穂皇子につく。太子は、穴穂皇子を襲おうと、ひそかに兵を整えたが、皇子もまた、これに応じて挙兵。不利をさとった太子は、物部大前宿禰《もののべのおおまえのすくね》の家に逃げ込むが、ついには自害（『日本書紀』は、伊豫に流罪になったとする異説も伝える）。こうして、この年の十二月、穴穂皇子が即位する。

以上は、『日本書紀』の伝承であるが、『古事記』はややちがった話を掲げる。『古事記』では、木梨軽太子と軽大郎皇女の奸通事件を允恭天皇崩御後のこととし、事件の結果、群臣と国民が太子を離れ、穴穂皇子についたので（ただし、二人の相姦関係が露見したために、太子から人心が離れたとする解釈を誤りとする考えもある）、太子が挙兵したとする。そして、穴穂皇子との戦いに敗れた木梨軽太子は廃太子《はいたいし》となり、伊豫に流され、軽大郎皇女（以後、『古事記』では「衣通王」の名で登場）は、太子を追って伊豫に行き、二人はそこで死んだ。

眉輪王の仇討ち

ところで、安康天皇の治世は三年と短い。これは、天皇が在位中に殺害されたからである。

『日本書紀』によれば、安康天皇は、同母弟の大泊瀬皇子《おおはつせのみこ》のために、大草香皇子の妹幡梭皇女《はたびのひめみこ》を妻に迎えさせようと根使主を遣わす。大草香皇子《おおくさかのみこ》はよろこび、天皇に対する忠誠心の証しとして、押木珠縵を献上する。しかし、宝を託された根使主は、これを自分のものにしたいと考え、「大草香皇子は命令を聞き入れません」と虚偽の報告をする。これを聞いた天皇は、怒って大草香皇子を殺害し、その妻であった中蒂姫《なかしひめ》を妃にしてしまう。

中蒂姫と大草香皇子のあいだには幼い眉輪王《まよわのおおきみ》という子がいたが、父を殺したのが安康天皇であることを知った王は、昼寝中の天皇を刺殺し、父の仇を討つ。だが、それも束の間、こんどは、眉輪王自身が、安康天皇の同母弟の大泊瀬皇子（のちの雄略天皇）に殺害されることになる（第Ⅰ篇第三章・「雄略天皇」の項参照）。

なお、この話は、雄略天皇即位前紀に克明に記されているほか、『古事記』にも詳しい記載がある。

七、雄略天皇

骨肉相食む

記紀によれば、五世紀のなかごろから六世紀前半にかけては、皇室内部で皇位継承をめぐる骨肉の争いが、たえまなくつづいたという。仁徳天皇ののち、履中・反正・允恭という同母の皇子があいついで即位してからは、兄弟による皇位継承が定着するが、これが、皇位をめぐる争いに拍車をかける原因となった。

まず、履中天皇は、まだ皇太子だったころ、婚約者羽田矢代宿禰《はたのやしろのすくね》の娘黒媛《くろひめ》を、同母弟の住吉仲皇子《すみのえのなかつみこ》が奸したことに端を発し、同母弟の瑞歯別皇子《みずはわけのみこ》（のちの反正天皇）に命じて、住吉仲皇子を殺害させている。また、安康天皇も、同母兄の木梨軽皇子《きなしかるのみこ》を自害に追い込んでいる。

しかし、もっとも残虐なふるまいをしたのは、雄略天皇である。独断に陥りやすく、誤って人を殺すことが多かったので、世間では、天皇のことを「大悪の天皇」と評した。

天皇は、允恭天皇の第五皇子で、母は忍坂大中姫命。安康天皇の同母弟にあたる。

その安康天皇は、根使主《ねのおみ》の讒言《ざんげん》を信じて伯父の大草香皇子を殺したために、みずからも大草香皇子の子眉輪王に殺害された（「允恭天皇・安康天皇」の項参照）。大泊瀬皇子（のちの雄略天皇）は、この報に接し、たいへん驚くとともに、兄たちを疑い、まず、同母兄の八釣白彦皇子を殺害する。そして、おなじく同母兄の境合黒彦皇子《さかいのくろひこのみこ》と従兄弟の眉《まよ》輪王《わのおおきみ》にもその矛先を向ける。二人は、相談して葛城円大臣《かづらきのつぶらのおおおみ》の家に逃げ込んだが、大泊瀬皇子は、兵を起こして円大臣の家を囲む。円大臣は、娘の韓媛《からひめ》と葛城の宅七区を献上して許しを乞うが、皇子は彼らを焼き殺してしまう。

皇統の断絶

大泊瀬皇子の残虐ぶりは、その後も止まるところを知らない。安康天皇が市辺押磐皇子《いちのへのおしわのみこ》を皇位継承者に予定していたことを恨み、皇子を騙して狩りに誘い出して殺害し、おなじころ、皇子の同母弟の御馬皇子《みまのみこ》も殺害している。

こうして兄弟の排斥に成功した大泊瀬皇子は、泊瀬の朝倉において即位を果たすが、血で血を洗う抗争は、結果的に、皇室の弱体化を招き、ついには皇位継承者にもこと欠くありさまであった。『日本書紀』によれば、雄略天皇の子の清寧天皇には皇子がなく、殺された市辺押磐皇子の子で、播磨国に身を隠していた億計王《おけのみこ》（顕宗天皇）・弘《を》計王《けのみこ》（仁賢天皇）の兄弟が発見されて、いったんは皇位断絶の危機をのがれた。しかし、仁賢天皇の子の武烈天皇にも皇子がなく、ここに至って、ついに仁徳天皇の皇統は途絶えてしまう。

そこで、大伴金村ら群臣は鳩首協議のうえ、越前国にいた男大迹王《おほどのみこ》を迎える。王は、応神天皇五世孫といった、皇族としてはまったくの傍系であったが、それほど、候補者が不足していたのである。もっとも、男大迹王擁立の真の目的が、王のもつ政治力・経済的基盤を取り込むことにあったことは、「継体天皇」の項でものべるとおりである。

〔附記〕

稲荷山古墳の鉄剣銘の辛亥年が四七一年、獲加多支鹵大王＝雄略天皇＝倭王武は、いまや学界の定説だが、いっぽうで、『宋書』にみえる昇明元年（四七七）の遣使は、興のそれとしか理解できない。筆者は、この矛盾に苦しんだ揚げ句、「在斯鬼宮時」を過去形にとり、辛亥年、すなわち銘文が刻まれた年は、五三一年ではないかと考えるに至った。詳細は、拙著『風土記と古代史料の研究』（国書刊行会、平成二十五年三月）所収の「昇明元年の「倭国遣使献方物」をめぐって―稲荷山古墳鉄剣銘の辛亥年は四七一年か―」を参照されたい。

八、清寧天皇

『古事記』は、清寧天皇についてきわめてかんたんな記述しか載せていないが、『日本書紀』には、その即位に至る詳しい経緯が記されている。すなわち、清寧天皇即位前紀によれば、雄略天皇二十三年に天皇が崩御すると、幼い星川皇子《ほしかわのみこ》は、兄磐城皇子《いわきのみこ》の諫《いさ》めを聞かず、母吉備稚媛《きびのわかひめ》の教唆にしたがい、皇位をねらって大蔵官《おおくらのつかさ》を奪い、官物を浪費する。そこで、白髪皇子《しらかのみこ》（のちの清寧天皇）に仕える大伴室屋は東漢掬直《やまとのあやのつかのあたい》とともに大蔵を包囲し、吉備稚媛・星川皇子母子を焼き殺す。吉備上道臣《きびのかみつみちのおみ》らは乱の勃発を聞いて、星川皇子を救うために援軍を送ろうとするが、すでに焼き殺されたことを知って引き返す。しかし、白髪皇子は、彼らを責め、その管轄下にあった山部《やまべ》を奪う。

吉備の諸氏は、天皇家と盛んに婚姻関係を結んでいる数少ない地方豪族であったが、星川皇子の反乱は、こうした婚姻関係を背景とした伝承である。とくに、星川皇子の場合、武力によって天皇（大王）の位を簒奪しようとしたものとして描かれている点が、われわれの注意を惹く。

そもそも、吉備地方には、はやくから強力な地方政権が存在した。これは、吉備が瀬戸内海の海上交通の要衝に位置するという地理的環境だけでなく、国内に産する鉄や塩などの資源や、豊かな農業生産力によるところが大きい。こうした条件のもと、五世紀には、岡山平野の各地に造山《つくりやま》・作山《つくりやま》・両宮山《りょうぐうさん》などの巨大前方後円墳を築造するだけの力をもって吉備全域に君臨する首長が登場する。こうした吉備政権の実力や、ヤマト政権との結びつきを考えると、彼らが天皇の位をうかがって反乱を起こしたことも、ある程度頷けるのだが、結果的には、これらの反乱が契機となって、吉備政権は、ぎゃくにヤマト政権に滅ぼされてしまう。

九、顕宗天皇・仁賢天皇

『記』下巻の物語

意祁命《おけのみこと》（のちの仁賢天皇）・袁祁命《をけのみこと》（のちの顕宗天皇）の兄弟は、履中天皇の子市辺忍歯王《いちのへのおしはのみこ》と葛城黒比売《くろひめ》とのあいだに生まれた。この二人は、『古事記』下巻では、きわめて徳の高い天皇（本来は、「大王」と表記すべきだが、便宜上「天皇」に統一する）として描かれているが、二人は、ほんとうに有徳の君主だったのであろうか。以下は、この点を中心に考えみたいが、はじめに、『古事記』が二人をどのように描いているのかをみておこう。

『古事記』によれば、五世紀のなかごろから六世紀前半にかけては、皇室内部で皇位継承をめぐる骨肉の争いが、絶え間なくつづいた時代であったという。仁徳天皇ののち、履中・反正・允恭という同母の皇子があいついで即位してからは、兄弟による皇位継承が定着するが、これが、皇位をめぐる争いに拍車をかける。

履中天皇は、即位のまえに、反乱を起こした同母弟の墨江中王《すみのえのなかつみこ》を殺害しているし（後述参照）、安康天皇も、同母妹の軽大郎女《かるのおおいらつめ》と密通した兄の木梨之軽太子を自害に追い込んでいる。しかし、もっとも残虐だったのは、大長谷若《おおはつせわか》建命《たけるのみこと》（のちの雄略天皇）である。

安康天皇は、根臣の讒言を信じて伯父の大日下王《おおくさかのみこ》を殺したために、みずからも大日下王の子目弱王《まよわのみこ》に寝首をかかれる。当時、まだ少年だった若建命は、知らせを聞いて激怒するとともに、この変事に平然としている兄の境之《さかいの》黒日子王《くろひこのみこ》と八瓜之白日子王《やつりのしろひこのみこ》の二人を殺害し、目弱王にも矛先を向ける。目弱王は、都夫良意富美の家に逃げ込むが、若建命は、兵を起こしてその家を囲む。若建命の軍勢のまえに力尽きた都夫良意富美《つぶらおおみ》は、目弱王を殺し、みずからも王に殉じる。

記が描く顕宗・仁賢天皇

若建命の残虐ぶりは、その後も止まるところを知らず、こんどは市辺忍歯王を狩りに誘い出して射殺し、その遺骸を飼葉桶《かいばおけ》に入れて埋めてしまう。これを聞いた意祁命・袁祁命の二人は、播磨国の住人志自牟《しじむ》の家に身を寄せ、身分を隠して馬飼・牛飼となってはたらく。

かくして、対抗馬の排斥に成功した若建命は、長谷の朝倉宮において天下を治めるが、血で血を洗う抗争は、結果的に、皇室の弱体化を招き、雄略天皇崩御ののちは皇位継承者にもこと欠くありさまであった。『古事記』によれば、雄略天皇の子の清寧天皇には皇后も皇子もなく、天皇崩御ののちは市辺忍歯王の妹忍海郎女《おしみのいらつめ》（飯豊王）が葛城の忍海高木角刺宮《のたかぎのつのさしのみや》で政治をとったほどである。

そんなとき、山部連小楯《やまべのむらじおたて》が播磨国の宰《みこともち》（のちの国司）に任ぜられ、たまたま志自牟の新築祝いの酒宴に出席していた。酒も酣になったころ、竈の傍で火を焼いていた少年二人が舞を命じられた。だれあろう、意祁命・袁祁命の兄弟である。二人は譲り合ったのち、兄から先に舞ったが、弟が舞おうとするとき吟詠して、「われこそは、天下をお治めになった伊邪本和気天皇《いざほわけすめらみこと》の御子市辺之押歯王の子である」と名乗りをあげた。

これを聞いて驚いた小楯は、床より転げ落ち、二人を左右の膝の上にお据えして、泣き悲しんだ。そして、仮宮を作り、そこに住まわせるとともに、急使を派遣して飯豊王《いいどよのみこ》に報告したが、王はこれを歓び、ただちに兄弟を角刺宮に召した。

こうして宮中に迎え入れられた二人だが、譲り合ってどちらも皇位に即こうとしない。『古事記』によれば、意祁命が袁祁命に向かって「あなたが名をあきらかにしなかったならば、ふたたび天下を治める君主になることはなかっただろう。これは、まったくあなたの手柄だ」といい、強く袁祁命に譲ったために、弟である袁祁命がさきに皇位についたという。

これとおなじ話は、『日本書紀』顕宗天皇即位前紀や『播磨国風土記』美嚢郡《みなぎぐん》条にもみえている。内容に多少の出入りはあるものの、播磨国に身を隠していた市辺忍歯王の二人の子どもが発見され、相次いで即位するという大筋は、おおむね一致している。

こうした皇位の互譲は、仁徳天皇と宇遅能和紀郎子《うじのわきいらつこ》がたがいに皇位を譲り合ったという話を彷彿させるものがあるが、『古事記』の叙述をみると、同母弟の顕宗天皇に皇位を譲った仁賢天皇は、きわめて徳の高い人物として描かれている。

たとえば、『古事記』には、顕宗天皇が父を殺した雄略天皇の御陵を破壊させようとしたとき、意祁命はみずからこの役を買ってでて、御陵の傍らをすこし掘るだけにとどめたという話などは、その好例である。

さまざまな天皇像

ところで、『古事記』下巻を叮嚀にみていくと、有徳の君主として描かれているのは、顕宗天皇や仁賢天皇だけではない。たとえば、仁徳天皇もその一人である。

大雀命（のちの仁徳天皇）と宇遅能和紀郎子が皇位を譲り合ったという話は、さきにもすこしふれたが、二人がたがいに大贄（天皇に献上する食材）を辞退したので、これを運んだ海人が往還に疲れて泣いたというエピソードは、有名である。これは、中巻の応神天皇段にみえる話だが、下巻でも、仁徳天皇はきわめて徳の高い為政者として描かれている。すなわち、仁徳天皇段には、

> 是に、天皇《すめらみこと》、高き山に登りて、四方《よも》の国を見て、詔《のりたま》ひしく、「国の中に、烟《けぶり》、發《た》たず。国、皆貧窮《まづ》し。故《かれ》、今より三年《みとせ》に至るまで、悉《ことごと》く人民《おほみたから》の課役《えつき》を除け」とのりたまひき。是を以て、大殿《おほとの》、破《やぶ》れ壊《こぼ》れて、悉く雨漏れども、都《かつ》て修理《つくろ》ふこと勿《な》し。（中略）後に、国の中を見るに、国に烟満ちき。故、人民富めりと為《おも》ひて、今は課役を科《おほ》せき。是を以て、百姓《おほみたから》は、栄えて、役使《えだち》に苦しびず。

云々とあって、人々が天皇の治世を「聖帝《ひじりのみかど》の世」と讃えた伝承が記されている。

さらに、天皇のあとを受け継いだ履中天皇の治世には、墨江之中津王の反乱が起きているが、弟の水歯別命（のちの反正天皇）が兄に忠誠を尽くし、これを鎮圧している。

『古事記』によれば、履中天皇が、まだ難波宮にいたころ、弟墨江中王が天皇を殺害しようとして大殿に火をつけた。阿知直《あちのあたい》の機転によって、あやうく難を逃れた天皇は大和に向かい、石上神宮に滞在する。兄が難波にいないことを心配した同母弟の水歯別命は、兄を訪ねるが、疑い深くなっている天皇は弟に会おうとしない。そして、「おまえに邪心がないなら、すぐに難波に戻って墨江中王《すみのえのなかつみこ》を殺せ」と命じたので、水歯別命は、墨江中王の近習の隼人曾婆加理《そばかり》を唆《そそのか》して主君を殺させ、つぎに不忠を理由に曾婆加理も斬り、翌日、石上神宮に参上して、ことの次第を兄に報告する。天皇は、水歯別命《みずはわけのみこと》を呼び入れ、ともに語らったというが、こうした記述を読むと、水歯別命が兄に忠誠を尽くしたことがわかるし、主君を殺した曾婆加理の処遇に悩む姿からは、その人柄が偲ばれる。

ところで、こうした事例とはぎゃくに、『古事記』が好意的に書かない人物がいる。

たとえば、反正天皇のあとには、大后の忍坂之大中津比売《おしさかのおおなかつひめ》命の強い要請によって病弱な允恭天皇が即位するが、

『古事記』は、二人の子どものことをよく書かない。さきにあげた木梨之軽太子《きなしのかるのおおみこ》と軽大郎女《かるのおおいらつめ》の密通の話などは、その例である。

また、安康天皇や雄略天皇も、ともに『古事記』ではあまりよく書かれていないのであって、安康天皇が根臣《ねのおみ》の讒言を信じて伯父の大日下王《おおくさかのみこ》を殺し、最後はみずからも大日下王の子目弱王《まよわのみこ》に殺されることや、弟の雄略天皇もつぎつぎと兄弟を手にかけたことは、さきに紹介したとおりである。

〝原帝紀〟のイデオロギー

このようにみていくと、『古事記』下巻の物語は、かなり明確な、一つの思想的立場によって貫かれていることがわかる。それは、かんたんにいえば、葛城氏と親密な関係にある仁徳天皇・履中天皇系の王統を是とし、忍坂之大中津比売命の家系と深いつながりをもつ允恭天皇系の王統を非とする立場である。

では、こうした政治的イデオロギーは、なににもとづくのであろう。

近年の研究によれば（塚口義信「〝原帝紀〟成立の思想的背景」『ヒストリア』一三三、平成三年十二月ほか。以下、これらに負うところが大きい）、こうした思想は、いわゆる「原帝紀《げんていき》」の性質に由来するものだという。

「原帝紀」とは、記紀編纂の材料となった帝紀のもとになった書物をいうが、それが成書化されたのは、欽明天皇朝のことであるという。「原帝紀」の成立を欽明天皇朝とみる根拠は、いくつかあるが、もっとも有力なのは、『古事記』下巻の皇位継承の伝承が、欽明天皇即位の正統性を示したところで終わっている点である。

詳しくいえば、つぎのとおりである。

武烈天皇記には、「故《かれ》、品太天皇《ほむだのすめらみこと》の五世の孫、袁本杼命《おほどのみこと》を、近淡海国《ちかつあうみのくに》より上り坐さしめて、手白髪命に合せて、天の下を授《さず》け奉《まつ》りき」とあるが、こうした書きぶりは、『古事記』が、継体天皇ではなく、仁賢皇女の手白髪命《たしらかのみこと》を王権の正統な後継者とみなしている証拠である。しかも、『古事記』では、欽明天皇の即位を安閑天皇・宣化天皇のそれより先に掲げたり、欽明天皇の宮のことを「師木嶋大宮」と表現するなど、欽明天皇を特別視した記事が目につく。これらは、いずれも、尾張氏所生の安閑・宣化天皇よりも、手白髪命所生の欽明天皇のほうが、王権の正統な後継者であるとする認識ないしは主張にもとづくものである。

してみると、『古事記』下巻の皇位継承の伝承は、仁徳天皇からはじまり欽明天皇の即位に終わる履中天皇系の立場によって書かれた物語だと云える。だから、それが、話のおしまいにあたる欽明天皇の治世にまとめられたというみかたは、きわめて穏当な推測である。

しかも、こうした伝承が、葛城氏と親密な関係にある仁徳・履中天皇系王統を是としているのは、「原帝紀」の編纂に、葛城氏が関与していたことを示唆している。欽明天皇朝には、葛城氏の同族である蘇我氏から大臣が出ているし、蘇我系の堅塩媛《きたしひめ》と小姉君《おあねのきみ》が、ともに欽明天皇妃となっている。この点からも、欽明天皇朝は「原帝紀」が編纂されるにふさわしい時代であったと云える。

欽明天皇朝には、皇室内部において、継体→安閑→宣化天皇系王統と、欽明天皇系王統とが対立関係にあったとみられる。天皇は、反対派勢力に対抗するためにも、みずからの正統性を裏づける「原帝紀」を編纂する必要があったのであろう。

天皇の虚像と実像

ところで、「原帝紀」編纂のねらいが、欽明天皇系皇統の正統性を説くことにあったとすれば、その皇統につらなる人々がよく描かれるのは、ある意味、当然である。じつは、この点を考慮に入れなければ、顕宗・仁賢天皇の実像はみえてこないのである。

さきに紹介したように、『古事記』には、顕宗・仁賢天皇が難を逃れて播磨国に身を潜めていたという物語がみえる。これは、口誦伝承の世界でいう王胤出現譚もしくは貴種流離譚に属するもので、そのまま事実とは認めがたい。

では、なぜ、こうしたお伽噺《とぎばなし》的な物語が掲げられているのか。

この謎を解く鍵は、二人が皇位を譲り合ったとする記述にある。すなわち、儒教思想によれば、こうした行為は、有徳の表徴にほかならないのであって、それを実践した顕宗・仁賢天皇は、ともに有徳の天皇である。そう考えると、播磨への逃避譚も、その後、二人が相次いで即位したことを際立たせるために附加された話だとわかるのである（ただし、顕宗天皇・仁賢天皇にまつわる物語が説話的であることを理由に、天皇の実在性まで否定することはできないと思う）。

さて、こうしてみると、『古事記』の人物像によって、天皇を評価したり、ことの善悪を判定したりすることは、危険をともなうことがわかる。最近でも、皇室典範改正問題に関聯して、男系男子限定主義者が、顕宗・仁賢天皇の所伝を無批判に取り上げているのをみたが（松浦光修他『国を虐げる人々』〈ＰＨＰ研究所、平成十八年五月〉所収、二一七頁）、あれは、率直にいって不勉強である。『古事記』下巻の皇位継承の物語の取り扱いは、もっと慎重でなければならない。

天武天皇の思想的立場

最後に、いま一つ考えておかなければならないことがある。

それは、『古事記』の編纂と天武天皇とのかかわりである。

一般に、『古事記』は、天武天皇の勅命によって編纂された書物であるから、そこには天皇の意思が強くはたらいていると云われる。ところが、下巻にかぎって云えば、むしろ、天皇の意思に反する点が多いのである。

それは、たとえば、息長氏《おきながし》や継体天皇の扱いによくあらわれている。

周知のように、息長氏は、天武天皇の家系と深い関係にある。しかも、天武天皇の直接の祖にあたる継体天皇も、息長氏とかかわりが深かったから、息長氏や継体天皇に対する、天武天皇の評価は格別のものがあったと思われる。そうした価値判断は、『古事記』にも反映されてしかるべきである。

ところが、実際の『古事記』の記述は、そうではない。応神天皇記には、「意富々杼王《おほほどのみこ》は、〈三国君《みくにのきみ》・波多君《はたのきみ》・息長《おきながの》坂君《さかのきみ》・酒人君《さかひとのきみ》・山道君《やまぢのきみ》・筑紫《つくし》之《の》米多君《めたのきみ》・布勢君《ふせのきみ》等が祖《おや》ぞ〉。」とあって、息長氏の始祖が意富々杼王であることが明記されている。王は、允恭天皇の大后忍坂之大中津比売命の兄だが、この忍坂之大中津比売命は、木梨之軽太子・境之黒日子王・穴穂命・軽大郎女といった、『古事記』が暗愚とする皇子女を生んだ女性である。また、継体天皇も、前述の武烈天皇記によるかぎり、入り婿のかたちで皇位を継承した人物でしかない。

さらに、継体天皇の出自について、『古事記』は、「品太天皇の五世の孫」（武烈天皇記）・「品太王の五世の孫」（継体天皇記）と書くだけで、中間の具体的な系譜をあげていないし、息長氏の始祖とされている意富々杼王と継体天皇の関係も、まったくふれられていない。これらは、いずれも天武天皇の意に叶うものとはいいがたいのである。

〝未完〟の『古事記』

では、どうして、下巻には、天武天皇の意思に反するような叙述がみうけられるのか。

差し当たって考えられるのは、『古事記』が、そうしたイデオロギーをふくむ帝紀を原史料に採用したことであろう。つまり、下巻そのものが、素材とした帝紀（さらに溯れば、そのもとになった「原帝紀」）の思想に大きく制約されているのである。

しかし、それなら、なぜ天武天皇は、改変を加えなかったのか。だれもが訝るところだが、どうも、帝紀の撰録にまで手がまわらなかったというのが、真相のようである。

『古事記』序文の記すところによれば、天武天皇は、みずからおこなった帝紀・旧辞の削偽定実の結果を、稗田阿礼に勅語して（お話しして）講習せしめ、それを後世に伝えようと考えていた。しかし、天皇自身が崩御し、時勢も移り変わったので、ついに撰録の事業は完成に至らなかったという。中断した削偽定実《さくぎていじつ》の作業が、どこまで進捗していたかはあきらかでないが、序文に引用される和銅四年九月十八日の詔から、ある程度うかがうことが可能である。

この詔は、元明天皇が太安萬侶に対し、「稗田阿礼《ひえだのあれ》が所誦《よ》める勅語《みことのり》の旧辞《ふるごと》を撰《えら》ひ録《しる》して献上《たてまつ》れ」と命じたもので、これを読むかぎりでは、旧辞の削偽定実は完了していたが、いっぽうの帝紀は未完成のままであったことが知られる。つまり、天武天皇による帝紀の撰録は、不徹底のまま終わったのである。

このように考えると、『古事記』下巻の帝紀的部分が、天武天皇の意向に反した内容を載せている「矛盾」も、整合的に理解できよう。

ちなみに、こうした「原帝紀」のおもかげが残るのは、『日本書紀』もおなじである。しかしながら、『日本書紀』の場合、継体天皇を直接の祖と仰ぐ天武・持統・文武・元明・元正天皇が、編纂の過程でかなり手を加えており、結果的に、『古事記』の叙述とはかなりことなるものに仕上がっている。継体天皇をよくみせるために、その前の武烈天皇を悪逆無道の天皇に仕立てていることなどは、その顕著な例である。じつは、この点が、『古事記』と『日本書紀』の決定的なちがいなのである。

十、武烈天皇

『紀』の武烈天皇像

『日本書紀』には初代の神武天皇にはじまり、のべ四十一人の天皇ことがみえるが、そのなかでも、とりわけ悪逆無道の暴君に描かれているのが、武烈天皇である。気性が激しく、多くの人を殺したという点では雄略天皇も「暴君」だが、雄略天皇の弑逆の場合、多くは皇位継承争いをめぐる大王家の内紛が原因だから、それなりに理由のあることと云える。これに対し、武烈天皇は、無辜の人民に対する暴虐だから、その印象は強烈である。

武烈天皇紀をひもとくと、つぎのような記事が目につく。

・二年の秋九月に、孕婦《ようふ》の腹を刳《さ》きて其の胎を観《みそこなは》す。
・三年の冬十月に、人の指甲《つめ》を解《ぬ》きて、芋を掘らしめたまふ。
・四年の夏四月に、人の頭髪《かみ》を抜きて、樹巓《こずゑ》に登らしめ、樹の本を切り倒し、昇れる者を落死すことを快《たのしび》としたまふ。
・五年の夏六月に、人を塘《つつみ》の樋に伏せ入らしめ、外に流出づるを、三刃《みつは》の矛を持ちて、刺殺《さしころ》すことを快としたまふ。
・七年の春二月に、人を樹に昇らしめ、弓を以ちて射墜《いおと》して咲ひたまふ。
・八年の春三月に、女を躶形《ひたはだか》にして、平板《ひらいた》の上に坐《す》ゑ、馬を牽《ひ》きて前に就して遊牝《つるび》せしむ。女の不浄《ほとどころ》を観るときに、沾湿《うる》へる者は殺し、湿はざる者は没《をさ》めて官婢《つかさやっこ》とし、此を以ちて楽としたまふ。

ほかにも、八年三月の記事につづけて、

此の時に及《いた》りて、池を穿《ほ》り苑《その》を起《つく》りて、禽獣を盛《みた》す。而《しか》して田獵《かり》を好み、狗を走《は》せ馬を試《くら》べたまふ。出入ること時ならず、大風・甚雨《ひさめ》を避《さ》らず。衣《みそ》温かにして、百姓《おほみたから》の寒《こご》ゆることを忘れ、美食《うまきもの》して、天下の飢うることを忘れたまふ。大きに侏儒《しゅじゅ》・倡優《しゃういう》を進めて、爛漫の楽《がく》を為し、奇偉の戯を設け、靡靡《ひひ》の声を縦《ほしきまま》にし、日夜に常に宮人《みやひと》と酒に沈湎《ちんめん》し、錦繍《きんしゅう》を以て席《むしろ》としたまふ。衣、綾紈を以てする者衆《おほ》し。

とあり、民衆の苦しみをよそに奢侈のかぎりを尽くしたことが記されている。これらの記述が事実だとすると、武烈天皇は異常な性格の人物だったことになる。

だが、はたしてこれらは事実を伝えたものであろうか。

結論からさきにいえば、右にあげた『日本書紀』の記事は、『日本書紀』の編者が武烈天皇をことさら悪者に仕立てるために造作したものと考えられる。実際に武烈天皇がこのような行為をおこなったのではあるまい。

そう考える理由の第一は、『古事記』下巻の武烈天皇段には、かかる残虐行為や贅沢三昧の生活ぶりについてはいっさい記述がないことである。『古事記』の武烈天皇に関する記述はきわめて短く、武烈天皇段には、

小長谷若雀命《をはつせのわかさざきのみこと》、長谷《はつせ》の列木宮《なみきのみや》に坐《ま》しまして天下を治めたまふこと捌歳《やとせ》なりき。此の天皇、太子《ひつぎのみこ》无《まさざ》りき。故《かれ》、御子代《みこしろ》と為《し》て小長谷部《をはつせべ》を定めたまひき。御陵《みはか》は片岡《かたをか》の石坏岡《いはつきのおか》に在り。天皇既に崩《かむあが》りまして、日継《ひつぎ》知らすべき王《みこ》無りき。故、品太天皇《ほむだのすめらみこと》の五世《いつつぎ》の孫、袁本杼命《をほどのみこと》を近淡海国より上《のぼ》り坐さしめて、手白髪命《たしらかのみこと》に合せて、天下を授け奉りき。

とあるほかは、仁賢天皇段に、

袁祁王の兄、意祁王《おけのみこ》、石上《いそのかみ》の広高宮《ひろたかのみや》に坐《ま》しまして、天下を治めたまひき。天皇、大長谷若建天皇の御子、春《かす》日大郎女《がのおほいらつめ》に娶《みあ》ひて生みませる御子、高木郎女《たかきのいらつめ》、次に財郎女《たからのいらつめ》、次に久須毘郎女《くすびのいらつめ》、次に手白髪郎女《たしらかのいらつめ》、次に小長谷若雀命、次に真若王《まわかのみこ》。又丸邇《わにの》日爪臣《ひつめのおみ》の女、糠若子郎女《ぬかのわくごのいらつめ》に娶ひて生みませる御子、春日山田郎女。此の天皇の御子、并せて七柱。此の中に、小長谷若雀命は天下を治めたまひき。

とその世系が記されるぐらいである。

のちにもふれるが、じつはこの『古事記』の記載こそが武烈天皇の実像を伝えた古い記録であって、『日本書紀』のほうには、かなり潤色や改変の手が加えられている。

ならば、『日本書紀』は、どうして武烈天皇をことさら貶めるような書き方をしているのであろうか。

これについては、すでに塚口義信氏が指摘しておられるように（塚口氏「武烈天皇の虚像と実像」『つどい』八七、平成七

年十月）、『日本書紀』という書物の成り立ちとかかわりがある。

周知のように、『日本書紀』は、天武天皇十年（六八一）に天皇の勅命によって編纂が開始され、持統天皇朝・文武天皇朝・元明天皇朝を経て、元正天皇朝の養老四年（七二〇）に完成した歴史書である。ここで注目されるのは、編纂に関与した天武天皇以下の五人はすべて継体天皇を直接の始祖とする皇統に属する天皇で、武烈天皇とは皇統を異にしているという点である。武烈天皇には男子がなく、やむなく越前から応神天皇五世孫の継体天皇が迎えられて即位することはよく知られているが、武烈天皇は断絶した皇統の、まさに最後の天皇だったのである。

継体天皇系の皇統に属する人々は、断絶した皇統の最後にくる武烈天皇をことさら悪者に仕立てることによって、継体天皇の皇統のイメージアップを図ったのであろう。

こうした思想は、中国からきたものである。夏の桀王《けつおう》・殷の紂王《ちゅうおう》など、不徳の帝王があらわれ、国を滅ぼし、王統もそこで杜絶えるという思想は、中国にはやくから存在する。『日本書紀』編者が武烈天皇を悪く描いているのも、こうした中国の革命思想の摸倣である。武烈天皇紀の暴虐行為が多く中国の典籍からの引き写しであることは、それを裏づけている。

たしかに、武烈天皇紀には不自然な点がある。即位前紀の天皇のひととなりを記した記述も、そうである。そこには「長《ひととな》りて刑理を好み、法令分明《あきら》けく、日晏《じつあん》にも朝《てう》に坐し、幽枉《いうわう》にも必ず達し、獄を断じて情を得たまふ。又頻《しきり》に諸悪を造《いた》し、一善も脩《おさ》めたまはず。凡そ諸酷刑、親覧したまはずといふこと無し。国内《くぬち》の居人《たみ》、咸皆《みな》震《ふる》ひ怖《お》づ」とあるが、前半は法令に明るく、政務に精勤する天皇といいながら、後半は一転して「諸悪を造し、一善をも修めたまはず」と辛辣な筆誅を加える。どうも木に竹を接いだような文章で、「又」以下の部分は、あとから加筆した印象が否めない。

こうしてみていくと、悪逆無道の武烈天皇像も、じつは『日本書紀』編者の捏造の疑いが濃いのである。

ちなみに云うと、戦前に出た岩波文庫『訓読日本書紀』中巻（岩波書店、昭和六年三月）では、さきにあげた暴虐な振る舞いを記した記述は、一部が省略されている。まさか、『日本書紀』編者の勝手な捏造と判断しての削除ではあるまい。あまりに過激な記述なので、意図的に削除したのであろう。該書は『日本書紀』の忠実な読み下し文を掲げたもので、途中にこうした省略箇所があることはあまり知られていないが、注意すべきことである。

歌垣で鮪と諍い

では、他の武烈天皇紀の記述はどうであろう。

さきに、『古事記』には武烈天皇にかかわる記述がわずかしかないことを紹介したが、『日本書紀』の場合もおなじである。『日本書紀』は、巻十六をあてているが、一巻の分量としては、本文三十巻のなかではとりわけ短い。これは、天皇の治世が八年と比較的短いことが原因であろうが、いずれにしても、武烈天皇紀にみえる天皇の事蹟はさほど多くない。武烈天皇紀には、四年是歳条に百済の武寧王《むねいおう》の即位（『三国史記』では五〇一年とする）を伝える記事がみえるのは貴重だが、ほかには三年十一月に城の像《かたち》を木派邑《みなまたのむら》に作らせたとすることがみえる程度である。

ただ、そうしたなかにあって、即位前紀にみえる平群鮪《へぐりのしび》との影媛をめぐる一連の歌物語は注意を惹く。

武烈天皇がまだ皇太子だったころのことである。太子は、物部麁鹿火《もののべのあらかひ》の娘の影媛《かげひめ》と結婚しようとして、使者を派遣する。ところが、影媛はすでに大臣平群真鳥臣の息子鮪と通じており、太子にその違約を責められることを恐れて、海柘榴市《つばいち》の巷で待つと返事をする。

太子は、約束どおり、海柘榴市を訪れ、影媛の袖をとるが、そこに鮪が割って入る。ずいぶんタイミングのいい話だが、あるいは事前に影媛から鮪に連絡があったのだろうか。いずれにしても、ここで恋敵同士の歌合戦が展開される。その結果、影媛の意中の人が鮪であったことを悟った太子は、ついには、大伴金村に命じて鮪とその父真鳥とを攻め滅ぼすという筋書きである。

一つの歌物語としてはおもしろい内容だが、はたしてこれを武烈天皇にかかわる伝承とみてよいであろうか。これも疑問である。なぜなら、おなじ物語は『古事記』にもみえるが、『古事記』と『日本書紀』のあいだでは看過しがたい相違点があるからである。

まず、鮪と争うのは、『日本書紀』では武烈天皇だが、『古事記』では顕宗天皇のこととなっている（記事も清寧天皇段にかけられている）。さらに、奪い合った相手は、『日本書紀』では物部麁鹿火の娘の影媛だが、『古事記』では菟《う》田首《だのおびと》の娘の大魚《おうお》とある。そして、歌垣《かがい》の場所についても、『日本書紀』は海柘榴市と書くが、『古事記』場所をあきらかにしていない。

また、歌謡も『古事記』と『日本書紀』ではずいぶんちがう。『日本書紀』のそれは、のちの鮪殺害を暗示するかのような不穏な内容もふくまれている。

さらに、後日譚も大きくことなる。『古事記』では鮪を殺すだけだが、『日本書紀』では大臣として権勢を擅にしていた父の真鳥まで殺害するのであって、ちょっと蘇我蝦夷・入鹿父子の末路を彷彿させる筋書きである。

ほかにも、全体として『古事記』は純粋な歌物語だが、『日本書紀』は平群氏以外に、物部麁鹿火や大伴金村ら有力豪族も登場し、政治的色彩の強い話になっているなど、おなじ話といいながらも、ずいぶんちがったストーリーになっている。

記・紀の是非

では、いずれの伝承が正しいのであろうか。

この物語を伝えたのが、本来平群氏であったことは、いっぽうの主人公が平群氏であることからも、あきらかである。ただ、鮪のライバルが記紀ではまったくちがうのであって、この点からも、この歌物語が武烈天皇にかかわるものであったかどうかは、疑わしい。

しかも、ここで重要なのは、平群氏という氏族そのものである。周知のように、平群氏は大和盆地の西部の矢田《やだ》丘陵と生駒山脈のあいだに位置する、竜田川《たつたかわ》沿いの狭小な平野（平群谷）を拠点とする古代豪族である。その名ははやくから記紀に登場し、すでに応神天皇朝から大臣として活躍したというが、実際のところ、平群氏がほんとうに中央政界で活躍するようになるのは、六世紀後半のことである。平群氏の奥津城である平群谷古墳群を精査した辰巳《たつみ》和弘《かずひろ》氏の研究によれば（「平群氏に関する基礎的考察」「平群谷古墳群と平群氏」、ともに辰巳氏『地域王権の古代学』〈白水社、平成六年六月〉所収）、平群谷古墳群の古墳が汎大和的な大型石室をもつ古墳群に変質していくのは六世紀中葉のことであるという。これは、平群氏が六世紀中葉以降急速に中央に進出した氏族であることを示すもので、裏をかえせば、それ以前の平群氏は朝廷で目立つような存在ではなかったということである。このことから、辰巳氏は、大臣伝承を中心とする応神天皇紀から武烈天皇紀に至る、平群氏関連の記載は信憑性に乏しいとされている。

こうした先行研究を参照すると、武烈天皇の歌物語もどれほど史実性を有するかははなはだ疑問である。辰巳氏の云われるように、この伝承は、平群山での山遊びの話が、平群鮪という平群谷の代表者の歌物語になり、そこに平群氏誅滅譚という政治的性格が附加されるというふうに段階的に変化してきたもので、本来は武烈天皇とはかかわりない伝承だったと考えるべきであろう。

武烈天皇の真実

さて、そうなると、もはや、武烈天皇紀には、武烈天皇の真実を伝えた記事はないのであろうか。そもそも、武烈天皇は実在したのであろうか。

図５　武烈天皇陵として有力視される狐井城山古墳

『日本書紀』のベールを剥いでいくと、そうした疑問が浮かびあがってくるのも、当然である。ただ、暴虐記事や歌物語を否定したからといって、ただちに武烈天皇は実在の人物でなかったと考えるのは、早計である。

『古事記』『日本書紀』に記される歴代天皇の系譜や事蹟は、ともに六世紀中葉に成書化された帝紀（いわゆる「原帝紀」）に依拠して書かれたものと考えられる。したがって、武烈天皇についても、

・天皇が仁賢天皇と春日大郎女《かすがのおおいらつめ》（『日本書紀』では「春日大娘皇女」）とのあいだに生まれ、同母兄弟姉妹に手白髪郎女《たしらかのいらつめ》（『日本書紀』では「手白香皇女」）などがいたこと、
・武烈天皇の名が「ヲハツセワカササギノミコト」であったこと、
・長谷の列木宮《なみきのみや》で天下を統治したこと、
・太子がいなかったこと、
・子代ないし名代として小長谷部（『日本書紀』では「小泊瀬舎人」）を定めたこと、

・御陵は片岡の石坏の岡にあること、

などの諸点は、「原帝紀」に記されていたと考えてよい記載である。

そもそも、武烈天皇は五世紀末から六世紀初頭にかけての天皇であり、それは、「原帝紀」の編纂された欽明天皇朝からたかだか数十年前のことである。けっして忘却されてしまうような古い時代の出来事でないことはもとより、いちじるしく事実を歪めて書くことさえむつかしかったと思われるから、右にあげた記述も、かなり信頼がおけるとみてよいのではあるまいか。となると、治世の期間が短かったため、顕著な事蹟は残らなかったが、武烈天皇という大王の存在は疑いないところである。

ちなみに、塚口氏は、武烈天皇の陵墓を現在宮内庁が管理する奈良県香芝市小泉にある武烈天皇陵ではなく、おなじ香芝市狐井に位置する狐井《きつい》城山《しろやま》古墳《こふん》が相応しいとみておられる。筆者も、塚口氏の推定を支持するものであるが、この点についての詳細は、塚口氏の論文に譲りたい（塚口氏「武烈天皇の虚像と実像」〈前掲〉）。

十一、継体天皇

越前からきた新大王

継体天皇即位前紀によれば、悪逆無道の天皇として知られる武烈天皇には子がなかった。そこで、大伴金村《おおとものかなむら》の発議によって、まず、丹波国の桑田郡《くわたぐん》にいた仲哀天皇五世孫の倭彦王《やまとひこのみこ》を迎えようとした。しかし、王は迎えにきた兵を望見して色を失い、山壑《さんがく》に逃亡してしまう。

金村らは、ふたたび協議して、こんどは越前国にいる応神天皇の五世孫男大迹王《おおどのみこ》（継体天皇）を迎え、天緒を伝えることにした。王は、なかなか首を縦にふらなかったが、やがて河内馬飼首荒籠《こうちのうまかいのおびとあらこ》の助言によって承諾し、樟葉宮《くずはのみや》で即位する。

しかし、その後もただちに大和に入らず、山背の筒城《つつき》、弟国《おとくに》と宮処を転々とし、即位後、じつに二十年（七年という異説もある）ののち、ようやく磐余玉穂宮《いわれのたまほのみや》で政治をおこなった。継体天皇がなかなか大和入りを果たせなかったのは、大和や河内の豪族のなかに、天皇の存在を快く思わない一派があったからであろう。天皇が名実ともに「大王」として認められるのは、前王統の血を引く仁賢天皇皇女の手白香皇女《たしらかのひめみこ》との婚姻が成立してからのことである。

応神天皇の五世孫か

ところで、『日本書紀』は、継体天皇を応神天皇の五世孫としながらも、その中間の系譜を記していない。そこから、「五世孫」という記述は、皇親の範囲が四世王から五世王にまで拡大された慶雲三年（七〇六）二月以降に、継体天皇を皇親として取り扱う目的で捏造されたものであるとみる説がある。

この説は、戦後の一時期、きわめて有力となったが、現在では下火である。なぜなら、『釈日本紀《しゃくにほんぎ》』所引の「上宮記《じょうぐうき》曰一云」（推古天皇朝前後の時期、おそくとも七世紀末までに成立）の引く継体天皇の系譜が信憑性の高いものであることが、あきらかになってきたからだ。これによると、継体天皇は、若野毛二俣王《わかぬけふたまたのみこ》・大郎子《おおいらつこ》から出たことになっており、天皇は、近江国坂田郡附近に土着していた王族の末裔である彦主人王《ひこうしのみこ》と、越前国の三国附近に本拠をおく一族の娘振媛《ふりひめ》のあいだに生まれたことが知られる。

思うに、『日本書紀』が継体天皇の系譜を掲げていないのは、「系図一巻」（現存せず）に譲ったからではあるまいか。また、『古事記』がそれを載せないのも、五世孫の登極などほかに例がなかったから、「品太天皇五世之孫」と書くだけでじゅうぶんだったのであろう。

ヤマト政権の狙い

ただ、ヤマト政権の真のねらいは、血統よりも、倭彦王や継体天皇のもつ政治力・経済的基盤にあったようだ。

さきにもふれたように、継体天皇に先だち、丹波国桑田郡を本拠地としていた倭彦王《やまとひこのおおきみ》が擁立された。こちらも、仲哀天皇の五世孫というから、血筋のうえでは、傍系である。しかし、京都府亀岡市にある千歳車塚古墳《ちとせくるまづか》（墳丘長が約八〇㍍、五世紀末から六世紀前半）の存在からも知られるように、当時、桑田郡には巨大な政治集団が存在していた。じつは、ヤマト政権は、この勢力を取り込むことによって、その権力基盤の強化をもくろんでいたのである。

あいにく倭彦王との交渉は不首尾に終わり（倭彦王が逃亡したことになっているのは、ヤマト政権側が、みずからの威厳を守るために、都合よく話を改変した結果であろう）、継体天皇に白羽の矢が立ったわけだが、ここでも、天皇が越前・近江・尾張といった広い範囲に勢力を有していたことが決め手になったと思われる。天皇は、さらに、山城南部から河内北部・摂津にかけて地域の勢力とも結んでいたのである。

継体天皇朝には、磐井《いわい》の叛乱が勃発している。ヤマト政権が手強い磐井を鎮圧できたのも、天皇を迎え、権力基盤の再編に成功したことと無関係ではあるまい（塚口義信「継体天皇」『アエラムック　古代史がわかる。』朝日新聞社、平成十四年八月）。

磐井が挙兵

継体天皇二十一年（五二七）六月、天皇は、新羅に破られた任那の故地を再興するために、近江毛野《おうみのけな》を将軍となし、六万の兵を任那《みまな》に派遣した。ところが、新羅は、筑紫の国造磐井に賄賂を贈り、毛野の軍の渡海を防ぐよう要請した。『日本書紀』によれば、磐井はかねてから叛逆を企てていたというから、ヤマト政権に対してなんらかの不平・不満があったのであろう。磐井の支配地の北九州地方は、大陸進攻の基地として、ことあるごとに大きな負担を強いられたので、あるいは今回の派兵にも批判的だったのかも知れない。

事態を重くみた天皇は、物部麁鹿火《もののべのあらかひ》を大将軍として筑紫に下向させ、その征討を命じる。麁鹿火は、翌二十二年（五二八）十一月に筑紫の御井《みい》（福岡県三井郡）で磐井の軍勢と交戦。両軍は必死に戦い、おたがい一歩も譲らなかったが、最後は麁鹿火が磐井を斬る。翌十二月、筑紫君葛子《つくしのきみくずこ》は、父磐井に連坐して誅されるのを恐れ、糟屋屯倉《かすやのみやけ》を献上して許しを乞い、ここに乱は終熄をみた。

磐井の乱のことは、『古事記』の継体天皇段にもかんたんな記述があるほか、『筑後国風土記』にも記載されている。『釈日本紀』巻五の引く同書の逸文には、磐井の墓に関する記述があり、古老の伝承を引いて、官軍に追われた磐井が豊前国上膳県《かみつみけのあがた》に逃れて、南の山の険しい嶺の隠れたところで死んだとする（死亡場所は『日本書紀』とはことなる）。こんにち福岡県八女市《やめし》吉田に残る岩戸山《いわとやま》古墳は、磐井の墓だと云われている。

ところで、磐井の乱の鎮圧に成功した毛野は、翌二十三年（五二九）三月になって、ようやく朝鮮半島に赴く。しかし、新羅・百済との調整にも失敗し、任那の故地回復もかなわず、翌二十四年（五三〇）に日本に召還され、対馬に到着したところで病死する。そして、継体天皇もまた、翌年二月に崩御し、朝鮮半島における劣勢は、ついに挽回できないままであった。

十二、安閑天皇・宣化天皇

安閑天皇

安閑天皇は、継体天皇の長子で、母は尾張連草香《おわりのむらじくさか》の娘目子媛《めのこひめ》である。

天皇の即位の経緯を語る記事はほとんどないが、その即位年については、やや複雑な問題がある。すなわち、継体天皇紀は、百済本記《くだらほんぎ》に依拠して天皇の崩御を二十五年辛亥（五三一）としているが、同年十二月条の分注に引かれた「或本」には、二十八年甲寅（五三四）崩御とある。いっぽう、安閑天皇即位前紀によれば、その即位は辛亥年であり、継体天皇の崩御も同年のこととして記す。そして、つづく壬午・癸丑を空白にし、甲寅を元年とする。こうした二年間の空白は、おそらく、『日本書紀』編者が、いったんは継体天皇崩御を二十八年甲寅としたにもかかわらず、のちに百済本記によって三年繰り上げたことに原因があると考えられる。すなわち、安閑天皇紀も、はじめは継体天皇甲寅崩御をうけて同年即位としていたが、継体天皇の崩年の繰り上げにともなって、即位前紀だけを修正し、甲寅元年はもとのままとしたのであろう（坂本太郎説）。

ただ、『上宮聖徳法王帝説《じょうぐうしょうとくほうおうていせつ》』などの史料によると、安閑天皇の異母弟欽明天皇の即位は辛亥年となり、まさしく『日本書紀』本文の伝える継体天皇の崩年と一致する。このように、欽明天皇が継体天皇の崩御直後に即位したとすれば、一時期安閑・宣化天皇と欽明天皇が同時に皇位にあったことになる。これが、いわゆる両朝併立説である。この説については、こんにちでは否定的な見解も少なくない。ただ、最近の研究によると、欽明天皇朝には、仁徳・履中天皇の流れを汲む欽明天皇系のグループと、畿外出身の継体天皇系のグループとが存在し、両者がたがいに反目していたことは、事実らしい（塚口義信「〝原帝紀〟成立の思想的背景」『ヒストリア』一三三、平成三年十二月）。

宣化天皇

宣化天皇は、継体天皇の第二子で、母は尾張連草香の娘目子媛である。天皇は、さきに即位した安閑天皇の同母弟にあたる。天皇の即位の経緯を語る記事は、記紀ともにきわめて少なく、『古事記』には、安閑天皇には子がなく、天皇の弟の建小広国押楯命《たけをひろくにおしたてのみこと》が、檜隈廬入野宮《ひのくまのいおりののみや》で天下をお治めになった、とあるだけである。また、『日本書紀』も「二年十二月に、勾大兄広国押武金日天皇《まがりのおほえひろくにおしたけかなひのすめらみこと》崩《かむあが》りまし、嗣《みひつぎ》無し。群臣《まへつきみたち》、奏《まを》して剣・鏡を武小広国押《たけをひろくにおし》盾尊《たてのみこと》に上《たてまつ》りて、即天皇之位《あまつひつぎしろしめ》さしむ」とあるのみで、詳しい記述はない。また、在位中の記事も比較的少ないが、これは高齢になってから即位したために、在位が短いことに原因があると思われるが、同じことは、安閑天皇の場合にも云える。

安閑天皇の項でもふれたように、安閑天皇即位前紀では、天皇の即位は辛亥年（五三一）であるが、聖徳太子に関する最古の伝記として知られる『上宮聖徳法王帝説』などによれば、欽明天皇の即位も辛亥年になり、『日本書紀』本文の伝える継体天皇の崩年と一致する。このように、欽明天皇が継体天皇の崩御直後に即位したことが事実だとすれば、一時期安閑・宣化天皇と欽明天皇が同時に皇位にあったとみなければならず、ここに安閑・宣化天皇朝と欽明天皇朝の併立を想定する餘地が生じる。

この説については、反論も少なくないが、継体天皇二十五年十二月条の引用する百済本記に「日本の天皇《すめらみこと》と太子《ひつぎのみこ》・皇子《みこ》、倶《とも》に崩薨《かむあが》りますときけり」とあることは、継体天皇の崩御に際して、朝廷内部でなんらかの事件が起きたことをうかがわせる。記事はあくまで風聞で、その真相はあきらかでないが、安閑天皇の項でものべたように、欽明天皇朝には、仁徳・履中天皇の流れを汲む欽明天皇系のグループと畿外出身の継体天皇系のグループとが反目するような状況にあったことは事実であろう。あるいは、継体天皇崩御後、つぎの皇位をめぐって、なんらかのトラブルがあったのかも知れない。

十三、欽明天皇・敏達天皇

欽明天皇と安閑・宣化天皇の確執

欽明天皇は、継体天皇と手白香皇后《たしらかのきさき》のあいだに生まれた。皇后は石姫《いしひめ》。天皇の皇子女は二十一人におよぶが（『日本書紀』欽明天皇二年三月条）のうち、訳語田渟中倉太珠敷尊《おさたのぬなくらのふとたましきのみこと》（敏達天皇）・橘豊日尊《たちばなのとよひのみこと》（用明天皇）・豊御食炊屋姫尊《とよみけかしきやひめのみこと》（推古天皇）・泊瀬部皇子《はつせべのみこ》（崇峻天皇）の四人が、のちに天皇となっている。

『日本書紀』によれば、宣化天皇崩御のあと、皇子（のちの欽明天皇）は、安閑天皇皇后の山田皇后を推したという。しかし、皇后はこれを辞退。ぎゃくに、群臣に、皇子にはやく即位していただくようお願いしてほしいと申し出たので、若い天皇が誕生する。

ところで、『元興寺《がんごうじ》伽藍《がらん》縁起《えんぎ》并《ならびに》流記《るき》資財帳《しざいちょう》』や『上宮《じょうぐう》聖徳《しょうとく》法王《ほうおう》帝説《ていせつ》』によれば、欽明天皇の即位年は辛亥である。いっぽう、継体天皇は、治世の二十五年（五三一）、勾大兄皇子（のちの安閑天皇）に譲位し、即日崩御したというが（安閑天皇即位前紀）、これも辛亥年のことである。もし、これが事実ならば、一時期、安閑・宣化天皇と欽明天皇が、同時に皇位にあったことになる。いわゆる、両朝の並立説である（林屋辰三郎「継体・欽明朝内乱の史的分析」『立命館文学』八八〈昭和二十七年九月〉ほか）。

この説については批判も少なくないが、継体天皇二十五年十二月条の引用する百済本記《くだらほんぎ》に「日本の天皇《すめらみこと》と太《ひつぎの》子《みこ》・皇子《みこ》、倶《とも》に崩薨《かむあが》りますときけり」とあることは、継体天皇の崩御に際して、ヤマト政権内部でなんらかの事件が起きたことをうかがわせる。記事はあくまで風聞で、その真相はあきらかでないが、欽明天皇朝に、仁徳・履中天皇の流れを汲む欽明天皇系のグループと、畿外出身の継体天皇系のグループとが、たがいに反目していたことは事実である。あるいは、継体天皇崩後、つぎの皇位をめぐるトラブルが生じたのかも知れない。

仏教の渡来と任那の滅亡

ところで、欽明天皇の在位中には、仏教伝来と任那への出兵という、二つの大事件があった。

欽明天皇朝には、大伴金村《おおとものかなむら》・物部尾輿《もののべのおこし》が大連、蘇我稲目が大臣の地位にあったが、継体天皇のときの任那《みまな》四県を百済に割譲したことが尾をひいて、金村は引退。以後は、物部氏と蘇我氏が主導権を握る。しかし、欽明天皇十三年（五五二）、百済の聖明王《せいめいおう》が釈迦仏の金銅像や経論などを奉り（五三八年とする説もある）、仏教を伝えると、その受容をめぐって、廃仏派の物部氏・中臣氏と崇仏派の蘇我氏のあいだに対立が生じる。いわゆる崇仏論争《すうぶつろんそう》だが、これは、たんなる信仰の問題ではなく、本質は、両氏の権力争いである。

いっぽう、朝鮮半島における状況はいよいよ悪化。欽明天皇二年（五四一）、天皇は、百済の聖明王に任那復興を命じるが、百済の力では新羅・高句麗に対抗できない。欽明天皇十三年（五五二）、百済は日本に救援を要請し、翌年にもふたたび窮状を訴える。欽明天皇十五年（五五四）、日本は百済に援軍を送って新羅を討つが、新羅の反撃も激しく、この年、聖明王も戦死。勢いに乗る新羅は、欽明天皇二十三年（五六二）、最後に残った任那諸国の一つである加羅を占領。そして、天皇は、三十二年（五七一）四月に、皇太子（敏達天皇）に任那の復興を託して息を引き取った。

敏達天皇と百済大井宮

あとをうけて即位したのは、敏達天皇。天皇は、すでに欽明天皇十五年（五五四）に皇太子となっていたが、天皇崩御の翌年に即位。同時に、百済大井宮《くだらのおおいのみや》（所在地については、奈良県北葛城郡広陵町百済にあてる説が有力）を造営した。天皇は、三年後に譯語田幸玉宮《をさたのさきたまのみや》に遷り、十四年（五八五）に崩御するまでここに住んだから、百済大井宮のことは、あまり知られていない。しかし、同宮の存在は、敏達天皇朝における派閥争いを解明するうえで、きわめて重要である。

周知のように、譯語田幸玉宮は、敏達天皇五年（五七六）三月に皇后となった蘇我氏系の豊御食炊屋姫尊《とよみけかしきやひめのみこと》（のちの推古天皇。母は、蘇我稲目の娘堅塩媛）のために設けられた。これに対し、百済大井宮は、前年正月、炊屋姫に先立って立后された広姫（この年十一月に薨去）のための宮である。

図６　牧野古墳の石室（同古墳は、押坂彦人大兄皇子の成相墓に比定される）

百済大井宮がおかれた広瀬郡は、広姫とその子押坂彦人大兄皇子を中心とする派閥の拠点であり、敏達天皇の殯も、ここで営まれている。天皇の殯《もがり》は、宮の近くで営まれるのが原則だから、もし、このとき、蘇我氏が完全に権力を掌握していたならば、殯も、炊屋姫ゆかりの譯語田幸玉宮の近くに営まれたはずである。にもかかわらず、それが広瀬で営まれているのは、当時、押坂彦人大兄皇子らにそれだけの力があった証拠である（塚口義信「百済大宮（敏達天皇）―その所在地を探る―」同氏『ヤマト王権の謎をとく』（学生社、平成五年九月）所収）。

崇仏派馬子と廃仏派守屋

ところで、欽明天皇に任那復興を託された天皇は、高句麗と国交を開き、百済・新羅とも積極的に交渉を重ねる。しかし、経過ははかばかしくない。敏達天皇十二年条（五八三）には、天皇が、百済にいた火葦北《ひのあしきた》の国造阿利斯登《ありしと》の子の日羅《にちら》を召還し、彼とともに、任那復興の計略を立てようとした話が掲げられている。日羅は、天皇に国力の充実と軍備の増強を説き、百済の九州侵攻に備える作戦を伝授した。ところが、日羅は、同行していた監視役の百済高官に暗殺され、任那復興どころか、百済との関係も雲行きが怪しくなる。

いっぽう、敏達天皇十四年（五八五）には、国内に疫病（天然痘）が蔓延。二月には、蘇我馬子《そがのうまこ》も罹患《りかん》し、占いにしたがって弥勒の石像を礼拝する。このとき、疫病で多くのひとが死んだが、廃仏派の物部守屋《もののべのもりや》と中臣勝海《なかとみのかつみ》は、これを馬子の崇仏のせいだとして、敏達天皇に働きかけ、仏法を禁止し、仏像・仏殿を焼却させた。天皇自身は、仏教にはあまり好意的でなかったようだ。

その天皇も、疫病のため、十四年（五八五）八月に崩御。その殯が広瀬郡で営まれたことは、さきにものべた。このとき、佩刀して誄《しのびごと》（死者を讃え、哀悼の意を表す詞）を奉る馬子をみて、守屋は、矢で射られた雀のようだといい、こんどは守屋が手足を震わせながら誄すると、馬子は、鈴をつけたらよかろう、と応酬する。こうした挿話は、両者の対立がもはや極限に達していることを示す。結局、この問題は、一触即発の状態のまま、つぎの用明天皇朝に持ち越される。

十四、用明天皇・崇峻天皇

三つ巴の争い

崇峻天皇の四年（五九一）、天皇が群臣の目前で殺されるというショッキングな事件が起きる。馬子の専横といってしまえばそれまでだか、この事件の背景には、皇位継承に絡む血なまぐさい抗争があった。

話は、用明天皇の時代に溯る。当時は、皇位をめぐって、三つの派閥がたがいに反目しあっていた。

一つめは、竹田皇子《たけたのみこ》（父敏達天皇、母炊屋姫）を擁立する豊御食炊屋姫《とよみけかしきやひめ》・蘇我馬子《そがのうまこ》・聖徳太子らの一派。これが、最大の派閥であった。二つめは、穴穂部皇子《あなほべのみこ》（父欽明天皇、母蘇我小姉君。崇峻天皇（泊瀬部皇子）の実兄）を擁立する物部《もののべ》守屋《もりや》・中臣勝海《なかとみのかつみ》らの一派。そして最後は、継体天皇の旧勢力を継承した、息長系の押坂彦人大兄皇子《おしさかひこひとのおおえのみこ》（父敏達天皇、母息長広姫。用明天皇朝の太子）を中心とする一派。最近では、この第三派閥の存在を忘れては、六世紀の政治史は正しく理解できないとさえ云われている。

馬子、守屋邸を囲む

さて、用明天皇二年（五八七）四月条によれば、病にかかった天皇は仏法に帰依《きえ》したいと思い、群臣に協議するよう指示したという。朝廷での会議の席上、第二派閥の物部守屋・中臣勝海は詔に反対し、馬子と激しく対立する。ここで、守屋は、穴穂部皇子が僧を引き連れて内裏にはいってきたのをみて激怒する。穴穂部皇子は、守屋に見切りをつけ、崇仏派の馬子に接近しようとしたのかも知れないが、廃仏派の守屋が怒るのは当然である。

群臣が自分の帰路を断とうとしているとの情報を得た守屋は、自宅に退いて兵を集結。勝海もこれにしたがい、押坂彦人大兄皇子と竹田皇子の像を作って呪詛《じゅそ》する。しかし、成功の見込みがないと知り、途中で、第三派閥に帰順しようとする。守屋が穴穂部皇子から押坂彦人大兄皇子に乗り換えようとしたのをみて、勝海も態度を変えたのであろう。しかし、勝海は、押坂彦人大兄皇子宅を退出した直後、第一派閥に属していたとみられる聖徳太子の従者の手で殺害される。

やがて、用明天皇が在位二年で病死すると、馬子は、穴穂部皇子と、皇子と親しかった宅部皇子を殺害。つづいて、諸皇子と群臣にもちかけて、守屋を滅ぼす計画を立てる。泊瀬部皇子《はつせべのみこ》（崇峻天皇）・竹田皇子・聖徳太子らが軍勢を率いて進み、河内の渋川《しぶかわ》にある守屋の邸宅を囲む。守屋は、子弟と奴《やっこ》の軍で応戦するが、結局、一族は殺されたり、逃亡したりして、物部大連家は滅亡。ここに、守屋の排斥が完了する。

ところが、ここで、第一派閥にとって、不慮の事態が生じる。どうやら、竹田皇子が、政界で活躍できないような状態に陥ったようである（あるいは、すでに死亡していたのかも知れない）。

そこで、彼らは、用明天皇の異母弟で、対物部戦争にも加わった泊瀬部皇子の擁立を企てた。本来なら、押坂彦人大兄皇子が即位すべきところであったが、天皇の外戚として勢力の拡大をはかっていた馬子としては、蘇我氏にまったく関係のない押坂彦人大兄皇子を即位させるわけにはいかなかったのである。

傀儡天皇の悲劇

こうして、崇峻天皇が誕生する。天皇の在位は五年と短いが、この間に、さまざまな政策が実施された。むろん、それらが、馬子の発案にかかるものであることは云うまでもない。

崇峻天皇元年（五八八）には、百済が仏舎利とともに、僧・技術者・学者を献上したが、馬子は、それを利用して、法興寺を建立。また、同天皇二年（五八九）には、境界の視察のため、近江臣満《おうみのおみみつ》らを東山道・東海道・北陸道に派遣。

さらに、任那復興にも乗り出す。四年（五九一）には、紀男麻呂《きのをまろ》らを大将軍に任じ二万餘の軍を引率して筑紫に出陣させるとともに、吉士金《きしのかね》・吉士木蓮子《きしのいたび》を、それぞれ新羅・任那に遣わし任那のことを諮問させた。

ところが、そのさなかに、崇峻天皇暗殺事件が起きる。

『日本書紀』崇峻天皇五年（五九二）十月条によれば、天皇は、馬子殺害を仄めかす発言をするいっぽうで、多くの武器を準備していたという。馬子は、泊瀬部皇子が危険な存在になってきたことを察知し、先手を打って東漢駒に天皇を殺させたのである。

思うに、馬子は、崇峻天皇殺害に先立って、炊屋姫に即位を承諾させていたのであろう。当時、蘇我氏系の皇子のなかには、押坂彦人大兄皇子に対抗できるものがいなかった。炊屋姫の登極は、女帝という一点を除けば、当時の兄弟相承の慣習にもかなっており、誰も文句のつけようがなかったのである（塚口義信「推古天皇―女帝誕生の謎―」同氏『ヤマト王権の謎をとく』〈前掲〉所収）。

十五、聖徳太子

太子伝としての『日本書紀』

聖徳太子に関してはさまざまな伝記があるが、やはり、基本となる史料は『日本書紀』である。『日本書紀』は、神代より持統天皇十一年（六九七）までの歴史を綴った編年体の史書であり、養老四年（七二〇）に完成した。出来上がった時点でいうと、太子の歿後百年が経過しているが、その編纂は、天武天皇十年（六八一）に、天皇が帝紀・上古諸事の編纂を命じたことにはじまる。この時期なら、まだ太子にまつわるいろいろな記録も、ずいぶん残っていたにちがいない。

『日本書紀』は、聖徳太子の伝記ではないが、推古天皇朝には皇太子として政治の中枢にあったことから、太子に関する記事をかなり豊富に載せている。憲法十七条の制定、仏法の興隆、勝鬘経《しょうまんきょう》・法華経《ほっけきょう》の講説、国史の編纂など、ある程度まで史実にもとづくとみられる太子の事蹟を数多くあげている。

また、いっぽうで、太子にまつわる不思議な話も載せていることも、事実である。太子が十人の訴えをあやまりなく辨えたとか、予知能力があったとかいうような、太子の超人的能力を強調するかのようなエピソードが、それである。また、片岡山における飢者との遭遇など、のちの太子伝でクローズアップされる神秘的な話も、すでに『日本書紀』のなかに、その萌芽がみられる。そこから、坂本太郎氏などは、『日本書紀』もまた、すでにあった太子伝を参照しているのだと考えておられるのだが、おそらくそのとおりであろう（「日本書紀と聖徳太子の伝記」『坂本太郎著作集』第二巻〈吉川弘文館、昭和六十三年十一月〉所収）。

そこで、小論では、『日本書紀』が記す聖徳太子像について紹介し、聖徳太子に関するもっとも基本的な史料である『日本書紀』は、太子をどう描いているのかをみることにしよう。

名前の問題

『日本書紀』によれば、聖徳太子の生前の名は厩戸《うまやと》皇子であり、推古天皇紀では「皇太子」と記される。ほかに、豊耳聡《とよみみと》聖徳《しょうとく》・豊聡耳法大王《とよとみみののりのおおきみ》・法主王《のりぬしのおおきみ》など多くの異称があり、聖徳太子もその一つである。近年、『日本書紀』が描くような聖徳太子の存在を根本から疑う所説が盛んであり、その影響だろうか、聖徳太子に関する書物や歴史教科書でも、「厩戸皇子」や「厩戸皇子（聖徳太子）」といった慎重な表記が目につくようになった。

たしかに、はやく小倉豊文氏が提唱されたように、史実としての聖徳太子と、伝説的信仰上の聖徳太子とは峻別すべきであって、そのために聖徳太子と厩戸皇子を使い分けるというのであればいちおう納得はできる。しかしながら、吉村武彦氏が執筆された岩波新書のように、本文中では「厩戸皇子」と記しながら、書名は『聖徳太子』というのは、ちょっとずるい気がする。吉村氏は、「後の時代の価値観を伴う名前は避けたほうがいい」（『聖徳太子』〈岩波書店、平成十四年一月〉ⅶ頁）と云われるが、ならば、ご自身も「用明王」「敏達王」という表記は止めたほうがよろしかろう（念のため云うと、「用明」「敏達」というような漢風諡号は、天平宝字年間になって出来たものである）。

このようにみていくと、古代の人物の呼びかたはなかなかむつかしい問題をふくむのであって、それゆえ、ここでは、生前の名前や異称が数多くあることを踏まえたうえで、あえて奇を衒わず「聖徳太子」を用いている。

太子の出自

さて、『日本書紀』の聖徳太子に話を戻そう。

聖徳太子については、まず、用明天皇元年（五八六）正月一日条に、

立㆓穴穂部間人皇女㆒為㆓皇后㆒。是生㆓四男㆒。其一曰㆓廐戸皇子㆒。（更名豊耳聡聖徳。或名㆓豊聡耳法大王㆒。或云㆓法主王㆒。）是皇子初居㆓上宮㆒。後移㆓斑鳩㆒。於㆓豊御食炊屋姫天皇世㆒。位㆓居東宮㆒。総㆓摂萬機㆒。行㆓天皇事㆒。語見㆓豊御食炊屋姫天皇紀㆒。

とあって、用明天皇と穴穂部間人《あなほべのはしひとの》皇女のあいだに生まれたことが知られる。ふたりはともに欽明天皇の子であるが、母を異にしている。用明天皇の母は蘇我稲目《そがのいなめ》の女堅塩媛《きたしひめ》で、穴穂部間人皇女の母は堅塩媛の妹小姉君《おあねのきみ》である。聖徳太子からみれば、父母の母はともに稲目の女で同母の姉妹だから、自身は蘇我氏の血を濃厚に受け継いでいると云える。

なお、太子の歿年については、古来諸説がある。『日本書紀』は推古天皇二十九年（六二一）二月一日のこととするが、どうもこの歿年には錯簡があるらしい。というのは、法隆寺金堂釈迦如来像光背銘や中宮寺天寿国曼荼羅繍帳《てんじゅこくまんだらしゅうちょう》銘によれば、聖徳太子の歿年は推古天皇三十年（六二二）二月二十二日で一致しているからである。享年四十九に疑わしいところはないから、逆算すれば、生年は敏達天皇三年（五七四）になる。

若き日の聖徳太子について信頼できる事実としては、蘇我馬子が物部守屋を滅ぼした際に、蘇我側の陣営に属して働いたことである（崇峻天皇即位前紀）。このとき、聖徳太子はまだ十四歳であった。

推古天皇紀の太子

聖徳太子の人物や動向を詳しく記すのは、なんといっても推古天皇紀である。『日本書紀』によれば、推古天皇は即位直後の推古天皇元年（五九三）四月一日条には、「立㆓厩戸豊聡耳皇子㆒為㆓皇太子㆒。仍録摂政。以㆓萬機㆒悉委焉」

とあって、太子を皇太子としたことが記される。推古天皇朝にすでに皇太子が制度化されていたとは考えられないので、これは『日本書紀』の潤色であろうが、聖徳太子が当時国政を委ねられる重要な立場にあったことを反映した記述だと考えられる（後述参照）。

ちなみに、『日本書紀』は、右の立太子の記事の直後に、つぎのような記述を掲げている。

橘豊日天皇第二子也。母皇后曰二穴穂部間人皇女一。皇后懐妊開胎之日。巡二行禁中一。監二察諸司一。至二于馬官一。乃当二廐戸一。而不レ労忽産之。生而能言。有二聖智一。及レ壮一聞二十人訴一。以勿レ失能辨。兼知二未然一。且習二内教於高麗僧慧慈一。学二外典於博士覚抒一。並悉達矣。父天皇愛之。令レ居二宮南上殿一。故称二其名一。謂二上宮廐戸豊聡耳太子一。

これによれば、「廐戸」の名は、母が厩舎で出産したことによること、そして、生まれながらにして超人的能力を備えていたことなどが知られる。しかし、これらはいずれも額面どおりには受け取りがたい。後世の太子伝で強調される、偉人化した太子のイメージが、すでに『日本書紀』にみえているのである。

仏教興隆

推古天皇朝には、馬子とともにさまざまな事業に取り組む聖徳太子の姿が描かれているが、最初にみえるのが、推古天皇二年（五九四）二月一日条に「詔二皇太子及大臣一。令レ興二隆三宝一。是時。諸臣連等各為二君親之恩一。競造二仏舎一。即是謂レ寺焉」とある記事である。坂本氏は、この記事は特定の事件の記録ではなく、二年二月という年月も史実に関するものとは思われないとして、「おそらく、推古天皇のときに、仏教興隆を天皇の命として力強く推し進めたというほどの事実を、このような文章であらわしたもの」だとしておられる（「日本古代史」『坂本太郎著作集』第一巻〈吉川弘文館、平成元年五月〉所収、二五頁）。穏当な見解であろう。

ただ、推古天皇朝における仏教興隆については、べつな史料からも確認が可能である。

第一は、憲法十七条第二条の三宝篤敬の章である。推古天皇十二年（六〇四）四月に聖徳太子がみずからはじめて作ったと云われる憲法十七条は、はじめのほうに重要事項をおいているが、その第二条に「二曰。篤敬㆓三宝㆒。三宝者仏法僧也。則四生之終帰。萬国之極宗。何世何人。非㆑貴㆓是法㆒。人鮮㆓尤悪㆒。能教従之。其不㆑帰㆓三宝㆒。何以直㆑枉。」とある。ここに三宝をもってこの世の悪を正すという現実的・政治的な効果を強調していることは、聖徳太子がたんに信仰の対象として仏教の興隆を推進したのではなく、これを、国家体制を確立するうえで重要な国策として利用することを意図していたことを示している。

実際、推古天皇朝には、四天王寺・法隆寺などの寺院の建立も進められたし、維摩《ゆいま》・勝鬘《しょうまん》・法華《ほっけ》三経の義疏《ぎそ》の作製や経典の講義は、太子自身が率先して仏教の普及・滲透を推進したことの証しである。

新羅征討

仏教興隆が推古天皇朝全体にわたる大きな方針であったのに対し、初期の段階で注目されるのは、新羅征討である。新羅を討って任那を復興することは、欽明天皇の遺詔であり、それをうけた用明天皇、つづく崇峻天皇の悲願でもあった。

ところが、用明天皇はわずか治世二年で崩御し、崇峻天皇も、大規模な新羅征討軍を組織し、軍隊を筑紫に終結させたまではよかったが、天皇自身が弑逆され、計画は頓挫した。推古天皇三年（五九五）七月条には「将軍等至㆑自㆓筑紫㆒。」というかんたんな記事がみえるが、これは崇峻天皇四年（五九一）十一月に紀男麻呂宿禰・巨勢猿臣《こせのさるのおみ》・大伴囓連《おおとものくいのむらじ》・葛城烏奈良臣《をならのおみ》を大将軍として筑紫に出向いた二萬餘の軍勢の帰還を云ったものである。

崇峻天皇の崩御によって新羅への派兵は実現しなかったが、つづく推古天皇も新羅征討を断念したわけではなかった。推古天皇八年〈六〇〇〉二月には、新羅と任那の衝突をきっかけに、任那のために新羅を討とうとして、萬餘の兵を朝鮮半島に差し向けた。新羅は任那とともに貢調し、服従を誓うが、将軍が召還されるとまた任那を侵攻するという強《したた》かさである。そこで、推古天皇十年〈六〇二〉二月には、ふたたび来目《くめの》皇子を征新羅大将軍として、新羅を撃破しようとするが、このときは皇子が病臥して征討は実現しない。のちに推古天皇十一年〈六〇三〉二月、皇子が筑紫で薨じると、こんどは当麻《たぎまの》皇子をもって征新羅将軍としたが、皇子もまた難波を船出した直後に妻の舎人《とねりの》姫王《ひめみこ》が赤石〈兵庫県明石市附近〉で薨じ、征討は捗々しく進まなかった。

不運続きが災いして、結局、新羅を撃破することはかなわず、任那は回復できないままである。推古天皇朝における二度の新羅征討計画において、来目皇子や当麻皇子といった聖徳太子の兄弟が将軍に任じられていることは、太子みずからがこの計画に深くかかわっていたことをうかがわせるが、いずれも不首尾に終わったことは事実である。以後、推古天皇紀には新羅征討のことはみえず、一転して、内政改革に関する記事が多くなるのは、あるいは、聖徳太子の方針の転換かも知れない。

内政の改革

聖徳太子は、推古天皇十一年〈六〇三〉ごろから内政改革に乗り出したと思われるが、具体的な施策として打ち出されたのが、冠位十二階の制定、憲法十七条の制定、国史の編纂などである〈国史の編纂については、拙稿「聖徳太子の編んだ国記・天皇記」『風土記研究の諸問題』〈燃焼社、平成三十一年三月〉所収、を参照されたい〉。冠位十二階は直接には朝鮮半島の三国の制度に範をとったものと思われるが、具体的には、色のちがう冠を諸臣に与え、それによって身位の上下をあきらかにしたもので、大徳・小徳・大仁・小仁・大礼・小礼・大信・小信・大義・小義・大智・小智という儒教の徳目を冠名としているのが特色である。冠位はそれまでのカバネにかわるものだが、カバネとちがって勲功による昇転があったから、国家に対する忠誠心や奉公の気持ちを高揚させる効果があったと思われる。ただ、蘇我氏をはじめ、有力豪族にこの冠位を授けられた形跡がないので、この制度には限界があったようである。

憲法十七条のことは、さきにもふれたが、推古天皇十二年（六〇四）四月に制定されたもので、『日本書紀』はその全文を掲載している。九世紀前半にまとめられた『弘仁格式』の序には、わが国における律令編纂の歴史をのべたくだりがあるが、そのなかに「推古天皇十二年に曁《いた》りて、上宮太子親《みづか》ら憲法十七条を作る。国家制法、茲《こ》れより始まる」とあり、平安時代には、律令制定の淵源が聖徳太子の作った憲法十七条にまで溯るという認識が存在したことが知られる。しかし、憲法十七条は儒家・法家の思想をベースにした政策を示しているものの、のちの律令にくらべると、むしろ訓令としての色彩が濃く、具体性を欠いており、成文法典とはいいがたい。個々の条文についても、具体性を備えた主文＋副文という構造的関係が想定されるのであって、十七条という構成も、本来のものとは考えがたいところがある（この点については、石母田正「古代法」『石母田正著作集』第八巻〈岩波書店、平成元年三月〉所収、神崎勝「十七条憲法の構成とその歴史的意義」『立命館文学』五五〇〈平成九年九月〉ほか参照）。

ただ、さきにものべたように、憲法十七条には、第二条をはじめ、根底に仏教思想が反映されており、このあたりに仏教篤信の太子の関与がうかがえる。

対隋外交

新羅征伐や任那復興では捗々しい成果をあげられなかったが、対隋外交には注目すべきところがある。中国側の『隋書』倭国伝によれば、推古天皇八年（六〇〇）に隋に使者が派遣されたというが、これに対応する『日本書紀』の記録はない。『日本書紀』と『隋書』の記録が一致するのは、推古天皇十五年（六〇七）の遣使である。小野妹子《おののいもこ》によってもたらされた「日出処天子致書日没処天子。無恙」云々ではじまる国書は、あまりにも有名である。従来の服属的外交から自主対等の外交を展開させようとしたことのあらわれとして、古来喧伝されるところである。当時、隋は高句麗討伐を計画しており、その牽制のためにも日本を利用したいという思惑があったのであろう。煬帝は、無礼な国書に対して露骨に怒りを露にすることをせず、翌年には、小野妹子に附して裴世清《はいせいせい》を日本に送っている（小野妹子の国書紛失事件も、煬帝の国書に不都合な点があり、百済に略奪されたと称して、推古天皇にみせなかったのかも知れない）。

小野妹子は、推古天皇十六年（六〇八）に裴世清を送ってふたたび隋にわたっている。二度目の国書は、『日本書紀』にみえているが、ここにも「東天皇敬白二西天皇一。」云々とあって、対等外交の精神が堅持されている。

その後、推古天皇二十二年（六一四）にも犬上君《いぬがみのきみ》御田鍬《みたすき》と矢田部造《やたべのみやつこ》を遣隋使として派遣されているが、推古天皇十六年（六〇六）の派遣に際しても、八人の留学生が同行しており、こうした外交の背景には、先進国隋の進んだ政治や文化を学ぼうとする意図がはたらいていたと思われる。このときの留学僧・留学生はのちに本国に召還され、律令国家の建設に貢献した。推古天皇三十一年（六二三）に帰朝した医恵日《くすしのえにち》は、在唐の留学生らを召還することや、唐と国交を開くことと（隋は推古天皇二十六年〈六一八〉に滅んだ）を朝廷に奏聞しているが、舒明天皇は、即位後まもなくの舒明天皇二年（六三〇）に、この恵日を第一回の遣唐使として派遣している。そして、舒明天皇十二年（六三二）には、中臣鎌子や中大兄皇子に大きな影響を与えたと思われる南淵請安《みなぶちのしょうあん》や、のちに大化改新の新政権が発足した際、国博士として活躍する高向玄理《たかむこのげんり》が帰朝している。かれらが、かの地で見聞してきた最新の唐の政治や文化は、当時蘇我氏のふるまいをこころよく思っていなかった朝廷内部の人間に、わが国にも政治的改革が必要であることを痛感させたのではないだろうか。してみると、推古天皇朝の対隋外交は、その後の政局に大きな影響を与えたと評価しうるのである。

太子の偉業は事実か

以上、『日本書紀』の記述に則して、推古天皇朝における聖徳太子の事業をのべてきた。これらを総括すれば、「天皇を中心とする国家体制を確立し、大陸の新文化を採り入れて日本の文化水準を高め、大陸の諸国に劣らない文化国家を打ち立てるという大理想を実現するために、適切なものであった」（坂本太郎「日本古代史」〈前掲〉四〇頁）という評価を下すことができよう。

ただ、はじめにもふれたように、こうした推古天皇朝の施策をことごとく聖徳太子に結びつけることができるかどうかは、疑問である。たとえば、冠位十二階にしても、前述のように、その制定を記した推古天皇十一年十二月の記事にしても、「始行二冠位一。」とだけあって、聖徳太子が積極的にこれに関与したとは書かれていない。太子伝に詳しい飯田瑞穂氏も、「あらためてみなおすと、『書紀』の記事では、政治・外交の面で太子の関与は意外に少なく、推古朝の新政の眼目をなす冠位十二階の制定や、対外関係の一連の記事、すなわち対新羅・百済の外交・征討、遣隋使・留学生の派遣、隋使の来朝などについて、太子との連関はまったく語られていない」ことを指摘しておられる（「伝記のなかの聖徳太子」『飯田瑞穂著作集』第一巻〈吉川弘文館、平成十一年十二月〉所収、一〇頁）。しかし、坂元義種《さかもとよしたね》「『隋書』倭国伝を徹底して検証する」（『歴史読本』平成八年十二月号）や塚口義信「聖徳太子の「天皇事」とは何か」（上田正昭・千田稔編『聖徳太子の歴史を読む』〈文英堂、平成二十年二月〉所収、八九～九四頁）が指摘するように、『隋書』倭国伝が、推古天皇朝の倭王を「多利思比孤」、すなわち男王と認識していることから、中国との国交においては推古天皇ではなく、聖徳太子が倭王と称しうる権限を有していたからだと考えられる。そこから判断すると、太子が推古天皇朝に「万機を総摂し、天皇の事を行」っていたという記述も、けっして虚構の文章ではないような気がする。

聖徳太子虚構説に立つ大山誠一氏は、厩戸皇子を皇太子として記述している推古天皇紀の記事は、ある特定の意図のもとに捏造されたものだから信頼できないとされる（『〈聖徳太子〉の誕生』〈吉川弘文館、平成十一年四月〉）。たしかに、推古天皇朝に皇太子制はまだ確立していなかったが、太子がのちの皇太子に匹敵する地位にあったために、『日本書紀』編者はそれを「皇太子」と表現したとも考えられるのである（森田悌『推古朝と聖徳太子』〈岩田書院、平成十七年九月〉二二三～二二五頁）。

聖徳太子がはたして推古天皇朝において国政や外交、さらには仏教興隆といった、あらゆる分野にわたって八面六臂の活躍をしたかは、なかなか判断がむつかしい。しかし、だからといって、推古天皇朝における聖徳太子の地位を軽くみるべきではないと思う。推古天皇の崩御にあたって、田村皇子と皇位を激しく争った山背大兄皇子《やましろのおおえのみこ》は、云うまでもなく聖徳太子の子である。皇子がつぎの天皇にも目される人物であったことは、なによりも父聖徳太子が推古天皇朝において有力な存在だったからにほかならないと云えよう。この一事をとっても、聖徳太子の存在の大きさをしのぶことができるのである。

〔附論〕聖徳太子墓と磯長叡福寺

『日本書紀』推古天皇二十九年（六二一）二月五日条には、この日、聖徳太子が斑鳩宮《いかるがのみや》において薨じたことが記され、それにつぐ是月条には、太子が磯長陵《しながのみささぎ》に葬られたことや、訃報に接した高麗の僧恵慈《えじ》が大いに悲しんだ話が紹介されている。

ただし、この崩年月日については、記録によって若干の相違がある。すなわち、「法隆寺金堂釈迦三尊像光背銘《こうはいめい》」によれば、推古天皇二十九年（光背銘では「法興元三十一年」）十二月に太子の母間人皇后《はしひとのきさき》が亡くなり、翌年太子も病に倒れ、ついで妃膳《かしわでの》夫人《ぶにん》も罹病したという。そして、同年二月二十一日にまず妃が逝《ゆ》き、翌日には太子も登遐《とうか》したと伝えている。また、「天寿国繡帳《てんじゅこくしゅうちょう》」は、推古天皇二十九年十二月二十一日に「孔部《あなほべの》間人母王」が崩じ、明年二月二十二日に太子も崩じたと書いているので、この年月日は「光背銘」の記載と一致している。

崩年月日については、法隆寺側の記録に分があるように思うが、どちらが正しいにしても、このころ、太子が薨じ、磯長陵に葬られたことは事実であろう。

この磯長陵については、延喜諸陵式《えんぎしょりょうしき》に、

磯長墓〈橘豊日天皇之皇太子。名云二聖徳一。在二河内国石川郡一。兆域東西三町。南北二町。守戸三烟。〉

とみえているが、この「磯長墓」にあたるとされる古墳が、いまも存在する。大阪府南河内郡太子町にある叡福《えいふく》寺《じ》境内の叡福寺北古墳（上城古墳）がそれである。直径五四メートルの八角墳で、埋葬施設は、いわゆる「岩屋山式石室」と推定されている。叡福寺北古墳は叡福寺の境内にあるのだが、むしろ、聖徳太子墓と伝えられてきたこの古墳をお守りするために、のちに叡福寺が建立されたと表現するほうが正鵠を射ている。

叡福寺は、「上之太子《かみのたいし》」とも呼ばれるが、羽曳野市野々上にある「中之太子《なかのたいし》」野中寺《やちゅうじ》、八尾市太子堂にある「下《しも》之太子《のたいし》」大聖勝軍寺《たいせいしょうぐんじ》とともに、三太子の一つに数えられる。寺伝によれば、太子の薨後、伯母にあたる推古天皇が土地建物を寄進し、墓守りの住む堂を建てたのがはじまりだという。そして、神亀元年（七二四）には、聖武天皇の発願で東院・西院の二つの伽藍を整備し、西院を叡福寺と称したというが、これらがはたして事実かどうかは疑わしい。叡福寺は、天正二年（一五七四）の織田信長の焼き打ちに遭って多くの伽藍を失っているが（聖徳太子を祀る聖霊殿も、後陽成天皇の勅願によって、慶長年間に豊臣秀頼が再建したものである）、野中寺などとちがって、飛鳥時代に溯る伽藍の遺構はいまだ確認されていない。

いずれにしても、聖徳太子墓（磯長陵）と考えられていた叡福寺北古墳に隣接して寺院が造営・整備されるようになったのは、それほど古いことではあるまい。だとすると、この古墳がほんとうに聖徳太子墓かどうかは、いちおう疑っておく必要がある。なぜなら、いろいろな記録から判断して、十一世紀ごろには、延喜諸陵式にいう「磯長墓」も、確実な所在が不明になっていた節があるからである。

たとえば、太子の伝記の一つ、『聖徳太子伝私記』（「古今目録抄」とも）には、天喜《てんぎ》二年（一〇五四、「一条院御時正暦五年〈九九四〉歟」とする傍注もある。こちらのほうが正しいか）に忠禅という「誑惑の聖」が太子廟に闖入《ちんにゅう》した事件のことが記されているが、その後、事件の調査のために廟内に入った法隆寺三綱の康仁《こうにん》が確認したところ、廟内には棺が二つあり、その一つに髑髏《どくろ》があったという。

こんにち、聖徳太子墓として知られている叡福寺北古墳の内部については、明治十二年（一八八〇）に立ち入り調査がおこなわれ、その際の記録が残っている。それによると、石室内には三つの埋葬施設があったという。これらは、聖徳太子本人と母の穴穂部間人皇后《あなほべのはしひとのきさき》と妃の膳部菩岐々美郎女《かしわでのほききみのいらつめ》（一般に、北側の棺が間人皇后、手前東側の棺が太子、西側の棺が菩岐々美郎女のものと考えられている）を葬るものだと云われているが（いわゆる「三骨一廟」）、こうした石室内の状況は、康仁の検分とはあきらかに喰い違うのであって、叡福寺北古墳と忠禅《ちゅうぜん》が闖入したという太子廟が同じものかは、どうもはっきりしない。

十世紀に書かれた『聖徳太子伝暦《しょうとくたいしでんりゃく》』によれば、太子は生前に自身の墓の造営を指揮して「墓ノ内ニ二床ヲ設ケヨ」と命じたという。そして、一年後に太子と妃が同日に亡くなったとする記事にも、「双ノ棺ヲ造テ大ナル輿ニ置テ、科長ノ墓ニ葬リタテマツル」とだけあって、穴穂部間人皇后を合葬したことはどこにも出てこない。それどころか、穴穂部間人皇后の墓については、延喜諸陵式に、

龍田清水墓〈間人女王。在二大和国平群郡一。兆域東西三町。南北三町。墓戸一烟。〉

とあって、大和国平群郡に存在したと記されているから、こうした記録は、叡福寺北古墳に三つの埋葬施設があることとあきらかに矛盾する。そもそも、「三骨一廟《さんこついちびょう》」とは、太子とその母や妃が相次いで亡くなったことを、叡福寺北古墳の埋葬施設の形態と結びつける後世の発想だから、三人分の埋葬施設があるからと云って、それが聖徳

太子墓であることの証拠とはならない。律令制の弛緩とともに、陵墓の管理が杜撰になると、磯長墓も一時その所在が不明になるようなことがあったのではあるまいか。それが、その後の探索によって、叡福寺北古墳に落ち着いたのかも知れない。

今尾文昭氏によれば、叡福寺北古墳は、石室や墳丘の形式、さらには棺が夾紵棺（漆を塗った布を重ね貼りして作った棺）で石製棺台に格狭間が彫られていたことなどから、七世紀第2四半期後半から第3四半期のものではないかという。こうした推測が的を射ているならば、古墳の造営時期は、『日本書紀』などが伝える太子の薨年よりやや遅れることになり（今尾氏は、この古墳を孝徳天皇陵にあてる新説を提示しておられるが、これについてはべつの機会に検討したい）、叡福寺北古墳を聖徳太子墓とする説には不利である。

ただ、助けて云えば、石室には三つの埋葬施設が存在するのだから、段階的な改修の可能性を視野に入れておく必要がある。それゆえ、古墳の築造年代が太子の歿年と一致しなければならないと云うものでもない。

叡福寺北古墳の被葬者を特定するのはむつかしいが、筆者が注目するのは、叡福寺北古墳の墳丘が三段築成だという点である。中司照世氏によれば、墳丘が三段築成の古墳は、全国的な傾向から帰納して、大王（天皇）関係者の墓と限定しうるという。聖徳太子の奥津城が「磯長陵（磯長墓）」と称される以上、太子墓がこの地域にあることは疑いない。ならば、叡福寺北古墳は、依然として聖徳太子墓の有力候補なのである。

とは云うものの、正確な石室の実測図もない現状では、叡福寺北古墳＝聖徳太子墓と断定するには、クリアしなければならない問題はまだいくつも残されている。今後の検討を俟ちたい。

【主要参考文献】

今尾文昭「聖徳太子墓への疑問」（『東アジアの古代文化』八八、平成八年七月）

書陵部陵墓課「聖徳太子　磯長墓の墳丘・結界石および御霊屋内調査報告」（『書陵部紀要』六〇、平成二十一年三月）
近つ飛鳥博物館編『ふたつの飛鳥の終末期古墳』（平成二十二年一月）
中司照世「尾張の前期盟主墳と尾張氏伝承―前期盟主墳の新たな調査成果に関連して―」（『塚口義信博士古稀記念日本古代学論叢』〈和泉書院、平成二十七年十一月〉所収）

十六、蘇我入鹿と中大兄皇子

入鹿の出生

蘇我入鹿《そがのいるか》は、蝦夷《えみし》の子である。「宗我太郎《そがのたいろう》」（『大織冠伝』）・「君大郎《きみたいろう》」（皇極天皇紀四年六月十二日条）という呼称は、彼が長男だったことに因むものである。

彼の出生や生い立ちについては不明な点が多いが、まったく手がかりがないわけではない。たとえば、皇極天皇紀二年（六四三）十月六日条には、蝦夷が罹病して出仕できなくなったので、わたくしに入鹿に紫冠《むらさきのかんむり》を授けて大臣に擬した話がみえている。そこには「復《また》其の弟を呼びて物部大臣《もののべのおほおみ》と曰《い》ふ。大臣の祖母は、物部弓削大連《もののべのゆげのおおむらじ》の妹なり。故《かれ》、母の財《たから》に因りて威《いきほい》を世に取れり」と記されている。「其の弟」は「其の第」の誤りだと云われるが、だとすると、入鹿に弟がいて彼が「物部大臣」と呼ばれたのではなく、入鹿の邸宅を「物部大臣（の第）」と称したことになる。したがって、「大臣の祖母は」以下の部分も、入鹿の祖母（馬子の妻）は物部守屋《もののべのもりや》の妹で、彼は、母方の財力によって威勢を示したと解釈することができる。こうした理解が正しければ、入鹿は、物部氏の血を引いていたことになる。

また、入鹿は、「林臣《はやしのおみ》」（皇極天皇紀二年十一月一日条）・「林太郎《はやしのたろう》」（『上宮聖徳法王帝説』）とも呼ばれたから、建内宿禰《たけしのうちのすくね》を始祖とする林臣氏ともかかわりがあったと考えられる。入鹿の母が林氏の出身だったのではあるまいか。林氏の本拠地は河内国志紀《しき》郡で、物部氏の本拠の渋川《しぶかわ》郡とも近く、両者のあいだにはなんらかの結びつきがあったと思われる。蝦夷が林氏出身の女性を娶ることになったのも、彼が母親を介して物部氏に属していたこととかかわりがあるのかも知れない（遠山美都男『蘇我氏四代』〈ミネルヴァ書房、平成十六年一月〉二三〇頁）。

なお、ほかにも入鹿には「鞍作《くらつくり》」（皇極天皇元年正月十五条ほか）という名があったが、これは、入鹿が鞍作氏のもとで養育されたことに因むものではないだろうか。この鞍作氏は、同氏のなかでも、物部氏の勢力圏である河内国渋川郡に居住した一族を指すと考えられるので（遠山氏前掲書、二三〇〜二三二頁）、やはり、入鹿と物部氏のあいだには強固なつながりがあったとみてよい。

「入鹿」は蔑称か？

ところで、この「入鹿」という名前。大化改新虚構論で知られる門脇禎二《かどわきていじ》氏は、これを易名による蔑称だとする。氏によれば、こうした易名は、越権行為があったとされる天皇や殺害した山背大兄王に対する、蘇我大郎鞍作の「穢《けが》れ禊《はら》い」だという（『蘇我蝦夷・入鹿』〈吉川弘文館、昭和五十二年十二月〉二四頁）。門脇氏は、これらの表記を認めれば、古代貴族や『日本書紀』編者の史観や差別的な考えかたを無意識に受け入れてしまうと主張。自身の著書では一貫して鞍作と書き、入鹿を用いるときは括弧つきにするという徹底ぶりである。

ただ、はたして「入鹿」は蔑称なのであろうか。筆者は、かならずしもそうは思わない。坂本太郎《さかもとたろう》氏や加藤謙吉《かとうけんきち》氏も指摘しているように、古代人の名には蘇我入鹿以外にも「入鹿」と称する人は多い。また、塚口義信《つかぐちよしのぶ》氏が指摘するように、イルカは、古代にあっては神事にかかわる神聖な魚と認識されており、蘇我入鹿の名もまた、同様の意識にもとづくネーミングと考えられる（「蘇我蝦夷・入鹿の名の由来」『東アジアの古代文化』五〇、昭和六十二年一月）。だとすると、「入鹿」は蔑称とは云えない。第一、蔑称ならば、『日本書紀』は徹底して「入鹿」に統一したはずだが、実際はいろいろな呼称が混在している。これも、「入鹿」の表記に差別性のない証しである。

若き日の入鹿

「入鹿はまだ三十歳を過ぎたばかりで、肌は茶褐色に近く眼は異様に大きい。体毛はその身体のように強靭で、黒く太い眉は怒った時のように吊り上がっている」。

――これは、入鹿の生涯を描いた黒岩重吾《くろいわじゅうご》氏の小説『落日の王子　蘇我入鹿』の一節だが、実際、入鹿がこのような風貌であったかは知る由もない。右の文は、あくまで黒岩氏の創作である。

ただ、皇極天皇紀元年（六四二）正月十五日条の、「大臣の児入鹿〈更《また》の名は鞍作〉、自ら国政《くにのまつりごと》を執りて威《いきほい》父に勝れり。是に由りて盗賊恐懾《お》ぢて路に遺《お》ちたるを拾はず」という描写は、強面《こわもて》の人物を聯想させる。『大織冠伝《たいしょくかんでん》』（同書については、後述参照）の「寵幸《ちょうこう》の近臣宗我鞍作、自己《おのれ》に威福せしめ、権勢朝《くゑんせいみかど》を傾けむとす。咄咤《しった》し指麾《しくゐ》するに、靡《なび》かぬ者なし」という記述も、これに通じるところがある。黒岩氏の描写も、あるいはこのあたりから着想を得たのかも知れない。ただし、『日本書紀』では蘇我蝦夷・入鹿は「悪役」なので、こうした記述もいささか割引いて考える必要があろう。

青年時代の入鹿のことを伝える史料はほとんどないが、やはり、『大織冠伝』に興味深い記述がある。大化改新の立役者、中大兄皇子《なかのおおえのみこ》と中臣鎌足《なかとみのかまたり》の二人が、入唐経験のある南淵請安《みなぶちのしょうあん》のもとでともに学んだことはよく知られているが、『大織冠伝』によれば、鎌足は僧旻《そうみん》のもとにも通っていたという。旻も、二十四年におよぶ留学経験があり、改新の新政府では高向玄理《たかむこのげんり》とともに国博士《くにのはかせ》としてブレーン的な存在であった。

この旻のもとには、多くの青年貴族が集まり、彼から周礼《しゅらい》の教えを受けたが、聴講生のなかには入鹿もいたというのだ。しかも、旻は鎌足に向かって「自分の堂に出入りするもののなかで、入鹿に匹敵する人物はいない」と語ったというから、彼は入鹿の才能を高く評価していたのである。『大織冠伝』のこの記載については、作者の創作だとする説もあるが（遠山氏前掲書、二三六〜二三八頁）、鎌足の伝記なのに、敵対する入鹿についてこうした挿話がみえる点は捨てがたい。

ちなみに、奈良県橿原市小綱《しょうこ》には、入鹿神社が鎮座していて、この附近に入鹿が青年時代を過ごした邸宅が存したと伝えられている。真偽のほどは定かではないが、入鹿を祀る神社の存在は興味をひく。

『日本書紀』にみる入鹿

さて、よく知られていることだが、『日本書紀』によれば、皇極天皇朝における蘇我蝦夷・入鹿親子の専横には、眼に餘るものがあったという。たとえば、皇極天皇元年紀（六四二）是歳条には、蘇我蝦夷がみずからの祖廟《そびょう》を葛城の高宮に立てて、八佾《やつら》の舞をおこなったという話がみえている。八佾とは八列のことで、八協舞は六十四人の方形の舞で、天子のみがおこなうことができた。それを蝦夷がおこなうというのだから、彼の傲慢のほどが知れよう。

また、おなじ元年是歳条は、民衆や豪族の私有民を使役して、蝦夷自身と入鹿の墓を築かせ、それぞれを大陵《おおみささぎ》・小陵《おみささぎ》としたことや、上宮の乳部《みぶ》の民を墓地で酷使したため、上宮大娘姫王《うえのみやのいらつめのひめみこ》（聖徳太子の娘、春米女王か）の怒りを買ったことを記すが、いずれも、彼らの傍若無人ぶりを示す史料である。さらに、皇極天皇紀二年（六四三）十月条には、蝦夷がひそかに紫冠を入鹿に授け、大臣の位に擬した話もみえるが（前述）、きわめつけは、入鹿が斑鳩宮を襲って、山背大兄王ら上宮王家一族を滅ぼしたことであろう。

山背大兄王は、推古《すいこ》天皇崩御ののち、田村皇子（のちの舒明天皇）とともに、つぎの天皇の候補の一人であったが、入鹿は、上宮の王たちを排除し、古人大兄皇子《ふるひとのおおえのみこ》を擁立しようと考えたのだ。山背大兄王の母は刀自古郎女《とじこのいらつめ》。彼女は馬子の娘の一人だから、王自身は、けっして非蘇我氏系ではない。しかし、入鹿は古人大兄支持に回ったのである。

皇極天皇二年（六四三）十一月、巨勢徳太《こせのとこだ》・土師娑婆《はじのさば》を遣わし（一説には、巨勢徳太と倭馬飼が将軍となったという）、斑鳩宮に王を襲わせた。隙をみて胆駒山《いこまやま》に逃げ出した王たちだが、山中では四五日のあいだ飲食もままならない。ついに、三輪文屋《みわのふみや》は、深草の屯倉《みやけ》に移動し、そこから馬に乗って東国に向かい、乳部で態勢を立て直し、必勝を期すことを王に進言。しかし、人民を犠牲にすることを潔しとしない王は、文屋の申し出を退ける。そして、胆駒山から斑鳩寺《いかるがてら》に入り、ここで一族・妃妾とともに自害する。

『日本書紀』は、これを聞いた蝦夷が、「ああ、入鹿はじつに愚かで、横暴な悪事ばかりおこなったものだ。おまえの生命もまた危ないのではないか」と怒り罵ったと書く。さすがの蝦夷も、息子の暴走に戦慄したのだ。ただ、『大織冠伝』は、入鹿が諸王子と謀って山背大兄王を殺害したと記す。あるいは、入鹿の「単独犯行」ではなかったのかも知れない。いずれにしても、この事件を機に、入鹿は一気に破滅へと向かうのである。

乙巳の変へ

大化元年（六四五）にはじまる一連の政治改革は、一般に「大化改新」と呼ばれる。「乙巳《いっし》の変」は、この政治改革の発端となった事件で、それが勃発した年の干支をとってこう呼ぶ。大化改新は、この乙巳の変をふくむ一連の変革を指す用語であって、乙巳の変＝大化改新ではない。

乙巳の変の経緯は、『日本書紀』に詳しく記されるが、変の立役者中臣鎌足の伝記である『大織冠伝』にも、詳細な記述がある。同書の著者は、藤原武智麻呂《ふじわらのむちまろ》の次男の仲麻呂《なかまろ》。巻頭に「太師」の署名があるので、仲麻呂が太政《だ》大臣《じょうだいじん》になった天平宝字四年（七六〇）から同六年（七六二）までのあいだに書かれたと推測されている。

『大織冠伝』は、先行する『日本書紀』をそのまま利用した箇所も多いが、独自の文章も少なくない。仲麻呂は、『日本書紀』以外にも曾祖父鎌足に関する資料を所有していたのであろう。そこで、以下は、『大織冠伝』も交えながら、『日本書紀』によって、乙巳の変の流れを辿っていきたい。

まず、皇極天皇紀三年（六四四）正月条は、鎌足と軽皇子《かるのみこ》（のちの孝徳天皇）の関係について記す。

脚を患い出仕できずにいた軽皇子を、皇子と親交のあった鎌足が見舞う。皇子は、鎌足の心映えがすぐれており、立居振舞の犯しがたいことをよく知っていたので、彼を丁重にもてなした。この待遇に感動した鎌足は、自分が皇子のところへ派遣していた舎人に「皇子が天下の王となられるのに、誰が逆らえようか」と洩し、これを耳にした皇子はいたく悦んだという。

このエピソードは、『大織冠伝』にも出てくるが、その最後には「然るに皇子の器量、与《とも》に大事を謀るに足らざりき」と書かれている。鎌足は、軽皇子では役不足だと思ったのである。そこで、こんどは中大兄皇子に接近するのだが、いったんは軽皇子に近づきながら、中大兄皇子に鞍替えした理由が、『大織冠伝』の一文でよく理解できる。『日本書紀』の編者がみた材料（原『大織冠伝』か）にもこの一文はあったはずだが、なぜか省略されている。孝徳天皇への配慮からであろうか。

鎌足は中大兄皇子に心を寄せ、接近の機会をうかがっていた。法興寺《ほうこうじ》の打毬の会で、中大兄皇子の沓《くつ》を拾ったことをきっかけに皇子に近づき、クーデターの計画を打ち明けるくだりは、あまりにも有名である。

入鹿、そして蝦夷の死

こうして手を組んだ鎌足と中大兄皇子。二人は、入鹿の従兄弟ながら、彼に批判的な蘇我倉山田麻呂《そがのくらやまだまろ》をはじめ、佐伯子麻呂《さえきのこまろ》や葛城稚犬養《かづらきのわかいぬかいの》網田《あみた》をつぎつぎと仲間に引き入れる。そして、皇極天皇四年（六四五）六月、ついに大極殿で入鹿の殺害を実行に移すのである。三韓が調を進上する日に、宮中で入鹿が斬られ、甘檮岡《あまかしのおか》（蘇我氏の邸宅のあったところ。近年、甘樫岡東南麓の谷筋から、七世紀中葉の焼土層が検出したされたが、これが蝦夷・入鹿の弟ではないかと云われている）に蝦夷を攻め滅ぼしたという、事件の経緯はよく知られている。

このあたりの『日本書紀』の描写はきわめてリアルで、真に迫っている。『大織冠伝』も、ほぼおなじ記述で、細部の字句まで酷似しているが、入鹿が自宅を出ようとしたとき、履がうまく履《は》けないので、不吉に思って参内を取りやめようとしたことや、蝦夷が自害したのを知って、人々が歓声をあげたという話は『大織冠伝』にしか出てこない。蝦夷の最期のことは、皇極天皇紀四年六月十三日条に、「蘇我臣蝦夷等《そがのおみえみしら》、誅《つみ》せらるるに臨みて、悉に天皇記・国記・珍宝を焼く。船史恵尺《ふねのふひとゑさか》、即ち疾《すむやけ》く焼るる国記を取りて中大兄に奉《たてまつ》る」とあるだけで、自害とは書かない。『日本書紀』によれば、おなじ日に、蝦夷と入鹿の屍を墓に葬ることや哭泣が許されたという。かつて上宮の乳部の民を駆使して築造した大陵・小陵に、かくも疾く、しかも二人同時に埋葬される日が訪れることを、生前、彼らは想像しえたであろうか。

こうしてみると、蘇我氏本宗家の終焉は、まことにあっけない。しかし、ここに、鎌足と中大兄皇子が目論んだ蘇我氏打倒は成就し、時代は、律令国家の建設へと加速していくのである。

〔附記〕

近年、奈良県高市郡明日香村で調査が進んでいる小山田古墳については、蘇我蝦夷の「大陵」とする説が有力視されている方墳である。その場合、附近にある菖蒲池古墳を入鹿の「小陵」に比定することが可能である。詳細は、塚口義信「小山田遺跡についての二、三の臆説」（『つどい』三二六、平成二十七年三月）ほかを参照されたい。

十七、壬申の乱と天武天皇

「開戦」前夜

西暦六七一年十二月、天智《てんち》天皇が近江大津宮《おうみおおつのみや》で崩じた。当時としてはもう老境の、四十六歳であった。青年期には中臣鎌足《なかとみのかまたり》と計らって大化改新を断行し、律令国家の建設に邁進した天皇であったが、斉明天皇《さいめいてんのう》朝の七年間（六五五～六六一）は、百済の救援などで苦労も多かった。六六一年、百済救援に向かった斉明天皇が筑紫の朝倉宮《あさくらのみや》に崩ずると、称制《しょうせい》（即位することなく天皇の位に立つこと）の立場で政治をとったが、唐・新羅の連合軍と白村江《はくすきのえ》に戦って大敗し（六六三）、その後は国防や内政の立て直しに追われた。

天皇が病臥したのは、崩御《ほうぎょ》の年の八月か九月のこと。病床にあって、その脳裏にはさまざまな思いが去来したことであろう。心残りもあったにちがいない。

最大の無念は、律令国家の完成を見届けられなかったことであろうが、いま一つの懸念《けねん》は、愛児大友皇子《おおとものみこ》の行く末であった。天智天皇亡きあとは、天皇の弟の大海人皇子《おおあまのみこ》があとを襲うことは衆目の一致するところであった。天皇自身も、そう考えていたはずである。現に十月十七日、天皇は大海人皇子を病室に招き入れ、後事を託している。

しかし、いっぽうで、成長いちじるしい愛息に皇位を譲りたい気持ちが、天皇の心に宿っていた。この年の正月五日、新閣僚の人事を発表した際、大友皇子を太政大臣《だじょうだいじん》に任じたことは、その期待のあらわれでもあった。このときの太政大臣の職掌はあきらかではないが、云われるように、それ以前の皇太子に相当するポストだとしたら、大海人皇子に後事を託したという話も、どこまで天皇の本心だったかは疑わしい。

皇子自身も、それを承知していたから、ぎゃくに「天下を挙げて皇后《きさき》〔倭姫王〕に附《よ》せたまへ。大友皇子を立て

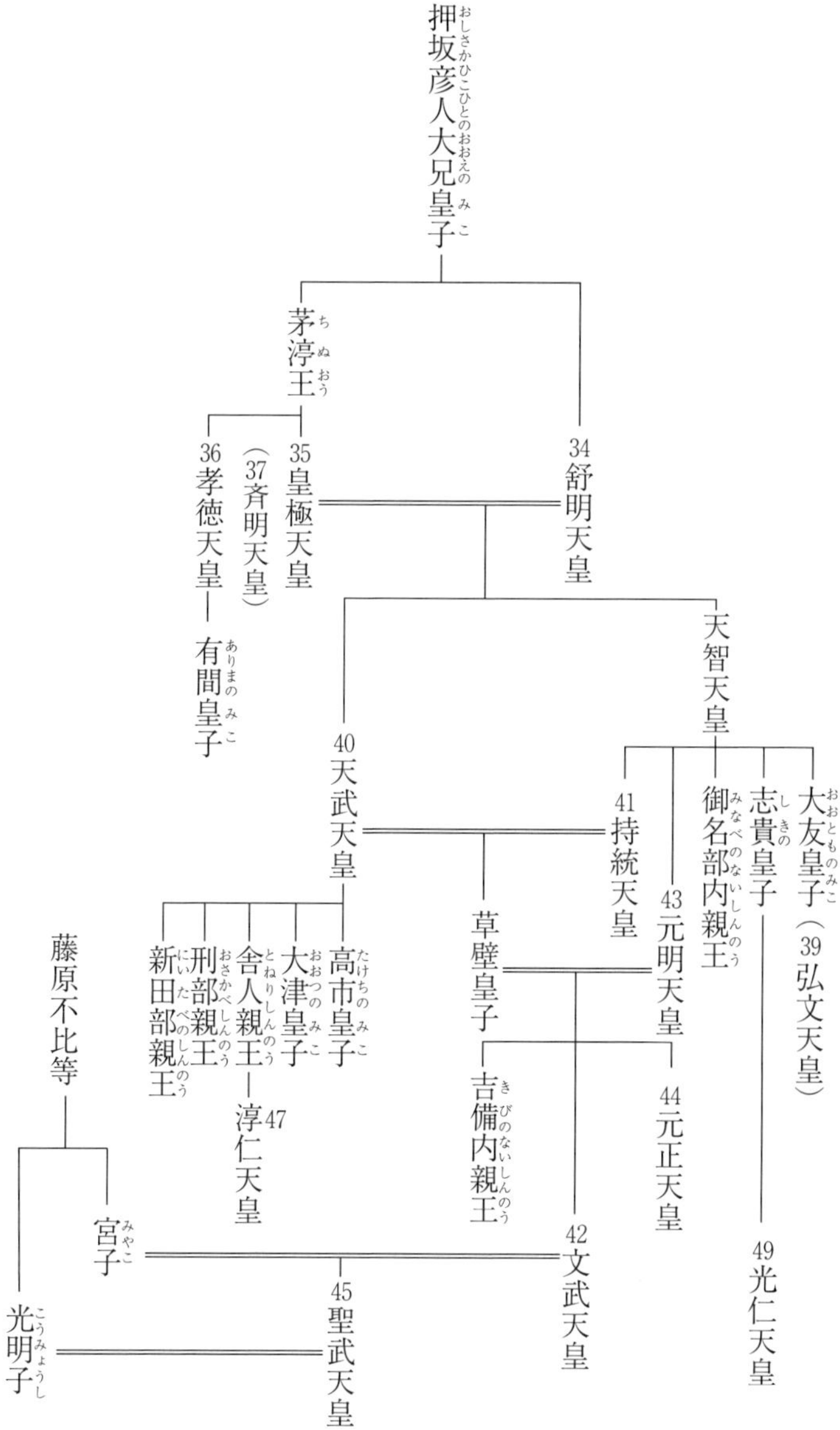

図７　天智・天武天皇関係系図

て、儲君《まうけのきみ》〔皇太子〕としたまへ」と進言して、慌ただしく出家して吉野に遁世してしまう。『日本書紀《にほんしょき》』によれば、これをみた人が「虎に翼を着けて放《はな》てり」と評したというが、このままでは終わるまいというのが、大方《おおかた》の予想であった。

大海人皇子の挙兵

こうして、吉野に隠棲した大海人皇子。彼は、はたして、開戦を想定し、戦闘の準備を進めていたのであろうか。もし、のちに起きる壬申の乱が、皇子の計画的戦闘であったとすれば、その勝利にも納得がいく。なにより、皇子には、かねてより皇位をうかがう「野心」があったとことになる。

たしかに、近江朝廷の動向は、気になるところである。近い将来起こるかもしれない戦いに備え、皇子が警戒や準備を怠らなかったとしても不思議ではない。とくに、「近江朝廷が天智天皇陵の築造と称して農民を動員している」という、不穏な情報は、皇子の不安を増幅させたことであろう。

しかしながら、そうした警戒心はともかく、こと戦闘については、緻密な計画のもとに実行に移されたものとは考えがたいふしがある。なぜなら、『日本書紀』天武天皇元年（六七二）六月二十四日条に「是日、途発《みちた》ちて東国《あづまのくに》に入りたまふ。事急《にはか》にして駕《おほみま》を待たずして行《いでま》す」という記述がみえるからである。これによって、東国への出立が、車駕も整わないほど俄《にわ》かなものだったことが知られる。

もっとも、大海人皇子は、これより二日前、すなわち六月二十二日にすでに戦闘を決意している。舎人《とねり》三人を美濃国に安八磨《あはちま》郡の湯沐《とうもく》に派遣し、美濃国の兵力と不破道《ふわのみち》の確保を命じたのである。湯沐とは、中宮や東宮に支給された食封《じきふ》の一種で、湯沐令《とうもくれい》はその地を支配し、税の徴収を行う役人をいう。安八磨郡の湯沐こそは、大海人皇子の軍事的・経済的基盤であり、ここを拠点とすることが、皇子の目論みであった。

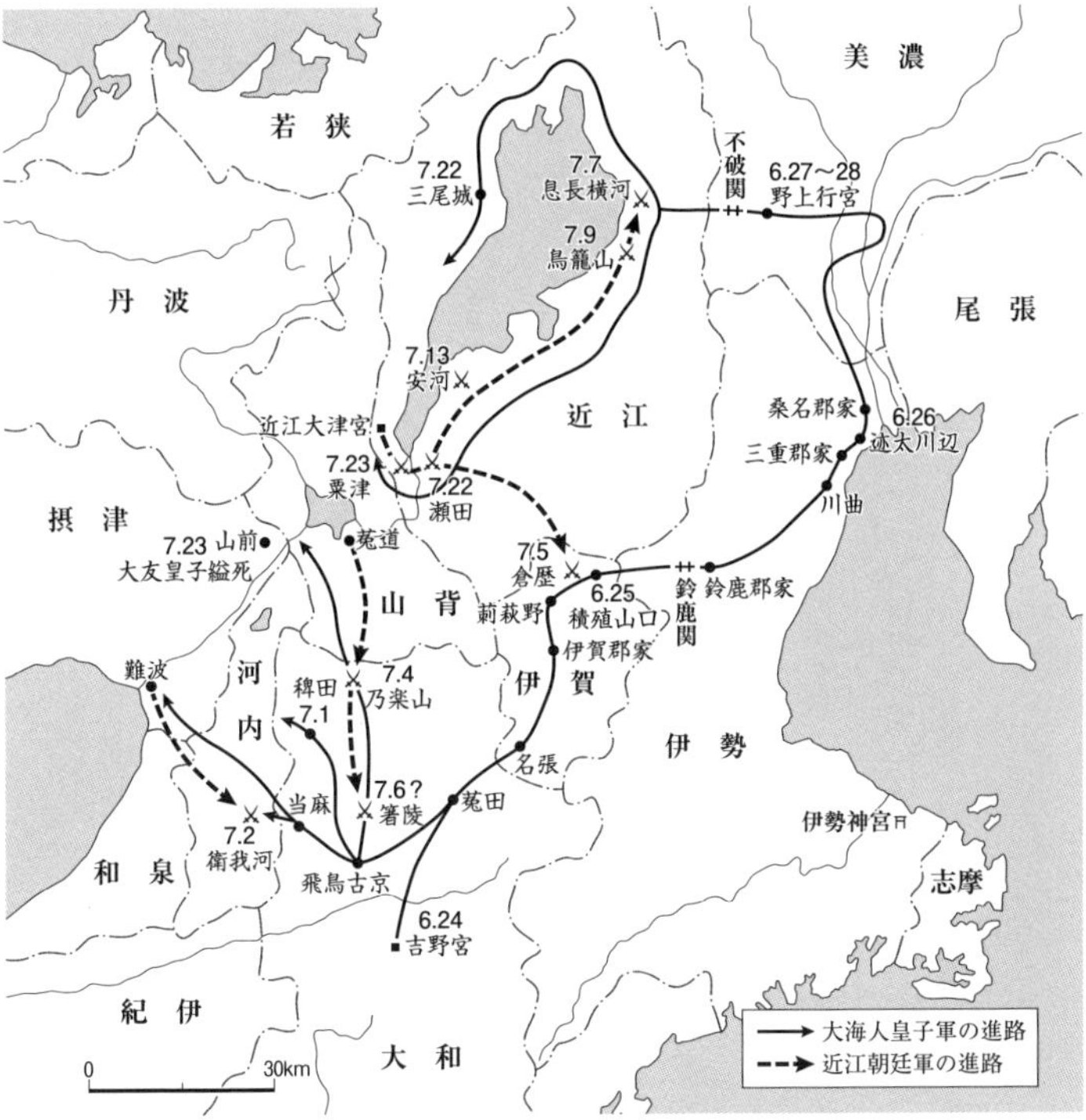

図８　壬申の乱関係地図

ところが、二十四日の東国出発の段になって、臣下の一人が「何ぞ一人の兵《いくさ》無くして、徒手《たむなで》にて東に入りたまはむ。臣《やつがれ》恐るらくは、事の就《な》らざらむことを」と進言。皇子は急に不安に駆られ、慌てて先発した舎人を召喚する。結局、倭京《やまとのみやこ》の留守司《るすのつかさ》に駅鈴《えきれい》を乞うも拒否され、召喚は実現しなかった。しかし、従臣の言葉に動揺して飜意するくらいだから、皇子が固い決意と周到な準備のもとに行動したとは、とうてい考えがたい。それよりも、いま立たたねば、ぎゃくに攻め滅ぼされると思って覚悟を決めたというのが真相だろう。

大海人皇子軍の勝因

では、その後の戦いはどのように進んだのであろう。天武天皇紀によって、乱の経過を追うことにしよう。

ご承知のかたも多いと思うが、天武天皇紀は、これを上下にわかって二巻としている。しかも、その上巻は、まるごと壬申の乱の描写にあてられており、リアルかつ詳細な戦記に仕立てられている。こうした天武天皇紀上のありかたは、『日本書紀』の編者が乱に大きな意義を認めていたことのあらわれであろう。以下は、その記述によりつつ、乱の経過を記す。

朴井雄君《えのいのおきみ》が大海人皇子に近江朝廷側の不穏な動きを報告したのが、天武天皇元年五月のこと（前述）。これをうけて皇子が決戦を決意し、村国男依《むらくにのおより》を美濃に派遣し、挙兵を命じたのが、翌六月の二十二日。さきにも書いたが、二十四日に至り、いったんは躊躇した皇子だったが、結局、この日、皇子は、皇后（のちの持統天皇）や草壁皇子《くさかべのみこ》・忍壁皇子《おさかべのみこ》と朴井雄君ら以下わずか二十余人の従者と女孺《にょじゅ》十余人をしたがえ、吉野を発って東国に向う。吉野から北上して宇陀《うだ》郡を通過した一行は、夜道に苦労しながら、夜半に伊賀国の隠《なばり》郡に入る。ここで人夫を募ったが、誰ひとりしたがおうとしない。そこで、そのまま伊賀郡に急行し、ここでようやく郡司ら数百人を集めることに成功。

明朝、莿萩野《たらの》というところで休息し、柘植《つげ》の山口《やまぐち》（三重県伊賀市柘植）で近江を脱出してきた高市皇子《たけちのみこ》らと合流。さらに、伊勢の鈴鹿まで来ると、同国の国司や湯沐令らも加わった。二十六日の朝には、朝明《あさけ》郡（三重県四日市市）にて伊勢神宮を遥拝したが、このとき大津皇子《おおつのみこ》も合流して大海人皇子をよろこばせた。さらに、美濃から戻った村国雄依は、三千人の兵士が発って不破道を塞いだことを報告。この報せに大海人皇子らは活気づいた。勢いに乗る皇子は、高市皇子を不破に遣わして軍事を監督させるとともに、東海道・東山道諸国にも使いを派遣して軍を起させた。

ここに至って、近江朝廷は、ようやく大海人皇子の東国入りを知る。驚いた彼らは、あわてて東国・大和・筑紫・吉備に使いを出し、各地の国司らを味方に引き入れようとしたが、いずれも失敗に終わる。

いっぽう、大海人皇子一行は順調に不破に到着し、ここでも尾張国司のひきいる二万の兵士を味方にする。この間《かん》、大和でも大伴吹負《おおとものふけい》らが戦いを繰りひろげるが、主戦力の大海人皇子軍は、七月に入ると一気に攻勢に出て、伊勢と近江の両面から大津宮を攻撃。男依のひきいる主力軍は七日の息長横河《おきながのよこかわ》（滋賀県米原町醒井）での戦いをはじめとし、破竹の勢いで勝ち進む。そして、二十二日には瀬田川の合戦に勝利し、ついに大津京は陥落。敗走を餘儀なくされた大友皇子は、翌日、山前《やまさき》で自害。ここに近江朝廷側の敗戦は、決定的なものとなった。

こうした両陣営の戦いぶりをみればあきらかなように、近江朝廷側は、終始後手にまわった感がある。それにひきかえ、大海人皇子は決起の段階でわずかに躊躇したものの、いったん陣頭に立つや、いちはやく東国諸国を押さえ、多数の軍勢を味方にした。これが勝敗の分かれ目となった。

乱の終熄

大友皇子が縊死《いし》すると、大海人皇子は、ただちに乱の終熄につとめる。まず着手したのが、戦犯の処罰と自軍の論功行賞《ろんこうこうしょう》であった。

以下、戦犯の処罰からみていこう。

この壬申の乱が、文字どおり天下を二分する未曾有《みぞう》の内乱であったにもかかわらず、敗者の処分は、意外に軽い。戦闘中に斬殺されたものや捕虜・投降者のたぐいを除けば、乱後に処分されたものは、わずかに右大臣中臣連金《なかとみのむらじかね》（斬殺、その子は配流）・左大臣蘇我臣赤兄《そがのおみあかえ》（同人ならびに子孫は配流）・大納言巨勢臣比等《こせのおみひと》とその子孫（配流）・大納言《だいなごん》蘇我臣《そがのおみ》果安《はたやす》の子孫（本人は自殺）ぐらいである。乱後赦免されたものもいるが、結局、極刑に処せられたのは閣僚とその一族に止まり、全体に処罰は軽かった。戦後も天武天皇のもとで登用された人物のなかに、戦犯の一族がみえることは（たとえば、中臣金の甥にあたる大嶋は、その後、中納言に昇進）、処罰が広範囲に及ばなかったことを示唆している。左大臣の蘇我臣赤兄の処分が右大臣の中臣連金よりも軽いところをみると、近江朝廷側の首謀者は金だったのだろうか。

いっぽうの論功行賞は、どうだったか。

乱のあと、ただちに多くの人々が褒賞をうけたが、それ以外にも『日本書紀』や『続日本紀』には、「壬申年《みずのえさるのとし》之功《のいたわり》（労）」「壬申年之役功《えだちのいたはり》」という言葉がしばしば登場する。これは、生前、その人物が、壬申の乱において戦功をあげたことを特筆したものである。大海人皇子の陣営だけでも、十万人近い兵士が参戦したと考えられるから、武功のあった人も少なくない。げんに、『日本書紀』天武天皇元年紀には登場しないが、死亡記事によって、はじめて戦功のあったことが知れる人物も多くみえている。こうした「壬申年功臣」は、史書にあらわれるだけでも百人を数えるが、彼らは、位（贈位）や子孫のために功田《こうでん》（功労のあったものに与えられた不輸租田）を授けられた。

では、かかる功労者は、天武天皇朝でどのように遇されたのであろうか。

近江朝廷側の重臣は処罰されたので、大海人皇子に加担した人たちが、乱後に顕職を独占したのは当然である。しかしながら、功臣であれば、だれもが優遇されたわけではなかった。羽振りがよかったのは、皇親《こうしん》以外では、大化前代以来の大豪族の、しかも主流にあった人々だけである。畿外の豪族に至っては、せいぜい、歿後に位（それも畿外出身者にのみあたえられる外位）や功田を与えられるぐらいであった。

乱のもたらしたもの

こうして、壬申の乱は決着した。多くの人を巻き込んだ内乱は、たんに勝者の大海人皇子が皇位を踐《ふ》んだというだけでなく、その後の国家の方向性を決定した。それほど、乱の歴史的意義は大きいのであって、こんにちの学界では、乱後の天武・持統《じとう》天皇朝を律令国家形成の大きな劃期とみなす考えが滲透《しんとう》している。

冒頭でもふれたように、天智天皇の後半生は、まさに苦労の連続であった。とくに、白村江の敗戦によって、諸氏族の不満が一挙に噴出。かれらを宥めるためにも、多くの譲歩を餘儀《よぎ》なくされていた。

しかし、天皇も、新政の実現に意欲を失ったわけではなかった。称制時代から崩御までの十年間には、いろいろな政策を打ち出している。

その代表が、近江令《おうみりょう》の編纂である。この令は、完成や施行のことが『日本書紀』にみえないこともあって、その存在を疑う研究者も少なくない。たしかに、まとまった法典として施行されたかどうかは疑わしい点もある。しかし、いっぽうでは『弘仁格式《こうにんきゃくしき》』序や『家伝《かでん》』がその存在を認めているし、『日本書紀』も、冠位制《かんいせい》の実施や戸籍（庚午《こうご》年籍《ねんじゃく》）の作成など、背後に令の存在をうかがわせる法令を記録している。天智天皇十年正月の太政大臣・左右大臣・御史大夫《ぎょしだいふ》の任命も、近江令の官制の始動を示すものと考えられる。ただ、惜しむらくは、天皇の崩御によって、こうした施策もひろくは行き渡らなかったのである。

これにくらべると、天武天皇はずいぶん恵まれていた。壬申の乱で反対派勢力を一掃した天皇は、思う存分手腕をふるうことができた。天武天皇紀下や持統天皇紀をみればあきらかなように、のちに確立する律令国家の基礎になる事業や制度の多くが、この時代にはじめられている。天皇が取り組んだ事業は多岐にわたるが、神事・仏事の興隆、民生の安定、法典の整備などが、その主たるものである。

天武天皇が着手し、持統天皇の時代に施行された飛鳥浄御原律令《あすかきよみはらりつりょう》（ただし、律が完成・施行されたかは疑問がある）は、大宝《たいほう》律令・養老《ようろう》律令のもといになった、重要な法典だが、天武天皇は、その制定に際して「朕《われ》、今より更に律令を定め、法式を改めむと欲《おも》ふ」（天武天皇十年二月庚子条）とのべている。体系的法典の整備こそは、天智天皇の悲願であった。天武天皇は、はからずも先帝に遺志に背くかたちで皇位についたが、その路線を自分なりに継承していこうと考えていたのである。右の宣言も、そうした気持ちのあらわれであろう。

【主要参考文献】

壬申の乱関係の先行研究は枚挙に遑がないが、ここでは、倉本一宏『戦争の日本史2　壬申の乱』（吉川弘文館、平成十九年一月）・同『歴

史の旅　壬申の乱を歩く』（同上、平成十九年六月）と早川万年『壬申の乱を読み解く』（同上、平成二十一年十二月）を紹介しておく。なお、壬申の乱関係の文献目録としては、春日井市教育委員会民俗考古調査室編『春日井シンポジウム　第3回（1995年）壬申の乱と東海』（春日井シンポジウム実行委員会、平成七年十月）所収のものが有益である。

附篇

第一章　四道将軍伝承の虚と実

はじめに―四道将軍伝承とは―

昭和五十三年九月に、埼玉県行田市の稲荷山古墳出土の鉄剣の銘文が解読されたが、ここに乎獲居臣《をわけのおみ》の上祖として「意冨比垝《おほびこ》」の名が記されていたことを受けて、崇神《すじん》天皇紀[1]に四道将軍の一人として登場する大彦命《おおびこのみこと》（『古事記』では大比古命）[2]に対する関心が高まった。両者の関係については、塚口義信氏が「兵団を率いる将軍としての両者のイメージはまったく等しく、親衛軍の首長的な人物としての意冨比垝の姿を古典のなかにもとめるとすれば、それはオホビコ以外にない」とのべておられるように[3]、銘文の意冨比垝は、記紀の大彦命にあたると考えて間違いないであろう。

あらためて紹介するまでもないが、『日本書紀』崇神天皇十年九月丙午朔甲午条には、

九月丙戌朔甲午。以㆓大彦命㆒遣㆓北陸㆒。武渟川別遣㆓東海㆒。吉備津彦遣㆓西道㆒。丹波道主命遣㆓丹波㆒。因以詔之曰。若有㆓不㆑受㆑教者㆒。乃挙㆑兵伐㆑之。既而共授㆓印綬㆒為㆓将軍㆒。（上巻、二四三頁）

という記事があって[4]、いわゆる四道将軍の任命のことがみえている。『日本書紀』では、さらに崇神天皇紀十年十月条に、

冬十月乙卯朔。詔㆓群臣㆒曰。今返者悉伏㆑誅。畿内無㆑事。唯海外荒俗。騒動未㆑止。其四道将軍等今急発之。丙子。将軍等共発路。（上巻、二四九頁）

とあり、翌十一年夏四月壬子朔己卯条に、

四道将軍以㆘平㆓戎夷㆒之状㆖奏焉。（上巻、二四九頁）

とあって、四道将軍の出発と帰還を記している。(5)

これに該当する記事は、『古事記』にもみえる。すなわち、崇神天皇記には、

又此之御世、大毘古命者、遣㆓高志道㆒、其子建沼河別命者、遣㆓東方十二道㆒而、令㆑和㆓平其麻津漏波奴〈自㆑麻以下五字以㆑音。〉人等㆒。又日子坐王者、遣㆓旦波国㆒、令㆑殺㆓玖賀耳之御笠㆒。此者人名也。〈玖賀二字以㆑音也。〉（一九〇頁）

とみえている。(6)

しかしながら、記紀を比較してみると、両者のあいだで異同のあることが知られる。大彦命（大毘古命）が北陸（高志道）に、武渟川別《たけぬなかわわけ》（建沼河別命）が東海（東方十二道）に派遣される話は、おおむね一致しているが、なかには大きく異なる点も存在している。

全体的なことで云えば、同じことをのべながらも、『日本書紀』のほうが漢文的な修飾が目立つことである。「四道将軍」という厳《いかめ》しい表現も、じつは『日本書紀』にしかみえないものである。

つぎに、内容について云うと、まず、『日本書紀』では「四道将軍」が揃っているのに対し、『古事記』には、吉備への派遣は載せられていない（その意味では、『古事記』が「四道将軍」としていないのは、むしろ当然である）。また、丹波（ここにいう丹波とは、のちの丹波・丹後両国の領域に相当）に派遣された人物が、『日本書紀』では丹波道主命《たにはのみちぬしのみこと》であるのに対し、『古事記』は日子坐王《ひこいますのみこ》としているし、丹波において玖賀耳之御笠を殺害したという記述は、『日本書紀』にはみえない。

さらに、『日本書紀』の記述は、四道将軍の任命→（武埴安彦《たけはにやすひこ》の叛乱）→出発→帰還・復命、と天皇の命令による軍事行動として首尾一貫しているが、『古事記』では、会津における大彦命・武渟川別父子の再会以外、遠征にかかわる話は右引の記事しかない。「四道将軍」という語が象徴するように、『日本書紀』のほうが、王族将軍の派

遺伝承としてはまとまっており、一連の説話として完結している。

こうした四道将軍伝承については、津田左右吉《つだそうきち》氏(7)以来、のちに作られた物語だとする考えが主流を占めており、井上光貞氏のように、後代の阿倍臣の国境視察の史実の投影とみる見解もある。(8)しかし、いっぽうでは、上田正昭氏のように、(9)「これらの播磨・丹波への派遣説話の実年代はもとよりたしかめることは困難」としながらも、「こうした説話が定着をみる前提に、初期王権の丹波の地域への拡大という事情があったことまでを否定するわけにはいくまい」とのべ、四道将軍伝承の背後にヤマト政権の伸張の史実を汲みとろうとする研究者もおられる。

これらの研究を承《う》け、筆者もまた、四道将軍伝承についてのべるところがあったが、(10)今にして思えば、旧稿には考えの至らなかった点が多々あった。そこで、本章では、旧稿の不備を正すとともに、あらためて私見の修正案を開陳することにしたい。

一、大彦命・武渟川別の派遣について

はじめに大彦命・武渟川別の派遣についてみておきたい。さきにものべたように、大彦命が北陸（高志道）に、武渟川別が東海（東方十二道）に派遣される話は、記紀のあいだで一致している。

記紀は、大彦命が北陸に派遣され、その途中、和珥坂（丸邇坂）に至ったとき、武埴安彦の謀反を示唆する少女の歌を耳にした話を伝えている。崇神天皇の叔母の倭迹迹日百襲姫命が、この歌は叛乱の前兆であると見抜いたので（『日本書紀』では崇神天皇自身が察知したという）、四道将軍を留めて作戦を練り、武埴安彦の謀反を迎え撃つ。

この間《かん》の叙述は『古事記』と『日本書紀』でいささか出入りがあるが、全体に『日本書紀』のほうが詳しく、西道へ派遣される予定の五十《い》狭《さ》芹彦命《せりびこのみこと》（吉備津彦命）が大坂で武埴安彦の妻吾田媛《あたひめ》を遮りこれを撃破したことや、大

彦が和珥臣《わにのおみの》遠祖《とおつおや》の彦国葺《ひこくにぶく》とともに山背に向かい、武埴安彦と対決したことなどは、崇神天皇紀にのみ出てくる話である。

武埴安彦の叛乱についてはひとまず措くとして、鎮圧ののち、あらためて出発した四道将軍が、所期の目的を達成して帰還したことは、さきに記したとおりである。ただ、ここでも、記紀のあいだで若干の出入りがあり、崇神天皇記では、

故、大毘古命者、随二先命一而、罷二行高志国一。尓、自二東方一所レ遣建沼河別与二其父大毘古一共、往二遇于相津一。故、其地、謂二相津一也。是以、各和二平所レ遣之国政一而覆奏。（一九二頁）

とあって、大彦命・武渟川別の父子がそれぞれの役目を終えたあと、相津で再会したことが記されている。

ところで、筆者がここで注目したいのは、大彦命・武渟川別の派遣伝承が、各地に残る大彦命後裔氏族の痕跡とよく符合する点である。すなわち、大彦命については、孝元天皇《こうげんてんのう》紀七年二月条に、つぎのように記事がみえている。

立二欝色謎命一為二皇后一。后生二二男一女一。第一曰二大彦命一。第二曰二稚日本根子彦大日日天皇一。第三曰二倭迹迹姫命一。一云。天皇母弟少彦男心命也。妃伊香色謎命生二彦太忍信命一。次妃河内青玉繋女埴安媛生二武埴安彦命一。兄大彦命。是阿倍臣。膳臣。阿閇臣。狭狭城山君。筑紫国造。越国造。伊賀臣。凡七族之始祖也。彦太忍信命。是武内宿禰之祖父也。（上巻、二三二頁）

これによれば、孝元天皇は欝色謎命《うつしこめのみこと》を皇后に立てて、二男一女を生んだが、その長子が大彦命で、彼が阿倍臣《あべのおみ》・膳臣《かしわでのおみ》・阿閇臣《あへのおみ》・狭狭城山君《ささきやまのきみ》・筑紫国造《つくしのくにのみやつこ》・越《こしの》国造・伊賀臣七族の始祖だというのだが、中司照世《なかつかてるよ》氏は、これら大彦命の後裔氏族が、彼の北進ルート上に濃厚に分布していることを指摘しておられる[11]。

大彦命の進んだルートについては、とくに詳しい記述はないが、おそらくは、奈良県桜井市附近から伊賀地方を経て、近江から北陸方面にかけての地域に進んだのであろう。

注目すべきは、このルートに沿って、伊賀臣・阿閇臣・膳臣・狭狭城山君など、大彦命の系統をひく豪族の盤踞《ばんきょ》していた形跡があることである。

大和盆地東部の桜井市に阿部という地名があることはよく知られているが、このあたりは阿倍氏(12)の本拠地である。桜井市には、桜井茶臼山古墳やメスリ山古墳といった大型の前方後円墳が存在するが、これらは阿倍氏ゆかりの古墳だと考えられている。塚口氏は、それぞれの被葬者を大彦命・武渟川別的人物と考えておられるが(13)、その可能性は大きいと思う。

つぎに、桜井市から名張盆地に進むと、その入り口附近には安部田（現在の三重県名張市安部田）という地名がみえる。これも、やはり阿倍氏ゆかりの地名で、このあたりに阿倍氏の勢力が及んでいたことを示す動かぬ証拠である。

名張市には、美旗《みはた》古墳群の女良塚《じょろうづか》古墳や馬塚古墳のような三段築成の古墳があり、周辺地域に存在する石山古墳（伊賀市才良片岨）や御墓山《みはかやま》古墳（同市佐那具町）も、やはり三段築成の大きな古墳である。中司氏によれば、三段築成は大王関係の陵墓に限定されるというから(14)、こうした伊賀地方における主要首長墳のありかたは、大彦命を孝元天皇皇子とする記紀の系譜とも矛盾しない。

美旗古墳群はかつての伊賀国伊賀郡に属するので、これらの古墳の被葬者は、伊賀臣ゆかりの人物である可能性が大きい。また、御墓山古墳は、伊賀国の一宮である敢国《あえくに》神社に隣接して存在する。この神社の祭神が阿閇臣であることを考慮すると、同古墳の被葬者も阿閇臣ゆかりの人物である可能性が考えられる。

ちなみに、乙巳の変直後の大化二年（六四六）正月に畿内の四至を定めた際に、その東限を名張の横河《よこかわ》としている。これは奈良時代の畿内の東限とは異なるが、この地方とヤマト政権との結びつきを考えると、理由のないことではあるまい。

つぎに、近江では、現在の近江八幡市附近に大彦命後裔氏族の狭狭城山君のいたことが注目されるが、さらに進んで若狭では、四世紀末から五世紀初めにかけて築造されたとみられる上之塚《じょうのづか》古墳をはじめとして、西塚古墳・中塚古墳など、若狭全体を統括するような大首長の墳墓とおぼしき前方後円墳が旧上中町《かみなかちょう》附近（現在の三方上中郡若狭町南部）に連続して築かれている。こうした若狭の大首長墳も畿外[15]では稀有の三段築成で、大王家との関係が想定される。しかも、『先代旧事本紀《せんだいくじほんぎ》』の「国造本紀」や『高橋氏文《たかはしのうじぶみ》』によれば、[16]若狭は膳臣の支配する土地であるから、右の大首長墳の被葬者も膳臣である可能性は大きい。中司氏は、膳臣は四世紀末から五世紀初頭に若狭に派遣され、その地の在地豪族になったのではないかと推測しておられるが、[17]氏の慧眼のとおりであろう。

さて、このようにみていくと、奈良県桜井市から三重県名張市・上野市を経て福井県旧上中町にかけてという、大和から北陸方面に至るルート沿いに大彦命後裔氏族が盤踞したことは確実で、これを記紀の大彦命派遣伝承と結びつけることは、けっして不当な解釈ではない。記紀に崇神天皇として記される大王は、実在したとすれば、四世紀中葉から後半にかけての人物である。大彦命派遣のルートに、その後裔氏族が営んだと目される、四世紀後半以降の古墳が存在することは、大彦命派遣の伝承がまったくの作り話ではないことを雄辯に物語っている。

なお、武渟川別の派遣についても少しくふれておくと、前述のように、崇神天皇記の記すところでは、高志道から進んだ大彦命と東方十二道に派遣された武渟川別は、会津で遭遇したという。これにかかわって注目されるのが、福島県会津坂下町《あいづばんげまち》にある亀ヶ森古墳である。この古墳は、墳丘長は約九〇メートル、三段築成の前方後円墳で、周濠を備えており、不確定の要素はあるものの、築造年代は集成編年の4期と推定されている。東北地方としては稀有の古墳で、武渟川別が東海に派遣されたという伝承とのかかわりが考えられる。

二、丹波道主命の系譜

前節では、関聯史料や考古学的事象から、大彦命・武渟川別父子派遣の伝承が架空の話だとは断定できないことをのべたが、同様のことは、丹波への将軍派遣についても指摘できる。そこで、つぎにこの点を取り上げてみたいが、それに先立って、『日本書紀』が丹波に遣わしたと記す丹波道主命（『古事記』の表記では「丹波比古多多須美知能宇斯王」）について考えておきたい。

丹波道主命については、垂仁《すいにん》天皇紀五年冬十月己卯条に引かれた注に、

道主王者。稚日本根子太日日天皇之孫。彦坐王子也。一云。彦湯産隅王之子也。（上巻、二六五頁）

とあることから、開化《かいか》天皇皇子の彦坐王の子であったことがわかる。彦坐王は、『古事記』では日子坐王と記される人物で、丹波道主命がこの王の子であったことについては、開化天皇記にも、つぎのような系譜がみえている。

又娶二丸邇臣之祖日子国意祁都命之妹、意祁津比売命一意祁都三字以レ音。生御子、日子坐王一柱。（中略）次日子坐王娶二山代之荏名津比売、亦名苅幡戸弁一此一字以レ音。生子、大俣王、次小俣王、次志夫美宿禰王三柱。又娶二春日建国勝戸売之女、名沙本之大闇見戸売一生子、沙本毘古王、次袁耶本王、次沙本毘売命、亦名佐波遅比売此沙本毘売命者為二伊久米天皇之后一。自二沙本毘古一以下三王名、皆以レ音。次室毘古王四柱。又娶二近淡海之御上祝以伊都久此三字以レ音。天之御影神之女、息長水依比売一生子、丹波比古多々須美知能宇斯王此王名以レ音。次水穂之真若王、次神大根王、亦名八瓜入日子王、次水穂五百依比売、次御井津比売五柱。又娶二其母弟袁祁都比売命一生子、山代之大筒木真若王、次比古意須王、次伊理泥王三柱。此二王名以レ音。凡日子坐王之子并十一王。故兄大俣王之子、曙立王、次菟上王二柱。此曙立王者伊勢之品遅部君・伊勢之佐那造之祖。菟上王者比売陀君之祖。次小俣王者当麻勾君之祖。次志夫美宿禰王者佐々君之祖也。次沙本毘古王者日下部連・甲斐国造之祖。次袁耶本王者葛野之別・近淡海蚊野之別祖也。次室毘古王者若狭之耳別之祖。其美知能宇志王娶二丹波之河上

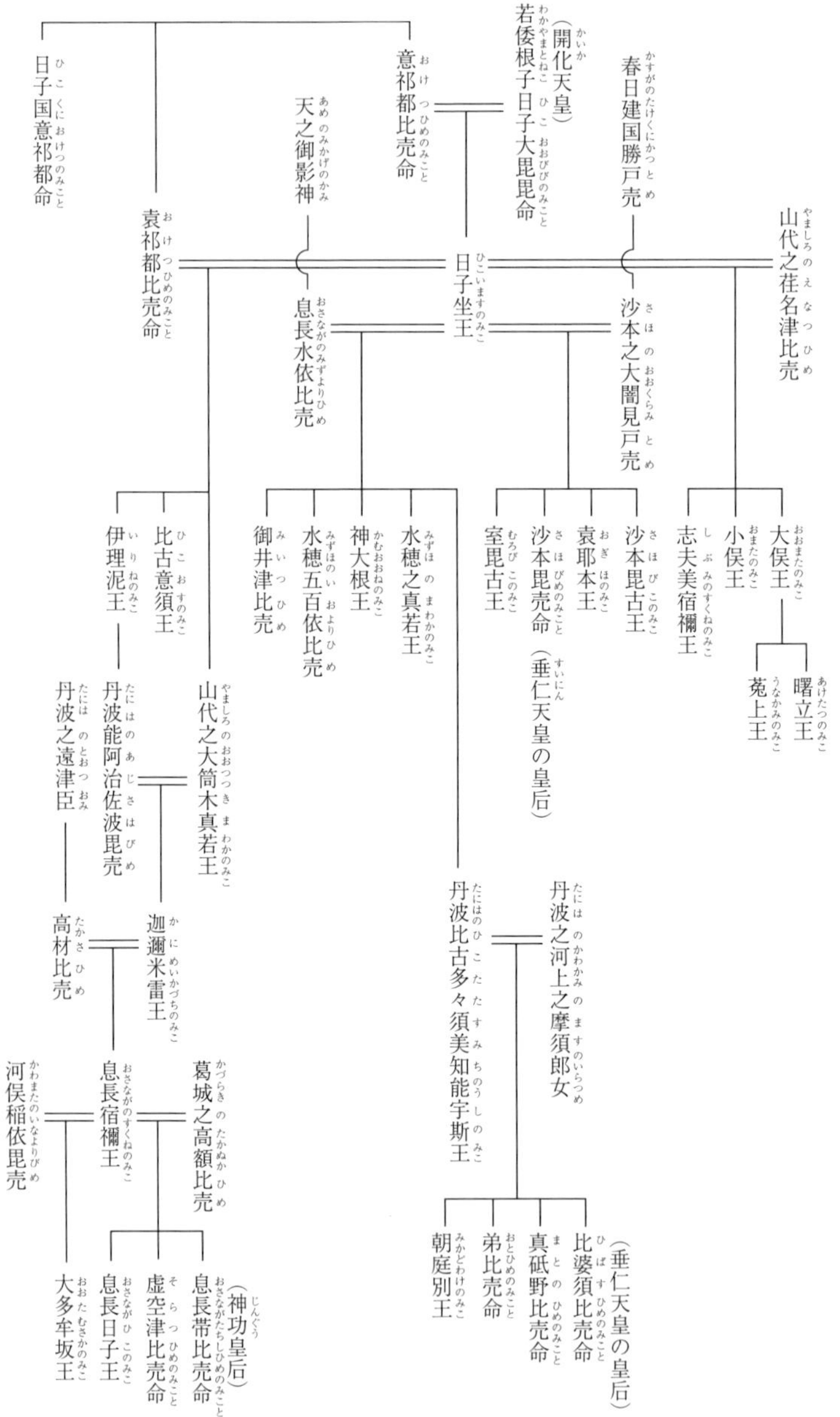

日子国意祁都命《ひこくにおけつのみこと》
袁祁都比売命《おけつひめのみこと》
天之御影神《あめのみかげのかみ》
意祁都比売命《おけつひめのみこと》
（開化天皇《かいか》）
若倭根子日子大毘毘命《わかやまとねこひこおおびびのみこと》
春日建国勝戸売《かすがのたけくにかつとめ》
山代之荏名津比売《やましろのえなつひめ》
日子坐王《ひこいますのみこ》
息長水依比売《おきながのみずよりひめ》
沙本之大闇見戸売《さほのおおくらみとめ》
伊理泥王《いりねのみこ》
比古意須王《ひこおすのみこ》
山代之大筒木真若王《やましろのおおつつきまわかのみこ》
御井津比売《みいつひめ》
水穂五百依比売《みずほのいおよりひめ》
神大根王《かむおおねのみこ》
水穂之真若王《みずほのまわかのみこ》
室毘古王《むろびこのみこ》
沙本毘売命《さほびめのみこと》
（垂仁天皇《すいにん》の皇后）
袁耶本王《おざほのみこ》
沙本毘古王《さほびこのみこ》
志夫美宿禰王《しぶみのすくねのみこ》
小俣王《おまたのみこ》
大俣王《おおまたのみこ》
曙立王《あけたつのみこ》
菟上王《うなかみのみこ》
丹波之遠津臣《たにはのとおつおみ》
丹波能阿治佐波毘売《たにはのあじさはびめ》
丹波比古多々須美知能宇斯王《たにはのひこたたすみちのうしのみこ》
丹波之河上之摩須郎女《たにはのかわかみのますのいらつめ》
高材比売《たかさひめ》
迦邇米雷王《かにめいかづちのみこ》
河俣稲依毘売《かわまたのいなよりびめ》
息長宿禰王《おきながのすくねのみこ》
葛城之高額比売《かづらきのたかぬかひめ》
大多牟坂王《おおたむさかのみこ》
息長日子王《おきながひこのみこ》
虚空津比売命《そらつひめのみこと》
息長帯比売命《おきながたらしひめのみこと》
（神功皇后《じんぐう》）
朝庭別王《みかどわけのみこ》
弟比売命《おとひめのみこと》
真砥野比売命《まとのひめのみこと》
比婆須比売命《ひばすひめのみこと》
（垂仁天皇の皇后）

図９　日子坐王系譜

之摩須郎女一生子、比婆須比売命、次真砥野比売命、次弟比売命、次朝庭別王 柱四。此朝庭別王者 三川之穂別之祖。此美知能宇斯王之弟、水穂真若王者 近淡海之安直之祖。次神大根王者 三野国之本巣国造・長幡部連之祖。次山代之大筒木真若王娶二同母弟伊理泥王之女、丹波能阿治佐波毘売一生子、迦邇米雷王 迦邇米三字以レ音。此王娶二丹波之遠津臣之女、名高材比売一生子、息長宿禰王。此王娶二葛城之高額比売一生子、息長帯比売命、次虚空津比売命、次息長日子王 三柱。此王者吉備品遅君・針間阿宗君之祖。又息長宿禰王娶二河俣稲依毘売一生子、大多牟坂王 多牟二字以レ音。此者多遅摩国造之祖也。上所レ謂建豊波豆羅和気王者 道守臣・忍海部造・御名部造・稲羽忍海部・丹波之竹野別・依網之阿毘古等之祖也。（一八一頁）

これによって、丹波道主命の系譜を復元すると、前頁の図のようになるが、丹波道主命にかかわるところだけを抜萃すれば、つぎのとおりである。

開化天皇 ―――― 日子坐王
　　　　　　　　　　‖―――― 丹波比古多々須美知能宇斯王 ……①
天之御影神 ―――― 息長水依比売

右の開化天皇記の系譜は、一般に「日子坐王系譜」と呼ばれるものである。日子坐王を始祖とするこの系譜は、『古事記』にのみみえる一大系譜群で、景行《けいこう》天皇記が載せる倭建命《やまとたけるのみこと》系譜などと共通するところがある。『日本書紀』がこの系譜を逸しているのは、「系図一巻」に譲ったからだと云われているが[18]、「系図一巻」が現存しないだけに、詳細は不明とするほかない。ただ、『日本書紀』に日子坐王が僅か二箇所しかみえないのに対し、『古事記』がこうした詳細な系譜を掲げているのは、『古事記』の、王に対する特別な取り扱いをよくあらわしている（ちなみに、『新撰姓氏録』には皇別氏族として、彦坐王を始祖とする氏族が、治田連・軽我孫・鴨県主など十九氏も掲げられている）。

もっとも、系譜自体はたぶんに擬制的なものであり、系譜に記された婚姻関係がことごとく事実ではないと思われる（異世代がふくまれているのは、その証拠である）。塚口氏は[19]、この系譜を、複数の氏族によって、長い歳月をかけて雪ダルマ式に形成されてきたものと分析しておられるが、したがうべき見解である。

ちなみに、右の系譜では、日子坐王の妃四人とその腹に生まれた子十五人を列挙したあと、「凡日子坐王之子并十一王」と記しているが、これでは数が合わない。そこで、本居宣長の『古事記伝』をはじめ、これまでの注釈書はおおむね「十五王」の謬りとみなしている。しかし、この部分は諸本に異同もなく、もとから「十一王」だったと考えられるので、いちがいに誤記や数え間違いとは云えない。あるいは、系譜形成のある段階では日子坐王の子を十一人とする帝紀の所伝があり、『古事記』はそれをそのまま引き継いでいるのかも知れない。

ところで、『日本書紀』は、丹波道主命の出自について、この日子坐王系譜とは異なる所伝を伝えている。さきに、彼の出自に関する垂仁天皇紀の分注を引いたが、この注の後半には「一云。彦湯産隅王之子也」という異伝が記されていた。彦《ひこ》湯《ゆ》産《む》隅王《すみのみこ》については、同じく開化天皇紀六年正月甲寅条に、

先レ是。天皇。納二丹波竹野媛一為レ妃。生二彦湯産隅命一。亦名彦蒋簀命。次妃和珥臣遠祖姥津命之妹姥津媛生二彦坐王一。（上巻　二三三頁）

と記されており、また開化天皇記にも、

此天皇娶二旦波之大県主、名由碁理之女、竹野比売一生御子、比古由牟須美命 一柱。此王名以レ音。（一八一頁）

とあるので、これに「一云」を接合すると、つぎのような系譜が復元できる。

姥津媛
　＝＝開化天皇 ―― 彦坐王
由碁理 ―― 丹波竹野媛
　＝＝開化天皇 ―― 彦湯産隅王 ―― 丹波道主命　……②

この系譜は、丹波道主命を日子坐王の子とする①とはいちじるしく異なる。いずれを是とするかはかんたんに決めかねるが、こうした異伝のあることは、かならずしも日子坐王系譜が唯一絶対の所伝ではないことを示唆している。

丹波道主命の父を日子坐王とする所伝は、記紀ともにこれを記すが、その詳細を掲げた日子坐王系譜によれば、日子坐王が近淡海《ちかつおうみ》の御《み》上祝《かみのはふり》の斎《いつ》く天《あめの》御《み》影《かげの》神《かみ》の女の息長《おきなが》水依比売《のみずよりひめ》を娶って丹波比古多々須美知能宇斯王《たにはのひこたたすみちのうしのみこ》をはじめ、水穂之真若王《みずほのまわかのみこ》・神大根王《かみおおねのみこ》（八瓜入日子王《やつりのいりひこのみこ》）・水穂五百依比売《みずほのいおよりひめ》・御井津比売《みいつひめ》の五人を生んだという。

山城南部から大和東北部にかけての地名を冠した人物を数多くふくむ、この系譜群は、六世紀以前のある時期における和珥・息長・春日氏などの地域的集団のまとまりを示したものと考えられるが、なかでも、息長水依比売の系統は、近江南部とのかかわりが深い(20)。この流派について、三品彰英《みしなあきひで》氏は、近江国野洲《やす》郡三上郷附近を始祖発祥の地とする息長氏が、中央の政治とは無関係に、自家の始祖伝説として語り伝えていたものだと推測し(21)、塚口氏は、三上山附近に盤踞していた安直《やすのあたい》氏の伝えた伝承である可能性を示唆しておられる(22)。

いずれが正しいかは判断がむつかしいが、こうした息長氏系の系譜のなかに、丹波比古多々須美知能宇斯王と丹波之河上之摩須郎の女の婚姻や、そこに生まれた四子のことがみえるのは、いささか違和感を覚える。

あるいは、なんらかの理由で、息長水依比売の系統に丹波比古多々須美知能宇斯王のそれが組み込まれたのかも知れない。『日本書紀』は、息長水依比売と丹波比古多々須美知能宇斯王の婚姻についてのべるところがないので、丹波比古多々須美知能宇斯王（及びその子）と、他の四子（水穂之真若王・神大根王〈八瓜入日子王〉・水穂五百依比売・御井津比売）については、系譜の担い手が別々に存在した可能性も想定できよう。さきに、系譜の成立過程で、日子坐王の子を十一人とする所伝があったのではないかという臆説をのべたが、ことによると、この人数は、息長水依比売の系統のうち、水穂之真若王・神大根王（八瓜入日子王）・水穂五百依比売・御井津比売の四人を除いた数を云うのかも知れない[23]。

もっとも、これは、確たる根拠があっての主張でないが、いずれにしても、この部分については附会の疑いが捨て切れない。そうなると、「一云」の所伝のほうを是とする考えも成立の餘地が残る[24]。

ただ、日子坐王——丹波道主命という父子関係は、開化天皇記・開化天皇紀・垂仁天皇紀に共通する、いわば正伝である。しかも、この系譜は、後代の天皇に繫がるものである。

これに対し、開化天皇記の、

由碁理——竹野比売——比古由牟須美命

という系譜や、開化天皇紀の、

丹波竹野媛——彦湯産隅王

という所伝は孤立的である。「一云」がなければ、後代の天皇には接続しない。だとすると、日子坐王系系譜と由碁理系系譜は、本来別のものであり、「一云」の伝承荷担者は、彦湯産隅王を丹波道主命の父とすることによって、由碁理系一族の尊貴性を主張したのではないかとも考えられる。丹波道主命は、丹波を平定した英雄的存在として広く知られていたから、「一云」の伝承者は、それを箔づけに利用したのではあるまいか[25]。

三、「丹波道主命」「吉備津彦」への疑問

さて、話をふたたび『日本書紀』の四道将軍派遣の伝承に戻すと、丹波道主命の丹波派遣に関しては、いささか腑に落ちない点がある。それは、丹波道主命と名乗る人物が、丹波地方の平定のために中央から派遣されている点である。「丹波」という地名は、この地方を支配したことに因むものだから、ここに派遣された王族が、はじめか

ら丹波を名乗っていたとは考えがたい。

これと同じことは、西道に派遣された吉備津彦にも云える。吉備津彦も、吉備地方を支配していたことを象徴するかのような名だが、『日本書紀』によれば、在地の豪族ではなく、中央から派遣された王族だという。津田氏が、丹波や吉備への王族の派遣伝承を、「経略すべき土地から其の任に当る将軍の名を作って来た物語」とされたのも、(26)これらの人名に作為性を感じられたからであろう。

もっとも、吉備津彦の場合、丹波道主命とは少し趣が異なる。なぜなら、さきにもふれたように、崇神天皇記には吉備津彦派遣のことは載せられていないからである。

ただし、まったく欠落しているのではない。孝霊天皇記にはつぎのような記事がみえている。

大倭根子日子賦斗邇命坐二黒田廬戸宮一、治二天下一也。此天皇（中略）又娶二意富夜麻登玖邇阿礼比売命一生御子、夜麻登登母々曾毘売命、次日子刺肩別命、次比古伊佐勢理毘古命、亦名大吉備津比古命、次倭飛羽矢若屋比売四柱。又娶二阿礼比売命之弟、蝿伊呂杼一生御子、日子寤間命、次若日子建吉備津日子命二柱。此天皇之御子等并八柱。男王五、女王三。（中略）大吉備津日子命与二若建吉備津日子命一二柱相副而、於二針間氷河之前一、居二忌瓮一而、針間為二道口一以、言二向‐和吉備国一也。故、此大吉備津日子命者、吉備上道臣之祖也。次若日子建吉備津日子命者、吉備下道臣・笠臣祖。次日子寤間命者、針間牛鹿臣之祖也。次日子刺肩別命者、高志之利波臣・豊国之国前臣・五百原君・角鹿済直之祖也。（一七五頁）

これが、若干の異同はあっても（『日本書紀』では、吉備津彦のみ）、崇神天皇紀の吉備津彦の西道派遣の伝承に対応するものであることは、容易に想像がつく。しかし、『古事記』は、それを三代前の孝霊天皇の時代のこととしているのである。

このことは、四道将軍伝承が、最初は、かならずしもまとまったものではなかったことを示唆している。ぎゃくに云えば、北陸・東海・丹波に吉備（西道）が加わり、四道将軍伝承となるのは、伝承の完成された姿であり、『古

図10　網野銚子山古墳（前方部頂上から後円部を望む）

事記』はそこに至る以前の、古い形を伝えていることになる。[27]

　では、四道将軍として各地に赴いた人物が、丹波や吉備という地名をもって呼ばれているのは、なにを意味するのであろうか。

　いろいろな解釈があるだろうが、筆者は、これが、三世紀末から四世紀にかけて各地に赴いた王族がそこを統治し、土地の豪族の娘を娶って土着したことに拠るものではないかと思う。すなわち、丹波道主命や吉備津彦の名をもって伝えられる王族は、交渉や懐柔、ときに武力に拠りつつ、丹波や吉備を支配していったのであろうが（崇神天皇記に「各和二平‐所レ遣之国政一」とあるのは、そうした行為を指すのであろう）、彼らは、そのまま現地に留まったため、支配地の地名を冠した称え名を得たのではあるまいか。四世紀代に丹波を支配した大首長の墳墓と目される巨大な前方後円墳が丹後半島に残ることは、派遣された王族将軍が土着したとする推測を裏づけている。

　よく知られているように、四世紀の丹波には巨大な前方後円墳が連続して築かれているが(28)、最初に現れるのが白米山《しらげやま》古墳である。これが四世紀前半の築造と云われている。与謝野町にあり、墳丘長は約九二メートルである。ついで出現するのが、おなじ与謝野町にある蛭子山《えびすやま》古墳だが、これが四世紀半ばの築造と云われている。墳丘も巨大化し、約一四五メートルある(29)。

その後、四世紀後半の築造とみられる旧網野町の網野銚子山古墳（墳丘長約一九八メートル）、四世紀末の築造とされる旧丹後町の神明山《しんめいやま》古墳（墳丘長約一九〇メートル）が相次いであらわれる(30)。これらの古墳は、いずれも三段築成だが、前述のように、この種の古墳は王族墓である可能性が大きい。

なかでも、中司氏によれば、網野銚子山古墳は、古墳自体の特徴のほか、周辺における分布遺蹟・式内社などから判断して、丹波道主命の伝承と符合する様相が顕著であり、彼の墓である蓋然性が高いという(31)。古墳の被葬者については慎重な判断がもとめられるが、中司氏があげた論拠には説得力があると思う。筆者も、これにしたがい、網野銚子山古墳の被葬者は、丹波道主命の名をもって伝えられる王族だったとみたい。

四、ヤマト政権と丹波

丹波の政治集団が、はやくからヤマト政権の支配下に入り、密接な関係を有っていたことは、記紀の系譜的記載にもあらわれている。

たとえば、さきに引いた②の系譜では、開化天皇は、旦波《たにわ》の大県主由碁理《おおあがたぬしゆごり》の女である竹野比売《たかのひめ》を娶り（「竹野」は丹後国竹野郡の地名によるものであろう）、比古由牟須美命《ひこゆむすみのみこと》（『日本書紀』では彦湯産隅命）を生んだというから（この関係自体は、開化天皇紀六年正月甲寅条にも「先㆑是。天皇。納㆓丹波竹野媛㆒為㆑妃。生㆓彦湯産隅命㆒。亦名彦蒋簀命。」とある〈上巻、二三三頁〉）、これにしたがえば、すでに開化天皇の時代から、ヤマト政権の最高首長は、丹波の県主家と婚姻関係を結んでいたことになる。

上田氏も指摘されているように、県主家出身の后妃伝承のなかで、大和以外ではこの「旦波の大県主」が唯一の例なので、まったくの伝承として簡単に片づけてしまうことはできない。(32) しかも、由碁理は県主だったというのだから、ヤマト政権の支配が遅くとも開化天皇朝には丹波——たとえ丹波全域に及ぶものではないにしても——に及んでいたと考えられる。

丹波とヤマト政権のかかわりは、日子坐王系譜にもよくあらわれているのであって、この系譜のなかには、「丹波比古多々須美知能宇斯王」以外にも、「丹波《たにわ》之《の》河上《かわかみ》之《の》摩須《ます》郎《のいらつめ》女《のむすめ》」「丹波《たにわの》阿治佐波毘売《あじさわひめ》」といった「丹波」を冠した人物がみえている。また、このほかにも「此王娶二丹波之遠津臣之女、名高材比売一、生子、息長宿禰王」とあって、丹波ゆかりの人名が登場する。

さきにものべたように、系譜にみえる婚姻関係がことごとく史実だと云うつもりはないが（たとえば、山代之大筒木真若王が同母弟伊理泥王の女の丹波能阿治佐波毘売を娶ったとあるのは、異世代婚で疑わしい）、ヤマト政権と丹波の政治集団の結びつきは、こうした系譜にもよくあらわれている。さらに、垂仁天皇紀五年十月己卯朔条によれば、垂仁天皇は、后妃の狭穂姫が兄の狭穂彦王の謀反に加担して自害するまえに、

願妾所掌後宮之事。宜授二好仇一。其丹波国有二五婦人一。志並貞潔。是丹波道主王之女也。（上巻、二六五頁）

と遺言している。天皇は、これを諾れて、日葉酢媛をはじめとする丹波道主命の五人の娘（『古事記』では四人とあり、名前も若干異同がある）を召し入れたというが、これなども、垂仁天皇朝における両者の密接な関係を示唆する逸話である。

ところで、ここで更めて、『古事記』が、丹波派遣を日子坐王の事蹟としている点にふれておきたい。

さきに引いた日子坐王系譜から、王を中心に、大和北部・山城南部・近江南部の政治集団が一つのまとまりをな

していたことが推測できるが、この王の実在性については不明な点が多い。しかし、かならずしも架空の人物だとは言い切れないと思う。なぜなら、日子坐王的人物が実在したとすれば、彼に相応しい墓が上記の地域内にあって然るべきだが、当該エリアにはまさにその条件に適う椿井大塚山古墳《つばいおおつかやま》が存在するからである。(33)

椿井大塚山古墳（京都府山城町）は、墳丘長一七五メートルの、前方部が撥型にひらく前方後円墳で、築造年代は集成編年2期と推定される。規模もさることながら、高さ三メートルを超える竪穴石槨からは、各地で同笵鏡が確認されている三角縁神獣鏡三十二面以上をはじめとする、豊富な副葬品が出土し、広域にわたるネットワークを誇ったと伝えられる日子坐王を彷彿させる。

椿井大塚山古墳の被葬者については、崇神天皇朝に謀反を起こした武埴安彦をあてる小林行雄氏の説もあるが、(34)反逆者として官軍に殺害された武埴安彦が、あのような大規模の墳墓を残しえたかどうかは疑問である。やはり、日子坐王のほうが妥当だと思うが、ただ、そう考えると、日子坐王は、丹波に赴きそのまま土着したという王族のイメージとは一致しない。それゆえ、筆者は、『日本書紀』の記すとおり、丹波平定は丹波の名を冠する丹波道主命の事蹟とするのが正伝だと考えている。

では、丹波へ派遣された人物にこうした異伝が生じたのは、いかなる理由からであろうか。

詳細はあきらかにしがたいが、思うに、二人が父子であったことが原因であろう。すなわち、もとは丹波道主命の事蹟であったものが、伝承の過程で父の日子坐王のそれに収斂されたのではあるまいか。日子坐王も、その系譜が象徴するように、初期ヤマト政権における有力王族であり、なおかつ、丹波ともつながりを有っていたと考えられるので、彼にかけて語る異伝が生じたとしても不思議ではない。

五、吉備派遣について

ところで、こうした丹波道主命とよく似ているのが、さきにも少しくふれた吉備津彦である。

吉備津彦の名前は、孝霊天皇紀二年春二月丙寅条に、

立二細媛命一。為二皇后一。一云。春日千乳早山香媛。一云。十市縣主等祖女眞舌媛也。后生二大日本根子彦国牽天皇一。妃倭国香媛。亦名絙某姉。生二倭迹々日百襲姫命・彦五十狭芹彦命。亦名吉備津彦命。倭迹々稚屋姫命一。亦妃絙某弟。生二彦狭嶋命・稚武彦命一。弟稚武彦命。是吉備臣之始祖也。（上巻、二二九頁）

とあり、また、さきに引用した孝霊天皇記の記載にも、孝霊天皇と意富夜麻登玖邇阿礼比売命《おおやまとくにあれひめのみこと》とのあいだに生まれた子であるという系譜が記されている（ただし、『古事記』では「比古伊佐勢理毘古命、亦名大吉備津日子命」と記す）。

こうした吉備津彦の系譜的記載のうち、注目されるのは、記紀がともに彦五十狭芹彦命を本名とし、吉備津彦命を亦の名としている点である。とくに、崇神天皇紀十年九月丙午朔甲午条には、武埴安彦の謀反の平定にあたった人物として「彦五十狭芹彦命」の名がみえているので、やはり、こちらが本名であった可能性が大きい。だとすると、吉備津彦命という別名は、吉備派遣によって生じたものではないかとの推測が成り立つ(35)。彦五十狭芹彦命も、吉備に定着し、この地方に君臨したことにより、吉備津彦命の名を得たのではないだろうか。

ところで、崇神天皇紀に倭迹迹日百襲姫命《やまとととひももそひめのみこと》の墓と記されている箸墓古墳は、定型化された巨大前方後円墳の最初のものとして知られている。この箸墓古墳と、吉井川西岸に位置する浦間茶臼山《うらまちゃうすやま》古墳や旭川東岸にある操山《みさおやま》109号墳・網浜茶臼山《あみのはまちゃうすやま》古墳は、いずれも三段築成で、前方部が撥型にひらく。葺石・埴輪を完備し、しかも、都月型特殊器臺形埴輪を共有する点で相互に深い関係を有つ(36)。

これらの古墳が、集成編年1期前半、すなわち三世紀にまで溯ることは、ヤマト政権と吉備の政治集団との聯繫

が、王権成立当初から存在したことを物語っている。『古事記』が大吉備津日子命・若日子建吉備津日子命の吉備への派遣を孝霊天皇朝のこととしているのも、故なしとしないのである。中司氏のご教示によれば、浦間茶臼山古墳・網浜茶臼山古墳については、孝霊天皇記に大吉備津日子命・若日子建吉備津日子命の名で伝えられる王族の吉備平定伝承との関係を検証すべきではないかという。まことに示唆に富む指摘だと伝えよう。

つぎに、この吉備津彦命の派遣記事にかかわって、『播磨国風土記』の伝承をみておきたい。
『播磨国風土記』印南郡含藝里条には、[37]

　郡南海中有二小嶋一。名曰二南毗都麻一。志我高穴穂宮御宇天皇御世、遣二丸部臣等始祖比古汝茅一、令レ定二国堺一。尓時、吉備比古・吉備比賣二人、参迎。於レ是、比古汝茅、娶二吉備比賣一生児、印南別嬢。此女端正、秀二於当時一。尓時、大帯日古天皇、欲レ娶二此女一、下幸行之。別嬢聞之、即遁二度件嶋一、隠居之。故曰二南毗都麻一。

とあって、成務《せいむ》天皇朝に、丸部臣《わにべのおみ》らの祖先である比古汝茅《ひこなむち》を派遣して、国の堺を確定させたという話がみえている。成務天皇紀五年九月条の「隔二山河一而分二国県一」という記述があって[38]、風土記の記事に合致する。風土記にいう「令レ定二国堺一。」とは、行政の便宜のための区劃整理であって、吉備比古・吉備比売が中央からの使者を「参迎」しているのは、「大和朝廷に帰服の意を示したこと」を意味するのであろう。[39]
比古汝茅の名は成務天皇紀にもみえないが、田中卓氏によれば、駿河浅間神社《せんげんじんじゃ》大宮司家旧蔵の「和邇部氏《わにべし》系図」には「彦汝命」の名がみえるという。[40]同系図は、現在所在不明だが、加藤謙吉氏らが国会図書館所蔵『各家系譜』などから復元した系図によれば、孝昭天皇にはじまり、彦国葺命―大口納命―彦汝命―印南別嬢命と続き、彦汝命の譜文には「志賀高穴穂大宮朝天皇遣二彦汝命於針間国一定二国境一」とみえている。[41]

風土記の説話には、成務天皇朝の人物である比古汝茅の娘が景行天皇の妃になったとするなど、年代的な混乱もあり、そのままでは史実と認めがたい。しかし、ひとまず景行・成務天皇朝ごろの伝承ととらえると、以下の二点が注目される。

①吉備比古《きびひこ》・吉備比売《きびひめ》の二人が比古汝茅を奉迎し、彼は吉備比売を娶った。

②両者の出会いは、吉備ではなく、播磨国印南郡であった。

比古汝茅は丸部臣らの始祖と記されているが、同氏は皇別氏族であり、その始祖とされる比古汝茅は王族に連なる人物と考えてよい。風土記は、その彼が吉備一族の女性を娶ったと記すのであって、これは、在地豪族（ないしは、すでに土着している王族の末裔）と姻戚関係を結んで王族が土着するありさまを伝えた伝承として貴重である。

吉備の政治集団が、他の地域に先駆けてヤマト政権と結んでいたことはさきにものべたとおりだが、吉備にかかわりのある王族のことは、はやくから文献にも登場する。たとえば、孝安天皇記に、

此天皇娶二姪忍鹿比売命一生御子、大吉備諸進命、次大倭根子日子賦斗邇命 二柱。自レ賦下三字以レ音。（一七三頁）

とあるのはその早い例だし、つづく孝霊天皇記にも、天皇は、意富夜麻登久邇阿礼比売を娶り比古伊佐勢理毘古命（大吉備津比古命）を、阿礼比売命の弟蝿伊呂杼を娶り若日子建吉備津日子命を、それぞれもうけたとある。この二人が針間《はりま》の氷河の前に忌瓮《いわいへ》を据えて針間を道口（吉備への入り口）として吉備国を平定し、大吉備津比古命《おおきびつひこのみこと》が吉備の上道臣の祖先、若日子建吉備津日子命《わかひこたけきびつひこのみこと》が吉備の下道臣《しもつみちのおみ》・笠臣《かさのおみ》の祖先となった話がみえることは、前述のとおりである。

さらに、風土記にみえる印南別嬢も、おそらくは、景行天皇記に孝霊天皇皇子の若建吉備津日子の女としてみえる針間之伊那毘能大郎女《はりまのいなびのおおいらつめ》（景行天皇紀では播磨稲日大郎姫）のことであろう。孝霊天皇皇子の孫が、五代あとの景行天皇妃になっているのは年代が合わないが、景行天皇記には、天皇は、伊那毘能若郎女《いなびのわかいらつめ》も妃としたという記述もあるので（こちらの婚姻は、景行天皇紀にはみえない）、こうした婚姻は、ヤマト政権と吉備豪族のあいだで繰り返しおこなわれたのであろう。(42)

ちなみに、『播磨国風土記』賀古郡条には、印南別嬢が亡くなると、日岡に比礼墓《ひれはか》を築造して葬った話がみえており、加古川市の日岡《ひおか》古墳群の日岡丘陵に位置する日岡陵古墳（褶墓とも）が、これに比定されている。

日岡山に位置する日岡山古墳群（日岡古墳群）は、日岡陵《ひおかりょう》古墳・西大塚古墳・南大塚古墳・北大塚古墳・勅使塚《ちょうしづか》古墳など前方後円墳五基と円墳三基からなり、一般には、日岡陵古墳（宮内庁は、景行天皇皇后の播磨稲日大郎姫命陵に治定）がもっとも古く、四世紀後半の築造と推定されており、日岡陵（八〇メートル）→勅使塚（五三メートル）→西大塚（七七メートル）→南大塚（九六メートル）の順で築造されたと考えられている。[43]

しかしながら、中司氏によれば[44]、古墳の立地は、山麓平地→丘陵先端→丘陵頂というのが全国的な傾向であり、日岡陵を古いとする編年観も、山頂立地の古墳は古いとするみかたにもとづく誤解であるという。日岡陵は、宮内庁測量図によれば、前方部が開き気味で、むしろ南大塚・西大塚のほうが狭い感があって、この二基に遅れる感がある（ただし、公園内所在の南大塚・西大塚は墳丘の崩壊が顕著で、前方部などの正確な形状の把握に若干の懸念が残る）。そこから判断すると、ほかの地方の古墳群と同様、山麓の平地（南大塚・西大塚）→丘陵上（日岡陵）という築造順が想定できる（勅使塚はやや小型で、墳丘こそ古相だが同列比較には問題がある）。

南大塚・西大塚は、ともには後円部が三段築成だが（日岡陵は二段か）、こうした墳丘を有する古墳は、前述のとおり、大王家一族や皇別氏族の前身一族、もしくは大王家に娘を差し出すなどして姻族となった豪族が被葬者である。さきにみた景行天皇記や景行天皇紀、そして『播磨国風土記』には、印南地方の政治集団から妃が出たという伝承がみえているので、ここにいう比礼墓は、南大塚か西大塚のいずれかに比定しうる可能性が大きい。

個々の古墳の被葬者については今後の研究に委ねる部分が少なくない。しかし、こうした日岡山古墳群のありかたは、景行天皇朝、すなわち四世紀後半にはヤマト政権の勢力がすでに加古川流域にまで伸びていたことを示している。そして、吉備比古・吉備比売が印南郡附近で比古汝茅を奉迎したという風土記の伝承は、吉備の勢力が東播

地方にまで伸びていたことを示唆していると云えよう。(45)

おわりに

以上、きわめて粗略な論述ではあるが、記紀の四道将軍伝承の史実性について再考してきた。ここでかんたんに総括しておく。

まず、崇神天皇紀にみえる四道将軍伝承は、この説話の完成した形であって、もとからこのような整った形ではなかったと判断される。

このうち、大彦命・武渟川別の伝承については、おそらく、大和盆地東南部に拠点をもっていた豪族が、その武力を背景に北陸や東海地方に進んだ史実が核になっているのであって、とくに北陸方面に大彦命の後裔氏族の痕跡が確認できることは、それを裏づけるものである。大彦命・武渟川別は、各地を平定し、そこに一族や配下のものを留まらせ、大和に帰還したのであろう。会津坂下町に亀ヶ森古墳があることは、『古事記』の相津遭遇譚が作り話ではないことを暗示している。

これに対し、丹波道主命や吉備津彦は、派遣先で土豪とのあいだに姻戚関係を結ぶなどしてそのまま土着したとみられる。現地に残る巨大前方後円墳は、彼らの奥津城だと考えられる。彼らが地名を冠した名前をもって呼ばれたのは、派遣先に定着したことに由来すると思われる。

こうした王族将軍の派遣は、それぞれ時期も異なり、したがって、伝承の成立も一様ではなかったが、やがて「四道将軍」伝承という形で、崇神天皇朝の内外平定伝承に収斂されていく。こうした伝承の統合は、崇神天皇朝が、ヤマト政権の王権発達史のなかで大きな劃期であったという歴史認識に拠るものであろう。

『古事記』が吉備制圧を孝霊天皇朝にかけて語るのは、ヤマト政権が、実際にはやくから吉備と交渉を有っていたからであろう。考古学的にみても、吉備がヤマト政権成立の段階から密接に結びついていたことは疑う餘地のない事実であり、孝霊天皇記の記事も、そうした史実を反映したものとみることができる。

いっぽう、丹波については、この地方のことが記紀に登場するのは開化天皇朝からであり、ヤマト政権との同盟関係の締結は、吉備よりは遅かったと考えられる。

旧稿では、丹波道主命や吉備津彦が冠する地名は、彼らが在地の豪族であったことに由来するもので、それがやがて中央から派遣された王族のように語られたのではないかと考えた。しかし、吉備や丹波の三段築成の巨大な前方後円墳は隔絶した存在であり、在地豪族が造営しうるレベルのものではない。そのことがわかると、彼らを土豪とみる旧説には無理があると判断せざるをえなかった。

丹波道主命や吉備津彦はそれぞれの地に土着したから、その意味では「在地」という表現も間違いではないのだが、やはり、記紀の記すとおり、大和から赴いた王族だったとすべきであろう。今更の変説は忸怩たるものがあるが、ここに修正案を開陳し、博雅のご批正を乞う次第である。武埴安彦の叛乱伝承と大彦命・武渟川別の関係など、論じ残した点もあるが[46]、与えられた紙幅も尽きたので、ひとまずここで擱筆したい。

注

(1) 以下、「―天皇」ないしは「―天皇朝」などの表記を用いているが、これはあくまで便宜的なものに過ぎないことをお断りしておく。

(2) 以下、人名表記は便宜的に『日本書紀』のそれを採用する。ただし、『古事記』にのみ詳細な記述の残る日子坐王については、『古事記』の表記を採った。

(3) この点については、塚口義信「初期大和政権とオホビコの伝承―稲荷山古墳出土鉄剣銘の「意冨比垝」私見―」(横田健一編『日本書紀研究』

第十四冊〈塙書房、昭和六十二年二月〉所収）一七八～一八〇頁。
（4）『日本書紀』は坂本太郎他校注日本古典文学大系『日本書紀』上・下（岩波書店、昭和四十二年三月・同四十年七月）の掲げる原文を底本とした。末尾の括弧内の数字は、当該頁を示す。なお、句読点は適宜改めた。
（5）後述のように、筆者は、四道将軍として各地に散っていった王族のうち、丹波や吉備に赴いた人々はその後それぞれの地方に土着したと考えている。この崇神天皇紀十一年夏四月壬子朔己卯条の帰還記事を額面どおり受け取ると、四道将軍は大和に戻ってきたことになるが、筆者は、崇神天皇紀の一連の記事は、任命→出発→帰還・復命という首尾一貫した形に整えられたものだから、これを拠りどころに、すべての王族が帰還したと考える必要はない思う。
（6）荻原浅男・鴻巣隼雄校注日本古典文学全集1『古事記　上代歌謡』（小学館、昭和四十八年十一月、『古事記』の校注・訳は荻原氏）の掲げる原文を底本とし、分注の体裁を改めた。末尾の括弧内の数字は、当該頁を示す。句読点は適宜改めたのは、『日本書紀』の場合に同じ。
（7）津田左右吉『日本古典の研究』上（岩波書店、昭和二十三年、のち『津田左右吉全集』〈岩波書店、昭和三十八年十月〉再録）第二編第五章「崇神天皇垂仁天皇二朝の物語」参照。
（8）井上光貞「古代の東国」（『萬葉集大成』五歴史社会篇〈平凡社、昭和二十九年〉二四三～二五〇頁）。米澤康「四道将軍派遣伝説の一考察―特に大彦命の伝承を中心として―」（『軍事史学』一二、昭和四十三年二月）も、四道将軍派遣伝承の核には「より原古的に大和朝廷の個別征討伝承が存在した」（三九頁）としつつも、「伝説そのものがそれとして史実であり得ないことや、その記載に六世紀以降の史実の反映があることは既往研究の指摘される通りであろう」（五三頁）とのべておられる。なお、この問題の研究史については、米澤論文に詳しい。
（9）上田正昭『大和朝廷』（角川書店、昭和四十七年七月、のち『上田正昭著作集』1〈小学館、平成十年七月〉所収）一一八頁。なお、同氏「大和国家と皇族将軍」（読史会『京都大学国史論集（一）』〈読史会、昭和三十四年十一月〉所収、のち「王族将軍の性格」として上田正昭『日本古代国家論究』〈塙書房、昭和四十三年十一月〉所収）・同氏『私の日本古代史（上）』（新潮社、平成二十四年十二月）一二六七頁も参照。
（10）拙稿「四道将軍伝承とヤマト政権の発展」（拙著『『日本書紀』とその世界』〈燃焼社、平成六年十二月〉所収）。
（11）中司照世「五世紀のヤマト政権と若狭」（『つどい』二五四、平成二十一年三月）。ほかに、同氏「日本海中部の古墳文化」（小林達雄・原秀三郎編『新版［日本の古代］』⑦〈角川書店、平成五年一月〉所収）も参照。

(12)「阿倍氏」のウヂとしての成立は、五世紀後半以降のことであるから、それ以前にはまだウヂという概念は成立していないと考えられる。ここにいう「阿倍氏」も、あくまで便宜的な表記で、阿倍氏の前身集団といった意味で用いている。以下、他の氏族についても同様である。

(13)この点については、塚口義信「桜井市茶臼山古墳・メスリ山古墳の被葬者について」（日本書紀研究会編『日本書紀研究』二十一冊〈塙書房、平成九年六月〉所収）参照。なお、「―的人物」という表現は、かならずしも記紀の伝承どおりの人物が実在したとは考えられないことによる、含みをもたせたものである。以下の人物の表現も、同様である。

(14)中司照世「古墳時代の同一工房製小型銅鈴」（日本書紀研究会編『日本書紀研究』三十冊〈塙書房、平成二十六年十一月〉所収）一六五～一六六頁及び同氏「尾張の前期盟主墳と尾張氏伝承―前期盟主墳の新たな調査成果に関連して―」（塚口義信博士古稀記念会編『塚口義信博士古稀記念日本古代学論叢』〈和泉書院、平成二十七年十一月〉所収）一八六～一八七頁。

(15)大化前代のことをのべるのに、「畿内」「畿外」の用語は不適切かも知れないが、小論ではひとまず、大和とその周辺の政治集団で構成されるヤマト政権の支配領域とその周縁部という意味で、この用語を使用している。

(16)若狭国造・高志国造については、「国造本紀」にそれぞれ「遠飛鳥朝御世。膳臣祖・佐白米命子荒砺命。定二賜国造一。」「志賀穴穂朝御世。阿閉臣祖屋主田心命三世孫市入命。定二賜国造一。」とある。また、『政事要略』巻二十六所引の「高橋氏文」には、六雁命が、景行天皇七十二年八月に亡くなったあと、天皇は、「六雁命の子孫たちを、未来にわたって膳職の長官、上総国の長、淡路国の長として定めて、膳臣以外の他氏のものを任命させてはならない」と命じ、あわせて「若狭の国は、六雁命に永く子孫たちの永遠の所領とせよと定めてお与えになったものである。このことは、後世にも決して違反すまい」と仰せになった旨が記される。

(17)中司氏「五世紀のヤマト政権と若狭」（前掲）一一頁。

(18)薗田香融「日本書紀の系図について」（末永先生古稀記念会編『末永先生古稀記念古代学論叢』〈末永先生古稀記念会、昭和四十二年〉所収、のち薗田氏『日本古代財政史の研究』〈塙書房、昭和五十六年六月〉所収）・「消えた系図一巻」（上田正昭他『「古事記」と「日本書紀」の謎』〈学生社、平成四年九月〉所収）。

(19)塚口義信「継体天皇と息長氏」（横田健一編『日本書紀研究』第九冊〈塙書房、昭和五十一年六月〉所収、のち塚口氏『神功皇后伝説の研究』〈創元社、昭和五十五年四月〉所収）一七九～一八四頁。

(20)塚口氏「継体天皇と息長氏」（前掲）一九五頁。

(21)三品彰英『増補日鮮神話伝説の研究』（平凡社、昭和四十七年四月）一九八頁。

(22) 塚口義信「息長氏研究の一視点—綴喜郡の息長氏と『記』『紀』の伝承—」(『東アジアの古代文化』七二、平成四年七月)四一〜四二頁。
(23) 吉井巖氏も、はやくに日子坐王系譜の十一王に注目されたお一人である(「古事記皇族系譜の検討」『國語國文』三三—三、昭和三十九年三月、のち補訂して同氏『天皇の系譜と神話』〈塙書房、昭和四十二年十一月〉所収)二一〜二二頁。ただし、吉井氏は、皇子女の数が合わないのは、沙本之大闇見戸売との婚姻の部分がのちに増補されたものだと考えておられる。
(24) 門脇禎二「丹後王国論序説」(京都府立大学編『丹後半島学術調査報告』〈昭和五十八年三月〉所収、のち門脇氏『日本海域の古代史』〈東京大学出版会、昭和六十一年九月〉所収)は、「彦坐王は、結論を云うと、実在の人物とは見がたい特別に作られた人格」とし、「日子坐王をあまり丹後の在地性と結びつけて理解してゆくことは躊躇される」とのべ、彦湯産隅王—丹波道主命というタテ系図を想定しておられる(二六一〜二六二頁)。日子坐王系譜には疑わしい点もあるが、日子坐王的王族の存在を否定する説にはしたがいがたい。
(25) 以上の系譜の解釈については、塚口義信氏のご教示を仰いだ。
(26) 津田氏『日本古典の研究』上(前掲)二五七頁。
(27) 上田氏「大和国家と皇族将軍」(前掲)一〇四頁。
(28) 以下、丹後・丹波・但馬地方の古墳については、おもに中司照世「北近畿の首長墳とその動向」(『シンポジウム古代の北近畿—若狭湾岸の古代—資料集〔改訂版〕』〈福井県立若狭歴史民俗資料館、平成七年三月〉所収)と中司先生のご教示とによる。
(29) 蛭子山古墳の墳丘は三段築成と云われているが、これも中司氏のご教示によれば、三段か最下段が地山利用の基壇部なのかは明確でないという。
(30) 銚子山古墳は、その墳丘が、奈良市の佐紀《さき》盾列《たたなみ》古墳西群にある佐紀陵山《みささぎやま》古墳や神戸市の五色塚古墳と同形であって、ここにヤマト政権との強い結びつきを読み取ることが可能である。なお、三浦到氏の研究によれば、佐紀陵山古墳は、前述の日葉酢媛の墓の可能性が大きいという(「佐紀陵山古墳の埋葬施設と被葬者について」松藤和人編『同志社大学考古学シリーズXI　森浩一氏に学ぶ　森浩一追悼論文集』〈同志社大学考古学シリーズ刊行会、平成二十七年一月〉所収)。
(31) 以下、中司氏が論拠とされるところをかんたんに紹介しておく。
①丹波道主命は日葉酢媛の父とされるが、網野銚子山古墳と佐紀陵山古墳は双方の墳形が酷似している。
②畿外であるにもかかわらず、二〇〇メートル級の巨大古墳の存在は、記紀の伝承をもとにしないと説明できない。
③旧網野町はそれで単一地域と政治集団をなすと思えるが、町内で網野銚子山古墳に対比しうる先行ないしは後続の大首長墳は存在しない。

④銚子山の所在地の小字が「宮家」である。
⑤銚子山の至近の臺地端に「大将軍《たいしょうご》」と呼ばれる遺跡があり、前期大型古墳に備えるに相応しい埴輪類が出土している（網野銚子山古墳用のものではないかと推測される）。
⑥『海部氏勘注系図』の十四世「川上真稚命」の譜文に「葬于竹野郡将軍山」とある（むろん、同系図にはなお検討の餘地があるが、部分的に史実がふくまれている可能性も考えられる）。

（32）上田氏『大和朝廷』（前掲）一〇九頁。
（33）塚口義信「初期ヤマト政権と椿井大塚山古墳・黒塚古墳の被葬者」（『つどい』一二九、平成十一年二月）。
（34）小林行雄『古墳時代の研究』（青木書店、昭和三十六年四月）第四章「古墳の発生の歴史的意義」一五二頁。
（35）佐伯有清『新撰姓氏録の研究』考証篇第一（吉川弘文館、昭和五十六年）参照。
（36）これらの古墳については、岡山市教育委員会文化財課・岡山市埋蔵文化財センター編『神宮寺山古墳　網浜茶臼山古墳』（岡山市教育委員会、平成十九年三月）参照。
（37）『播磨国風土記』は三條西家本により、一部校訂により文字を改めるとともに、適宜句読点や返り点を施した。なお、『播磨国風土記』における印南郡の存否については議論があるが、筆者はひとまず印南郡条を認める立場に立つ。この点については、拙稿「『播磨国風土記』雑考」（『皇學館大学紀要』五七、平成三十一年三月、のち拙著『風土記研究の現状と課題』〈燃焼社、平成三十一年三月〉所収）参照。
（38）景行天皇紀四年二月甲子（十一日）条に、「夫天皇之男女。前後并八十子。然除二日本武尊。稚足彦天皇。五百城入彦皇子一外。七十餘子。皆封二国郡一。各如二其国一。故当二今時一。謂二諸国之別一者。即其別王之苗裔焉」とある記述も、あるいはこれに関聯するかも知れない。
（39）秋本吉郎校注日本古典文学大系2『風土記』（岩波書店、昭和三十三年四月）二六八頁。
（40）『風土記研究会第七回例会記録』（風土記研究会、昭和三十年六月）一六～一八頁など。
（41）加藤謙吉『ワニ氏の研究』（雄山閣出版、平成二十五年九月）二〇二～二〇三頁の「和珥部氏系図」参照。
（42）吉備では、その後も備前で神宮寺山・湊茶臼山・金蔵山、備中で車山・小盛山などの三段築成の前期古墳が相次いで造営されているのは、ヤマト政権との継続的な関係を示唆するものである。
（43）立花聡「前方後円墳が示す『王』」（森浩一監修・播磨学研究所編『地中に眠る古代の播磨』〈神戸新聞総合出版センター、平成十一年十二月〉所収）一三五～一四〇頁・岸本道昭『古墳が語る播磨』（同上、平成二十五年十一月）一六～一七頁所収「播磨主要古墳編年」など参照。

（44）中司照世「岩橋型横穴式石室について―後期前半の首長墳の編年を中心に―」（『紀伊考古学研究』六、平成十五年八月）一六頁・同「古墳研究の進展と停滞（後編その一）―考古学界の風景―」（『つどい』三三八、平成二十八年三月）九～一四頁。なお、以下は、同氏のご教示に負うところが大きい。

（45）これも、中司氏のご教示によると、揖保川流域の権現山51号墳では、本文でふれた網浜茶臼山古墳と併行する特殊器臺型埴輪が出土しており、吉備の西播地方進出は、さらに早い段階のこととみられる。

（46）武埴安彦の叛乱伝承については、米澤氏前掲論文のほか、森浩一『記紀の考古学』（毎日新聞社、平成十二年十二月）第二章にも詳しい言及がある。

第二章　ヤマト政権の地方支配—屯倉に関する研究動向—

部民制とは

五世紀後半以降、王権の専制化、全国支配の基礎となった制度に「部民制《べみんせい》」がある。これは、後述の屯倉とともに、ヤマト政権の地方支配を支える重要な制度である。端的に云えば、ヤマト政権は、部民制や屯倉制を展開することによって、全国支配を確立していったのである。

もっとも、平野邦雄《ひらのくにお》氏が指摘されたように、部の制度は人間そのものに対する支配であるのに対し、屯倉は土地支配がその本質だというちがいはある。

部民制については、戦後いろいろな研究者が取り組み、ずいぶん研究も進んだ。しかしながら、なお意見の岐れるところもあって、なかなか正確に把握できない憾みがある。そこで、以下は、おもに鎌田元一《かまたもとかず》氏の研究に拠りつつ、おおまかな見通しを紹介したい。

部民制には、その前提となる制度があった。それが、日本古来の「トモ制」である。これは、五世紀ごろから、のちの畿内《きない》とその周辺にあたる地域に本拠をおく中小豪族が、各種の職務を世襲的に分掌する体制のことを云う。殿守《とのもり》とか水取《もひとり》とか門守《かどもり》などと云われるものがそれである。殿守は宮中の雑役、水取は宮廷の飲料水や氷の調達、門守は皇居の門番を職掌とし、それぞれ車持君《くるまもちのきみ》・葛野県主《かどののあがたぬし》、大和宇陀県主《やまとのうだのあがたぬし》、建部君《たけるべのきみ》が務めていた。

この体制は、五世紀を通じて拡充・発展し、五世紀後半には、トモノミヤツコ（伴造）がトモ（伴）を率いて朝廷に奉仕する体制が確立する。たとえば、軍事は大伴・物部・佐伯の諸氏、神祇祭祀は中臣・忌部の諸氏が、それぞれトモノミヤツコとしての地位と職務を世襲し、ヤマト政権からカバネ（姓）と呼ばれる称号を与えられた。

稲荷山古墳から出土した有名な辛亥銘鉄剣には「世々杖刀人《じょうとうじん》の首《かみ》と為《な》り、奉事《ほうじ》し来《きた》りて今に至る。獲加多支鹵《わかたける》の大王《おおきみ》の寺《じ》、斯鬼《しき》の宮に在りし時、吾、天下を治めることを左《たす》く」とあるが、これも乎獲居の臣が杖刀人首（トモノミヤツコ）となり、杖刀人（トモ）を率いて宮廷の警護にあたったことを示す記述である。

しかも、この銘文からは、在地において支配的な地位を占めた有力首長層でさえ、大王の宮廷に出仕することがあったことが知られる。継体天皇朝に勃発した磐井の乱のことはよく知られているが、これについては、『日本書紀』継体天皇二十一年六月一日条につぎのような記事がみえている。

近江毛野臣《あうみのけなのおみ》、衆六萬《いくさ》を率て任那《みまな》に往《ゆ》き、新羅《しらき》に破《やぶ》られたる南加羅《ありひしのから》・喙己呑《とくことん》を復興建《またおこした》てて、任那に合《あは》せむとす。是《ここ》に筑紫国造《つくしのくにのみやつこ》磐井《いはゐ》、陰《ひそか》に叛逆《はんぎゃく》を謨《はか》り、猶預《いうよ》して年《とし》を経《へ》、事《こと》の成《な》り難《かた》きことを恐《おそ》り、恒《つね》に間隙《かんげき》を伺《うかか》ふ。新羅《しらき》、是《これ》を知《し》り、密《ひそか》に貨賂《くわろ》を磐井《いはゐ》が所《もと》に行《や》りて、毛野臣《けなのおみ》の軍《いくさ》を防遏《ぼうあつ》することを勧《すす》む。是《ここ》に磐井、火《ひ》・豊《とよ》二国《にこく》に掩拠《えんきよ》して、修職《しうしよく》せしめず。外《そと》は海路《かいろ》に邀《むか》へて、高麗《こま》・百済《くだら》・新羅・任那《みまなら》等の国《くに》の年《としごと》に貢職《こうしよく》船《せん》を誘致《いうち》し、内《うち》は任那《みまな》に遣《つかは》せる毛野臣の軍を遮り、乱語揚言《らんごやうげん》して曰《いは》く、「今《いま》こそ使者《つかひひと》にあれ、昔《むかし》は吾《わ》が伴《ともがら》として、肩《かた》を摩《す》り肘《ひぢ》を触《ふ》りつつ、共器《おなじけ》して同《とも》に食《くら》ひき。安《いずく》にぞ卒爾《にはか》に使《つかひ》と為《な》り、余《われ》をして儞《い》が前《まへ》に自伏《したが》はしむること得むや」といふ。遂《つい》に戦《たたか》ひて受《う》けず、驕《おご》りて自《みずか》ら矜《ほこ》る。是《ここ》を以《も》ちて毛野臣乃《すなは》ち中途《ちゅうと》に防遏《ばうあつ》せられて淹滞《えんたい》す。

どこまで本当の話か疑わしい部分もあるのだが、ここで注目したいのは、磐井が近江毛野に対して放った「昔は吾が伴として、肩を摩り肘を触りつつ、共器して同に食ひき」という発言である。山尾幸久《やまおゆきひさ》氏は、『日本書紀』編者は、「若い時代の磐井が、近江毛野と一緒に大王の宮廷に仕えていたことがあった」と理解していたと考えておられるが（「文献から見た磐井の乱」山尾氏『日本古代の国家形成』〈大和書房、昭和六十一年六月〉所収、一二四〜一二五頁）、これなどは、地方豪族も大和に上って大王に奉仕する事実のあったことを示唆する、興味深い史料である。[1]

ところで、このトモ制は、五世紀に入って突如出現したものではない。その起源は、王権の発生と同時にまで溯るとみられている。そもそも大王の権力というものは、そのもとに結集した被支配者の従属と奉仕に支えられていたわけだから、わが国のトモ制も、四世紀代（人によっては、三世紀代にまで溯るという）にヤマト政権が出現したころにまで溯る、と考えてよいであろう。

なお、この点に関聯して、鎌田氏は、こうしたトモ制と同質の統治方式は、じつは、各地の地方政権でもみられたもので、ヤマト政権があらたに創出したものではなかった、とのべておられる点は重要である。ヤマト政権によるトモ制の全国的展開は、こうした地方の有力首長層が独自に作り上げた統治機構を奪い取ったり、吸収したりするかたちで進められたとみることができる。

部民制の展開

こうして、トモの組織は整備・拡大し、それが全国各地の服属集団にも及ぼされていくが、五世紀後半の雄略天皇朝は、その大きな劃期である。すなわち、この時期に、旧来のトモに加えて、渡来系の技術者集団もまた、新種のトモとして組織されるのである。このころ、いわゆる今来漢人《いまきのあやひと》と呼ばれる技術者集団が多数渡来し、陶部《すえつくりべ》・鞍部《くらつくりべ》・錦部《にしごりべ》などとしてトモに編成される。これらのトモは、百済の中央官制の二十二部に倣って「部」と称されたが、これによって、トモは部へと変質していく。

かつての研究では、これを「品部制《しなべせい》」の成立ととらえ、旧来のトモ制と異なる新たな制度が始まったとみていた。しかし、鎌田氏によれば、これは、各種のトモの組織を「部」の字をもって表記したに過ぎず、「品部制」の成立と云われるものも、トモ制が部制として整備されたことにほかならないという。「品部」の「品」は、『日本書紀』の古訓に「クサグサ」とあるので、「品部」とは「種々の部」という意味に解することができる。

ちなみに云うと、豪族の私有民を指す用語として「カキ」という国語がある。「カキ」とは垣根の「カキ」とおなじで、諸豪族のもとに区劃、領有された人間の集団を指すことばである。この「カキ」は、はじめ「民」「民部」とか表記するが、中国から「部曲」という用語が導入されると、この字を当てるようになる。

こうした「民」「民部」「部曲」の語によってあらわされる諸豪族所有の「カキ」は、たしかに豪族の私有民だが、それらは同時に「べ」でもある。たとえば、山部連氏の「カキ」は同氏が山官（伴造）として支配する山守部だし、土師連氏の「カキ」は土師部である。かつては、山守部や土師部は、朝廷に所属する「品部」として、豪族私有の民部・部曲と概念的に区別されていたが、「品部」もまた部曲・民部にほかならない。「べ」は、いっぽうでは「カキ」であるという二面性こそが、部の制度の特質だと云える。

ところで、「民部」「部曲」が豪族のカキであるのに対し、王家のカキとでもいうべきものが、子代《こしろ》・御名代《みなしろ》である。『日本書紀』大化二年（六四六）正月一日条に、いわゆる改新の詔の第一条として「昔在《むかし》の天皇等の立てたまへる子代の民、処々の屯倉及び別《こと》には臣・連・伴造・国造・村首の所有《たもて》る部曲の民、処処《ところどころ》の田荘《たどころ》を罷《や》めよ」とあるのは、子代が部曲と対置するものであることをよく示している。子代・御名代は朝廷の経済的基盤として、地方の首長の領域内の民を割いて設定された皇室部民のことで、長期間にわたり、数多くの部が設置されている。

御名代は、それが設置されたときの天皇・后妃・皇子女の名やその宮号を部名として負っている。たとえば、矢《や》田部《たべ》は、応神天皇皇女でのちに仁徳天皇皇后となる八田若郎女《やたのわきいらつめ》（矢田皇女）に由来する部民で、雀部《さゝきべ》は、仁徳天皇の名（大雀命）に因む部民を云う。文字通り「御名の代わり」である。ただ、子代については、記紀では天皇に子がないとき、天皇の名を残すために設置したと伝えているものの、関聯史料も少ないので、不明な点が多い。

こうした御名代の部が、五世紀から六世紀にかけて各地に盛んに置かれたことは、やはり、ヤマト政権の全国支配の拡大と関係があるとみられる。たとえば、肥後国飽田郡《あくたぐん》（熊本市坪井町附近）には建部《たけるべ》が設置されているが、それは、この地がヤマト政権にとって政治的・軍事的に重要な地域だったからであろう（井上辰雄『火の国』〈学生社、昭和四十五年十月〉一四六〜一四八頁）。

屯倉の設置

以上、部民制の説明が長くなったが、つぎに屯倉について考えたい。

屯倉は、「屯家」「官家」(2)「御宅」「三宅」など、さまざまな表記があるが（ここでは、便宜上「屯倉」の表記に統一する）。いずれも「ミヤケ」と訓じたようで、『日本書紀』には弥夜気・弥移居の訓が附されている。ほかに、御田・屯田も「ミタ」「ミヤケ」と訓まれている。

屯倉は、『日本書紀』仁徳天皇即位前紀にみえる「倭屯田」がその起源だと云われている。これは、王権直轄の田地である。譬《たと》えて云えば、徳川幕府の天領のようなものである。

屯倉という用語は、元来は稲穀を収納する官倉を指す用語だったが、次第に、田地や附属の灌漑施設、さらには、耕作民（田部《たべ》）なども包括することばとして用いられるようになる。

屯倉設置のことは『日本書紀』にみえるが、五世紀以前に置かれたものと六世紀代のものとは、いささか性格が異なるようである。詳細は省くが、五世紀以前の屯倉は、大和・河内・摂津・山背とその周辺に限られ（景行天皇朝の倭屯家、仲哀天皇朝の淡路屯倉〈淡道屯家〉、仁徳天皇朝の茨田《まむだ》屯倉〈茨田三宅〉など）、遠隔地への設置の記事はみえない。池溝開発や築堤などの灌漑《かんがい》治水事業と連動して設置されたようで、ヤマト政権がみずから田地を開墾し、穫稲を収納したのであろう。たとえば、現在、大阪府松原市に「三宅」という地名が残っているが、これは、仁徳天皇朝に置かれた依網《よさみ》屯倉に由来するものだと思われる。ほかにも、この屯倉に因む地名や神社名は、各地に多数現存している。

このような、五世紀以前の屯倉のことを、かつては「開墾地系屯倉」と呼んだりしていた。研究者のなかには、開墾地系屯倉の設置を伝えた記事の信憑性を疑うかたもおられるが、筆者はかならずしもそうは思わない。

ところで、六世紀に入ると、各地の豪族の支配地を割いて、屯倉が全国的に設置されるようになる。いわゆる「貢進地系屯倉」と呼ばれるものである。

この時代の屯倉については、設置の記事が安閑天皇紀に集中しているのが特徴である。すなわち、『日本書紀』安閑天皇二年（五三五）五月九日条に、

五月の丙午の朔にして甲寅に、筑紫の穂波《ほなみ》屯倉・鎌屯倉、と豊国の滕碕《みさきの》屯倉・桑原屯倉・肝等《かとの》屯倉〈音を取りて読め。〉・大抜《おほぬくの》屯倉・我鹿《あかの》屯倉〈我鹿、此には阿柯と云う。〉火国の春日部屯倉、播磨国の越部《こしべの》屯倉・牛鹿《うしかの》屯倉、備後国の後城《いつきの》屯倉・多禰屯倉・来履《くくつの》屯倉・葉稚《はわかの》屯倉・河音《かはとの》屯倉、婀娜《あなの》国の膽殖《いにゑの》屯倉・膽年部《いとしべの》屯倉、阿波国の春日部屯倉、紀国の経湍《ふせの》屯倉〈経湍、此には俯世と云ふ。〉河辺《かはへの》屯倉、丹波国の蘇斯岐《そしきの》屯倉、〈皆音を取れ。〉近江国の葦浦屯倉、尾張国の間敷《ましきの》屯倉・入鹿屯倉、上毛野国の緑野屯倉、駿河国の稚贄《わかにへの》屯倉を置く。

とみえるものを指す。たしかに、六世紀前半は屯倉制展開の劃期とみられるが、ここにみえる屯倉のすべてが、この年に設置されたわけではあるまい。

この時期の屯倉の特徴は、地方豪族が贖罪《しょくざい》のために献上したものが多い点である。その嚆矢《こうし》とも云えるのが、九州北部の糟屋《かすやの》屯倉である。すなわち、『日本書紀』継体天皇二十二年（五二八）十二月条には、

十二月に、筑紫君葛子《くずこ》、父の坐りて誅されむことを恐り、糟屋屯倉を献《たてまつ》りて、死罪を贖《あがな》はむことを求む。

とあって、磐井の乱で父磐井の罪に連坐《れんざ》することを恐れた葛子が、糟屋屯倉を献上することによって赦しを乞うた記事がみえている。

この糟屋屯倉は、博多湾からも近く、筑紫君にとって重要な拠点だったと考えられるが、そのたいせつな土地を押さえたということは、ヤマト政権が筑紫君の本拠地に楔《くさび》を打ち込んだことに意味する。右の安閑天皇紀の記事に北部九州の屯倉が多数みえていることは、磐井の乱の鎮圧に成功したヤマト政権が、この地方の支配を強化したこ

とにほかならない。九州地方の屯倉は、広く肥後や豊後にまで及んでいるが、たとえば、春日部屯倉もその一つである。さきに肥後国飽田郡《あくたぐん》に置かれた建部にふれたが、春日部屯倉はその近くに設置されている。ここに春日部屯倉や建部を置いたのは、火君や阿蘇君に対する牽制の意味があったのだろう（井上氏『火の国』〈前掲〉一三五～一四〇頁）。

なお、『日本書紀』安閑天皇元年（五三四）四月一日条に、

夏四月の癸丑の朔に、内膳卿膳臣大麻呂《かしはでのおみおほまろ》、勅を奉《うけたまは》りて、使を遣して珠を伊甚《いじみ》に求めしむ。伊甚国造等、京に詣づること遅晩《おそ》くして、時を踰《こえ》て進《たてまつ》らず。膳臣大麻呂、大き怒りて国造等を収縛《とりしば》り、所由《ことのよし》を推問《と》ふ。国造稚子直等、恐懼《かしこま》りて後宮の内寝に逃げ匿る。春日皇后、直に入れるを知りたまはずして、驚駭《おどろ》きて顚《たふ》れたまひ。慚愧《は》ぢたまふこと已むこと無し。稚子直等、兼ねて闌入《らんにふ》の罪に坐りて、科重きに当れり。謹みて専ら皇后の為に、伊甚屯倉を献《たてまつ》りて、闌入の罪を贖《あがな》はむと請ふ。因りて伊甚屯倉を定む。今し分ちて郡と為し、上総国に属《つ》く。

とあるのも、贖罪による屯倉設置の実例だし、上野国緑野郡《みどののぐん》に置かれたという緑野屯倉なども、安閑天皇元年に起こった武蔵国造の地位をめぐる一族の争いの結果、ヤマト政権によって設置されたものである。こうした伝承がどこまで信じられるかはむつかしい問題だが、江戸初期における大名の改易や取り潰しを彷彿させるものがある。ヤマト政権も、なにかと口実を設けては、屯倉を扶植していったのではないだろうか。

屯倉の経営

では、こうして各地に置かれた屯倉の経営・管理は、どのようにおこなわれたのであろうか。

結論から云うと、基本的にはその地の国造《くにのみやつこ》に委ねられていたようである。国造というのは、ヤマト政権に服属し、その地域の人民の統治を委任された、地域の首長に対して与えられた「身分」である。[3] 彼らは、ヤマト政権か

ら直・君（公）・連などのカバネを与えられたが、筑紫の国造磐井も、君のカバネを授けられている。

門脇禎二《かどわきていじ》氏は、統一国家が形成されるのは六世紀中頃以降のこととみて、それ以前を地域国家の段階と定義しておられる。すなわち、この時期には、ヤマト地域国家（「ヤマト政権」を指す）とともに、筑紫や吉備や毛野などの地域国家が併存していたとみるのである。これが、氏の「地域国家論」である。

むろん、門脇氏は、ヤマト地域国家の、他の地域国家に対する相対的な優位性を否定しておられるわけではないが、あえて「国家」ということばを採用していることからもわかるように、かなりの独自性を有していたと考えておられる。しかし、磐井が君（公）というカバネを授けられていることは、彼がヤマト政権に服属していた動かぬ証拠である。この一点からも、氏の「地域国家論」は受け入れがたい。

ところで、国造の率いる農民が屯倉の耕作や収穫にかかわっていたことについては、つぎに掲げる『日本書紀』安閑天皇元年（五三四）七月一日条が注目される。

> 秋七月の辛巳の朔に、詔して曰はく、「皇后、體《みみ》は天子に同じと雖《いへど》も、内外の名殊に隔れり。亦以ちて屯倉の地を充て、式《も》ちて椒庭《うちつみや》を樹《た》てて、後代に迹《あと》を遺すべし」とのたまふ。酒ち勅使を差して、良田を簡択《えら》はしめたまふ。勅使、勅を奉《うけたまは》りて、大河内直味張《おほしかふちのあたひあぢはり》に宣《の》りて〈更の名は黒梭《くろひ》。〉曰はく、「今汝、膏腴《こ》えたる雌雉田《きぎした》を奉進《たてまつ》るべし」とのたまふ。味張、忽然《たちまち》に悋惜《をし》みて、勅使を欺誑《あざむ》きて曰さく、「此の田は、天旱《ひでり》するに漑《みづまか》せ難《がた》く、水潦《いさらみづ》するに浸《こ》み易《やす》し。功を費す極めて多く、収獲ること甚だ少し」とまをす。勅使、言の依《まにま》に服命《かへりごと》して、隠すこと無し。

これによると、大河内味張（おそらくは、この地の国造であろう）は、大王から良田の献上を命じられたが、それにしたがわなかったらしい。これを承けて直後の閏十二月四日条には、つぎのような記事がみえている。

> 閏十二月の己卯の朔にして壬午に、三嶋に行幸《いでま》す。大伴大連金村従へり。天皇、大伴大連をして、良田を県《あがた》

> 主飯粒《ぬしいひぼ》に問はしめたまふ。県主飯粒、慶悦《よろこ》ぶること限無し。謹み敬ひて誠を尽し、仍りて上御野《かみのみの》・下御《しもの》野・上桑原《かみのくははら》・下桑原、并せて竹村《たかふ》の地、凡合《すべて》肆拾町を奉献《たてまつ》る。大伴大連、勅を奉りて宣りて曰はく、「（中略）今し汝《なむぢ》味張は、率土の幽微なる百姓《はくせい》なり。忽爾《たちまち》に王地を惜み奉りて、使を宣旨に軽《かろみ》し背けり。味張、今より以後、郡司にな預りそ」とのたまふ。是に県主飯粒、喜び懼《かしこま》ること懐《こころ》に交《み》てり。廼《すなは》ち其の子鳥樹《とりき》を以ちて大連に献り、僮竪《しとべわらは》とす。是に大河内直味張、恐畏《かしこま》り求悔《くやし》び、地に伏して汗流《あつか》ふ。大連に啓《まを》して曰さく、「愚蒙《ぐもう》の百姓、罪、萬死に当れり。伏して願はくは、郡毎に钁丁《くはよほろ》を以ちて、春時《はる》に五百丁、秋時に五百丁、天皇に奉献り、子孫に絶たじ。此に藉《よ》りて生《いのち》を祈み、永に鑒戒《いましめ》と為さむことを」とまをす。別に狭井田《さゐのた》六町を以ちて、大伴大連に賂《まひな》ふ。蓋《けだ》し、三嶋竹村屯倉には、河内県の部曲《かきべ》を以ちて田部《たべ》とすることの元《はじ》め、是にか起れる。

すなわち、大王は大伴金村に命じて味張を叱責し、郡司の職を奪おうとしたが、これを懼《おそ》れた味張は、钁丁を献上して赦しを乞うているのである。このことから、竹村《たけふ》屯倉の耕作や収穫は、国造の供出する労働力によって賄われていたことが判明する。記事の終わりに「蓋《けだ》し、三嶋竹村屯倉には、河内県の部曲《かきべ》を以ちて田部《たべ》とすることの元《はじ》め、是にか起れる」とあるのは、味張の差し出した钁丁が「田部」という部民とされたという意味だろうが、これは、屯倉の経営が、国造の奉仕なくしては成り立たなかった当時の実状をよく示している。

なお、『日本書紀』宣化天皇元年（五三六）五月一日条には、

> 夏五月の辛丑の朔に、詔して曰はく、「（中略）夫れ、筑紫国は、遐迩《かじ》の朝《まゐ》で届《いた》る所、去来の関門とする所なり。是を以ちて、海表の国、海水を候ひて来賓し、天雲を望みて奉貢せり。胎中之帝《ほむたのすめらみこと》より朕が身に顔るまでに、穀稼《こくか》を収蔵し、儲粮《ちょりゃう》を蓄積したり。遥に凶年に設け、厚く良客を饗《あ》へす。国を安みする方《ほう》、更に此に過ぐるは無し。故、朕、阿蘇仍君《あそのきみ》を遣して、〈未だ詳かならざるなり。〉河内国の茨田《まんた》郡の屯倉の穀《もみ》を加へ運ばしむ。蘇我大臣稲目宿禰《いなめのすくね》は、尾張連を遣して、尾張国の屯倉の穀を運ばしむべし。物部大連麁鹿火は、新家連《にのみのむらじ》を遣して新家

図11 那津官家として有力視される比恵遺跡の倉庫群（福岡市埋蔵文化財センター提供）

の屯倉の穀を運ばしむべし。阿倍臣は、伊賀臣を遣して、伊賀国の屯倉の穀を運ばしむべし。官家を那津《なのつ》の口に修造《つくりた》てよ。（中略）」とのたまふ。

という記事がみえている。ここで屯倉の稲穀の運送に携わった尾張連が尾張国造だったことは（伊賀連も伊賀国造であろう）、屯倉の管理・経営に当該国内の国造が関与していた証拠である。また、それを統轄する中央豪族（蘇我稲目）がいたことを示す史料としても貴重である。

屯倉経営の変化

このように、基本的には国造に委ねられていた屯倉の経営だが、それだけではなかったようである。『日本書紀』安閑天皇二年（五三五）九月三日条には、

九月の甲辰の朔にして丙午に、桜井《さくらゐの》田《た》部《べ》連・県《あがた》犬養《いぬかひ》連・難波《なにはの》吉《き》士《し》等に詔して、屯倉の税を主掌《つかさど》らしむ。

とあって、桜井田部連らに屯倉の税を掌らせたこ

とがみえている。鎌田氏によれば、桜井田部氏は、ウジ名が示すように、田部を管理する伴造氏族であり、県犬養氏も屯倉の守衛にあたる犬養部の伴造だという。さらに、難波吉士氏も、その「特技」である記録・出納・運漕を通じ、屯倉の経営に関与していたと考えられる。右の史料から、諸国の屯倉を統一的に管理する機構が、中央に形成されていったことが知られるのである。

また、やがては、中央豪族を一定期間常駐させ、屯倉の経営にあたらせることもおこなわれたらしい。『日本書紀』欽明天皇十七年（五五六）七月六日条に、児島屯倉の設置にかかわって、

秋七月の甲戌朔にして己卯に、蘇我大臣稲目宿禰等を備前の児嶋郡に遣して、屯倉を置かしむ。葛城山田直《かづらきのやまだのあたひ》瑞子《みづこ》を以て田令とす。〈田令、此を陀豆歌毘《たつかひ》と云ふ。〉

とあることは、それをよくあらわしている。

ところで、ここで注目したいのは、欽明天皇朝に設置された白猪屯倉にかかわる一連の記事である。白猪屯倉の設置のことは、『日本書紀』欽明天皇十六年（五五五）七月四日条に、

秋七月の己卯朔にして壬午に、蘇我大臣稲目宿禰・穂積磐弓《ほづみのいはゆみの》臣等を遣して、吉備の五郡に、白猪《しらゐの》屯倉を置かしむ。

とみえている。この屯倉で注目すべきことは、屯倉の耕作に携わる田部の戸籍が作成されていたことである。すなわち、『日本書紀』欽明天皇三十年（五六九）正月一日条には、

卅年の春正月の辛卯の朔に、詔して曰はく、「田部を量り置くこと、其の来ること尚《ひさ》し。年甫《としはじめ》めて十餘にして、籍《ふみた》に脱《も》りて課を免るる者衆《おほ》し。胆津《いつ》を遣して〈胆津は、王辰爾が甥なり。〉白猪田部の丁《よほろ》の籍を検《かむが》へ定めしむべし」

とのたまふ。

とあって、同年四月条にはこれを受けて、

夏四月に、胆津、白猪田部の丁者を検へ閲て、詔の依に籍を定む。果して田戸《たへ》を成す。天皇、胆津が籍を定めし功を嘉《よみ》して、姓を賜ひて白猪史《しらゐのふびと》とし、尋ぎて田令に拝けたまひ、瑞子《みづこ》が副としたまふ。〈瑞子は上に見えたり。〉

と記されている。これによれば、白猪屯倉ではやくから戸籍が編まれていたが、年を経て疎漏が多いので、胆《い》津《つ》が勅命によって丁の籍を検定し、その功によって彼は田令に任じられたという。さらに、敏達天皇三年（五七四）十月九日条には、

冬十月の戊子の朔にして丙申に、蘇我馬子大臣を吉備国に遣して、白猪屯倉と田部とを増益さしむ。即ち田部の名籍を以ちて、白猪史《しらゐのふびと》胆《い》津《つ》に授く。

とみえ、増益した分の田部の戸籍を胆《い》津《つ》に授けたことがみえている。

ここで造籍に貢献している胆津という人物は、「王辰爾が甥なり」とあるように、欽明天皇朝に百済からきた渡来人である。彼の後裔氏族に船連・津連・白猪連がいることは、よく知られている。彼らは戸籍の制度についてもノウハウをもっていたらしく、それが屯倉の経営にも導入されたのであろう。鎌田氏は、こうした白猪屯倉の経営方式は、各地の屯倉にも及ぼされたであろうと推測しておられるが、筆者も、おそらくそのとおりだと思う。

ミヤケからコホリへ

屯倉の設置は、その後も続く。『日本書紀』推古天皇十五年（六〇七）是歳条には、

是歳の冬、倭国《やまとのくに》に高市池・藤原池・肩岡池・菅原池を作る。山背国に大溝《おほうなて》を栗隈《くるくま》に掘り、且つ河内国に戸苅《とがり》池・依網池を作る。亦国毎《またくにごと》に屯倉を置く。

という記事がみえているので、七世紀に入っても屯倉の設置があったことがわかる。しかし、その後、屯倉に関する記事は後を絶つ(4)。

では、七世紀以降、屯倉はどうなっていったのだろうか。

この点について、鎌田氏は「コホリ」に転換されたと考えておられる。氏は、「屯倉の経営がしだいに深化し、それがヤマト政権による地方政治組織として実質を備えるようになると、その支配の及ぶ土地と人間の総体を指して「コホリ」と称することが行われた」と推測しておられる（「大王による国土の統一」〈前掲〉一四一頁）。「コホリ」は、もともと朝鮮語で「大きな城邑」を意味することばだったが、わが国では「郡」の前身にあたる地方行政組織を「評」と記し[5]、これを「コホリ」と称したのである。

なるほど、「郡」には「郡家」の意味があり、その意味で使われる「郡」は「ミヤケ」と称されている（田中卓「郡司制の成立」『律令制の諸問題』〈国書刊行会、昭和六十一年五月〉所収、五一～五五頁）。これなども、「郡（コホリ）」が屯倉に由来することを示唆している。また、さきに引いた安閑天皇元年（五三四）四月一日条にみえる伊甚屯倉の設置の記事の末尾に「因りて伊甚屯倉を定む。今し分ちて郡と為し、上総国に属く」とあるのも、屯倉→評《コホリ》（郡《コホリ》）という推測を裏づけるものである。

さらに、薗田香融氏によれば、改新政府は郡司任用資格として、①在来からの国造・伴造・県稲置であること、②父祖のときから官家（屯倉）の管掌者であること、という二つの条件を掲げていたというが（「律令国郡政治の成立過程」『日本古代財政史の研究』〈塙書房、昭和五十六年六月〉所収、三三五頁）、このうち②は、大化前代の屯倉が評（郡）につらなるものであることを示唆している。だとすると、屯倉こそは、まさに律令国家の郡制の起点となるものだと評価できるのである。

注

（1）鎌田氏も、「大王による国土の統一」においてこの記述に言及しておられるが（一〇〇頁）鎌田元一「国土の統一」（岸俊男編『王権をめぐる戦い』〈中央公論社、昭和六十一年十一月〉所収、中公文庫も同じ）がこれを物部麁鹿火に対する発言として紹介しておられるのは誤りで、正しくは近江毛野に対する発言である。ちなみに、鎌田氏『律令国家史の研究』〈塙書房、平成二十年二月〉では訂正されている。

（2）数ある「ミヤケ」の用字で「官家」は、たとえば「那津官家」が官衙施設の意で使用されていることからもあきらかなように、特殊な例外である。おそらく「屯倉」の概念をもってしては表記しがたい場合に用いられたとみられる（鎌田元一「部・屯倉・評」坪井清足・平野邦雄編『新版古代の日本』第一巻古代史総論〈角川書店、平成五年四月〉所収、二四五〜二五〇頁）。

（3）国造を取り上げる際にしばしば引き合いに出されるのが、県主である。県主はヤマト政権の地方組織であった県の首長であり、なおかつ司祭者的色彩が濃厚である。ただ、県そのものの性格がいま一つはっきりしない現状では県主についても不明な点が多い。

（4）屯倉のことがふたたび史料に登場するのは、改新詔の屯倉廃止の方針を示した際のことである。大化二年（六四六）正月に出た改新詔には、屯倉の廃止が謳われている。ただ、これによって、屯倉が一挙に廃止されたとは考えがたいので、律令制への移行の過程で徐々に廃止されていったとみるべきであろう。

『続日本紀』大宝元年（七〇一）四月十五日条には「戊午。（中略）田領《たつかひ》を罷めて、国司の巡検に委《ゆだ》ぬ」という記事がみえている。この「田領」は、本文で引用した『日本書紀』欽明天皇十七年（五五六）七月六日条と欽明天皇三十年（五六九）四月条にみえる「田令」とおなじもので、屯倉の現地管理者だと思われる。それゆえ、田領が廃されたこの時点までは屯倉が存続していたのであろう（黛弘道「国司制の成立」同氏『律令国家成立史の研究』〈吉川弘文館、昭和五十七年十二月〉所収）。屯倉は、その後も一部は畿内の屯田・官田などとして残るが、大宝律令の施行とともに姿を消すのである。

（5）大化改新直後の大化五年（六四九）ごろには、それまでの国造の支配地域を再編し、あらたな中央集権的地方行政組織として評制が全国的に施行される。たとえば、『常陸国風土記』によると、同国の信太郡《しだぐん》の場合、物部河内らが筑波《つくば》・茨城郡《うまらきぐん》の七百戸を分かって信太郡が新置されている。また、行方郡《なめかたぐん》の場合は、茨城国造・那珂国造が、両国造部内の十五里七百戸を割《さ》いてべつに郡家を置いているし、香《か》島郡《しまぐん》では中臣□子らが下総国海上《うなかみ》国造の部内一里と那賀国造の部内五里を割き神郡として新置している。さらに、多珂郡《たかぐん》の場合は、多珂国造と石城評造が旧多珂国を多珂・石城二郡に分かち、多珂郡を常陸国に、石城郡を陸奥国に属《つ》けた（里数・戸数は不明）とある。

なお、建郡（正しくは建評）は、孝徳天皇朝に全面的に施行されたとみられるが、鎌田氏は、香島郡条にみえる己酉年（六四九）に一般諸郡の建郡がおこなわれ、信太・行方・多珂郡の建郡記事にみえる癸丑年（六五三）には「新置のコホリ」が分出されたとしておられる。

ただし、このとき、郡の下級行政単位として里制が実施されたかどうかは、確証がない。鎌田氏によれば、孝徳天皇朝に五十戸単位の編戸制が進められていたが、五十戸一里制は天武天皇四年（六七六）の部曲《かきべ》廃止を待って徐々に進められ、庚午年の造籍によって全国的な実現をみたという。

【主要参考文献】

井上辰雄「『ミヤケ制の政治史的意義』序説」（『歴史学研究』一六八、昭和二十九年二月）
井上光貞「部民制の形成」（井上氏『大化改新』〈要書房、昭和二十九年十月〉所収）
狩野久「部民制—御名代・子代を中心として—」（『講座日本史』1、昭和四十五年、東京大学出版会）
栄原永遠男「白猪・児嶋屯倉に関する史料的検討」（『日本史研究』一六〇、昭和五十年十二月）
鎌田元一「評の成立と国造」（『日本史研究』一七六、昭和五十二年四月）・同「国土の統一」（岸俊男編『王権をめぐる戦い』〈中央公論社、昭和六十一年十一月〉所収）・同「部・屯倉・評」（坪井清足・平野邦雄編『新版古代の日本』第一巻古代史総論〈角川書店、平成五年四月〉所収）
舘野和己「屯倉制の成立」（『日本史研究』一九〇、昭和五十三年六月）・同「ミヤケ制再論」（『奈良古代史論集』二、平成三年十一月）
津田左右吉「上代部の研究」（『津田左右吉全集』第三巻〈岩波書店、昭和三十八年十二月〉所収）

第三章　『日本書紀』と難波宮

記紀の宮都伝承

平成二十四年九月、奈良県桜井市の脇本《わきもと》遺蹟から、古墳時代中期（五世紀後半）に築かれた大規模な堀状の遺構と、その南端に石積みの護岸が発見された。この遺構のすぐ北東の臺地からは、雄略天皇の泊瀬朝倉宮《はつせあさくらのみや》に関聯があるとみられる大型掘立柱建物が見つかっており、今回発見された遺構も宮の周濠や池である可能性が指摘されている。文字資料が出土したわけではないが、この遺蹟が朝倉宮に比定できるのは、『古事記』『日本書紀』に雄略天皇の宮について、具体的な記載があるからである。

そもそも、宮都は、陵墓とともにそれを営んだ天皇（大王）の勢力圏と密接なかかわりがあると云われている。それゆえ、宮都の研究はそのまま王権の解明に繋がるのである。

記紀によれば、大和盆地にはほかにも多くの宮が置かれたというが、宮都は大和以外の地にも存在した。大和についで宮が多いのは、難波である。記紀を繙《ひもと》けば、応神《おうじん》天皇の大隅宮、仁徳《にんとく》天皇の高津宮、孝徳《こうとく》天皇の難波長柄豊碕《ながらとよさき》宮、天武《てんむ》天皇の難波宮などが存したことが記されている。本章では、孝徳天皇の難波長柄豊碕宮を取り上げる。

難波宮の発掘

難波宮の発掘は、昭和二十九年二月に故山根徳太郎氏によって開始され、現在も（財）大阪市文化財協会がそれを継続している。半世紀を超える発掘調査のおかげで、大阪市中央区法円坂町《ほうえんざかちょう》一丁目附近に中軸線を共有する、二つの宮殿遺蹟の存在があきらかとなった。これが、いわゆる前期難波宮・後期難波宮である。

後期難波宮は、蓮華《れんげ》・唐草文《からくさもん》軒瓦や重圏文《じゅうけんもん》軒瓦を伴い、一尺二九・八センチの天平尺を用いて設計されているのが特徴である。しかも、規模や宮殿の配置が平城宮の第二次内裏・朝堂院と酷似しているところから、神亀《じんき》三年（七二六）十月に、聖武《しょうむ》天皇が藤原宇合《ふじわらのうまかい》に命じて造営に着手し、天平四年（七三二）ごろに完成した難波宮にあたると考えられている。

出土瓦の約九〇％を占める重圏文軒瓦は、長岡宮や平安宮からも出土しており、かつては奈良時代末から平安時代初期の瓦だとみられていた。しかし、難波宮や長岡宮の発掘調査が進むにつれ、長岡宮の朝堂院が難波宮のそれを移築したものである可能性が高まり、長岡宮や平安宮の重圏文軒瓦も、難波宮のそれが運ばれて再利用されたことがわかった。

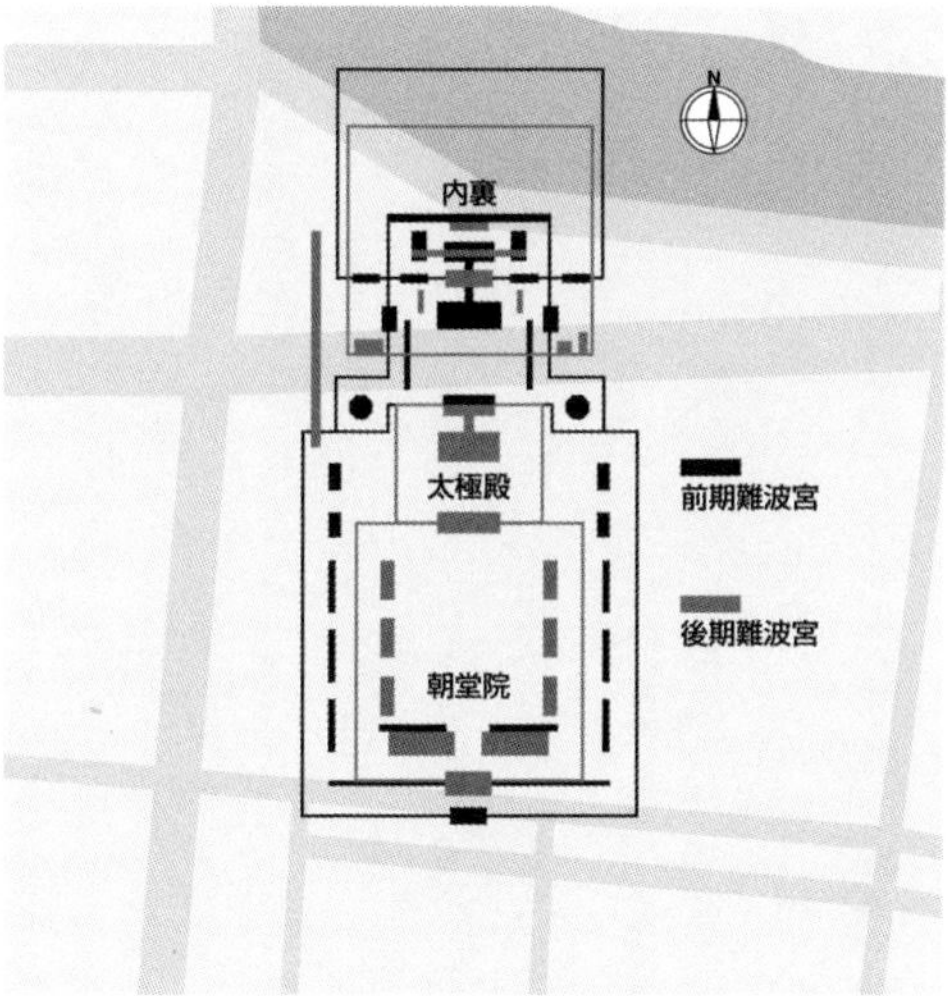

図12　難波宮の宮殿配置図

ところで、いま一つの前期難波宮は、柱穴や出土層位の重なりぐあいからみて、後期難波宮よりも古い宮殿遺蹟である。こちらの建物は、瓦は使用しておらず、遺構はすべて掘立柱建物であり、その設計には天平尺よりもすこし短い一尺二九・二センチという尺度が用いられている。とくに注目されるのは、掘立柱の抜き取り穴に焼けた壁土や炭化物などが充満していた点である。これは、この建物が火災に遭った痕跡である。ここから、前期難波宮は、『日本書紀』天武天皇朱鳥元年（六八六）正月十四日条に、

乙卯《いつぼう》の酉時《とりのとき》に難波の大蔵省《おほくらのつかさ》に失火《みづながれ》して、宮室悉《ことごとく》に焚けぬ。或ひは曰く、阿斗連薬《あとのむらじくすり》が家の失火の引りて宮室

に及《いた》れりといふ。唯し兵庫職《つはもののつかさ》のみは焚けず。
とみえる難波宮であることが判明する。

前期難波宮の年代

前期難波宮の遺蹟は、持統天皇朝の藤原宮といろいろな類似点がみられる。朝堂院《ちょうどういん》の東西幅はほぼ同じ長さだし、前期難波宮の内裏前殿の東西を区劃する回廊幅は、やはり、藤原宮の大極殿《だいごくでん》の左右の東殿・西殿の心々距離とほぼ等しい。また、朝堂院の広場の左右にある建物の排列もよく似ている（ただし、前期難波宮には東西十六堂あるのに対し、藤原宮では十二堂であり、数は異なる）。

しかし、いっぽうでは異なる点も存在している。たとえば、前期難波宮の内裏南門の両側には八角殿院があるが、藤原宮にはそれがない。また、前期難波宮では内裏と朝堂院が分離していないのに対し、藤原宮では内裏と大極殿はべつの区劃となっている。とくに、内裏と朝堂院の区別が明確でない点は、前期難波宮が藤原宮より古い様式であることをうかがわせる。

では、前期難波宮はいつごろ造営されたのであろうか。前述のように、朱鳥《あかみとり》元年（六八六）に焼失したことは疑いないとして、着工はいつごろであろうか。

前期難波宮は、上町臺地の北端一帯を整地してその上に造営されているが、その整地の盛土からはたくさんの土器が出土している。とくに、前期難波宮の造営の際に出た廃棄物を捨てたとみられるＳＫ一〇〇四三という土壙から、七世紀第２四半期の型式の土器が出土している。これは、造営の時期をうかがう有力な材料である。

さらに、前期難波宮の年代を知るうえで注意をひくのは、「戊申年《ぼしんのとし》」の年紀のある木簡である。この木簡は、前期難波宮内裏西方官衙地域と本町通を挟んで隣接する場所からみつかったが、ここは前期難波宮段階の倉庫群や石組み溝が検出されたところである。「戊申年」は、共伴した土器の年代観などから西暦六四八年と考えられており、これによって、前期難波宮造営の具体的な年代が把握できるようになった。

『日本書紀』にみえる難波宮

こうした遺物の年代から、前期難波宮は、大化改新直後に難波に造営された複数の宮のいずれかにあたる可能性が大きいが、大化改新当時、難波には、離宮や行宮もふくめ、かなり多くの宮が存在した。『日本書紀』によれば、①子代《こしろの》離宮（大化二年正月是月条）・②蝦蟇《かわずの》行宮（大化二年九月是月条）・③小郡《おごおりの》宮（大化三年是歳条）・④難波碕《なにわのさきの》宮（大化四年正月一日条ほか）・⑤味経《あじふの》宮（白雉元年正月一日条ほか）・⑥難波長柄豊碕《ながらとよさきの》宮（白雉二年十二月晦条）・⑦大郡《おおごおりの》宮（白雉三年正月一日条）といった複数の宮号がみえている。

右の諸宮については、現在ではその所在地すら確認できないものも少なくない。また、同じ宮のことをさしているのではないかと考えられているものもあり、個々の宮の実態には不明な点が多い。

ただ、①〜⑦に関して注意すべきことは、はじめの①・②が、離宮または行宮と記されるのに対し、③以降の諸宮では、そのような表現がとられていないことである。離宮や行宮は、首都・本宮に対して用いられる語で、①も、『日本書紀』大化二年（六四六）二月乙卯条に「天皇、子代離宮より還《かえ》る」とあるところから判断すると、当時はまだ大和が本宮で、そこから難波へ「幸《みゆき》」していたと考えられる。

ところが、それが、『日本書紀』大化三年（六四七）是歳条になると、

是歳《このとし》に、小郡《をごほり》を壊《こぼ》ちて宮を営《つく》る。天皇、小郡宮に処《おは》しまして、礼法を定めたまふ。

と記されるようになる。これは、このころから、孝徳天皇が本格的に難波を首都と定めたことを示すのであろう。実際、『日本書紀』の記事をみるかぎりでは、③・⑤・⑥などはかなりの規模と施設を備えた宮であったと考えられる。

ところで、先にあげた宮のうち、『日本書紀』に造営の記録があるのは、前述の③小郡宮と⑥難波長柄豊碕宮の二つである。難波長柄豊碕宮は、小郡宮につづいて造営された新宮である。大化元年（六四五）十二月癸卯条に「天皇、都を難波長柄豊碕に遷す」とあるが、これは遷都の計画を表明したもので、実際の着工は小郡宮完成後のことだったと考えられる。と云うのも、上記の大化元年条の記事を除けば、難波長柄豊碕宮に関しては、白雉二年（六五二）十二月晦条に、

是に、天皇、大郡《おほこおり》より、遷りて新宮に居《おは》します。号《なづ》けて難波長柄豊碕宮と曰《い》ふ。

とあるのが初見だからである。

難波長柄豊碕の完成

この難波長柄豊碕宮の工事は、白雉元年から二年にかけてピークを迎えたようで、白雉元年（六五一）十月是歳条には、

宮地《みやのところ》に入れむが為に、丘墓《はか》を壊《やぶ》られ及遷《また》されたる人には、物賜《ものたま》ふこと、各差有《おのおのしなあ》り。即ち将作大匠荒田井直《たくみのつかさあらたゐのあたひ》比羅夫《ひらふ》を遣して、宮堺《みやのさかい》の標《しめ》を立てしむ。

という記事がみえている。上町臺地にはかなりの規模の古墳が存在したことが確認されているが、難波長柄豊碕宮は、そうした古墳を削平したり、人家を移築させたりして造営したのである。宮は、右にあげた白雉二年（六五二）十二月晦の遷都のころには完成していたようだが、造作はまだつづいていたらしく、翌三年九月是歳条に至って「宮を造ること已《すで》に訖《おは》りぬ。其の宮殿《おほとの》の状《かたち》、殫《ことごと》くに論《い》ふべからず」と記されている。

いずれにしても、難波遷都は、最終的にここに落着したわけで、そこから判断すると、前期難波宮＝難波長柄豊碕宮とみるのがもっとも穏当であろう。

ただ、白雉三年（六五二）に完成した宮が天武天皇の朱鳥元年（六八六）まで存続したのは、堀立柱の建物の耐用年数から考えて不自然だ、というみかたもある。これは、二十年に一度社殿の造営を繰り返す伊勢神宮の式年遷宮《しきねんせんぐう》が念頭にあるのだろうが、あらゆる堀立柱の建物が二十年で駄目になるとは云えない。それよりも、『日本書紀』では、斉明天皇元年（六五五）七月十一日条・同六年（六五六）十二月十四日条、天武天皇八年（六八〇）十一月条などに難波宮に関する記述がみえるので、孝徳天皇朝の難波長柄豊碕宮がその後も天武天皇朝まで存続したと考えるほうが自然である。

ちなみに、『日本書紀』天武天皇十二年（六八三）十二月十七日条に、

　庚午。（中略）又詔《みことのり》して曰はく、凡《およ》そ都城《みやこ》・宮室《おほみや》、一処《ひとところ》に非ず。必ず両参《ふたつみつ》を造らむ。故《かれ》、先づ難波に都づくらむと欲ふ。是を以ちて百寮者《ももつかさひと》、各往《まか》りて家地《いへどころ》を請《たま》はれ。

とみえる記事を、朱鳥元年（六八六）に焼失した難波宮の造営開始とみる説もある。しかし、それだとわずか二年ほどのあいだに宮殿が完成したことになり、いささか期間が短か過ぎる。むしろ、この記事は、すでに存在していた難波長柄豊碕宮を、複都制の構想のなかに位置づけることを宣言したものだと理解すべきであろう。

宮都の変遷と難波宮

さて、以上、前期難波宮の特徴と、それが難波長柄豊碕宮と考えられる根拠についてのべてきたが、前期難波宮については今後も考えるべき問題が少なくない。なかでも、天智天皇朝の近江《おうみ》大津《おおつの》宮の遺構や天武天皇朝の飛鳥浄《あすかきよ》御原《みはらの》宮の遺構とみられる伝飛鳥《でんあすか》板葺宮跡《いたぶきみやあと》Ⅲ—B期との比較は、欠かせない。どちらも、じゅうぶん調査が進んでいないことと、また、立地条件にいちじるしく制約された宮であることから、前期難波宮の比較材料とするには問題も多いが、それでもこれまでの発掘成果からいろいろなことがわかっている。たとえば、大津宮《おおつのみや》の内裏南門の両側

には、前期難波宮とよく似た八角殿院の存在が確認されているし、伝飛鳥板葺宮跡Ⅲ―B期の内郭遺構に連結された二つの正殿が存在することも、前期難波宮の内裏前殿と後殿の関係によく似ている。

こうした前期難波宮につづく諸宮の構造が明確になれば、前期難波宮の歴史的位置づけもよりいっそうあきらかになろう。今後の調査に期待したい。ただ、地理学的・考古学的研究がもたらす新知見に対応していくためには、文献の解釈を確実にしておく必要がある。その意味で、『日本書紀』の関係記事は、都城研究の礎《いしずえ》とも云える。

〔附記〕

本章の執筆に際しては、小澤毅・中尾芳治・直木孝次郎・山根徳太郎諸氏ほかの研究を参照させていただいたが、紙幅の制限から一々注記できなかった。先学の業績に謝意を表するとともに、非礼をお詫びしたい。なお、前期・後期難波宮の配置図は、大阪歴史博物館のパンフレットを参考に作図したものである。

第四章　『日本書紀』のテキストと注釈書—明治以降を中心に—

はじめに

『日本書紀』は『古事記』とならぶ貴重な古典として、古来、多くの研究者によって、その研究が進められてきた。そうした研究の成果は、校訂本・読み下し文・現代語訳の作成や注釈といった形で世に問われてきた。とりわけ、明治以降は、洋装本の普及と相俟って、『日本書紀』のテキストの出版が盛んにおこなわれ、昭和前期には複数のものが相次いで出版され、大いに普及した。記紀研究の進展がこれらテキスト・注釈書の発行と関係があることは云うまでもない。

これらのなかには、飯《いい》田《だ》武郷《たけさと》の『日本書紀通釋』全六巻のように、明治三十五年から翌年にかけて刊行されたのを皮切りに昭和の末年まで、版元を変えつつ十数回に及ぶ出版・復刊のあった、息の長い注釈書もある。しかし、いっぽうでは、発行部数も少なく、短命に終わり、一般にはあまり知られていないものもあり、それらがその後の研究に積極的に活かされたとはいいがたい。

ただ、書籍の普及と注釈書としての価値はかならずしも比例しないのであって、日の目をみなかったテキストや注釈書にも採るべき点がある。われわれは、そうした労作に対する目配りも忘れてはならないのであって、これこそが、先学に対する表敬に繋がるのである。

小論は、筆者が備忘のために作成してきたノートによって『日本書紀』のテキストや注釈書を紹介したものである。忽卒の間にまとめたものゆえ、遺漏もあろうが、ここに洩れたものがあればご教示たまわれば幸いである。

【凡例】

一、小論では、明治以降に刊行された『日本書紀』の原文・読み下し文・現代語訳・注釈を網羅する。現代語訳のみのものを注釈書として掲出することには異論もあろうが、これも一種の注釈であるとの判断から掲げた。

一、執筆は幕末に溯るようなものでも、明治以降の刊行であれば掲出する（たとえば、鈴木重胤『日本書紀伝』など）。ぎゃくに、明治以後の刊行でも、江戸時代の板本の重刊や補刻本は、原則として除外した。

一、明治以後の刊行にかかるものでも古写本の影印、古注釈の飜刻（河村秀根『書紀集解』全四巻〈臨川書店、昭和44年9月30日〉・吉澤義則編『未刊國文古註釋大系』第十二巻〈帝国教育会出版部、昭和13年6月20日〉や高野辰之『日本歌謡集成』巻一上古編〈東京堂出版、昭和35年8月25日〉など）は除外した。

一、排列は、原則として刊行年月日順にしたがった。複数巻に分冊されたものについては、最初の巻の発行年月日によって排列した。「出版」「発行」「発兌」などの表記は、なるべく原本の奥附によった。

一、『日本書紀』全体に記述が及ぶものを中心に掲げ（ただし、少なくとも一巻分の記載のあるものは、原則として採った）、歌謡の注釈は別に掲出した。

一、原則として単行本で刊行されたものに限ったが、一部雑誌掲載のものも採った。

一、編者（校注者・訳者、表紙または奥附に前のあるもの、「××著」「□□編」「○○校注」などの表記は、原本にしたがう）→書名→発行所→刊行年月日（日附のないものは年月のみ）→概要の順で掲げた。四冊以上の分冊からなるものの刊行年次については、原則として最初と最後に発刊された巻のそれを示した。

一、とくに冊数の記載のないものは、一冊本である。

一、概要についてのコメントは、簡潔を旨とした。

一、再刊・復刊についての情報は、概要のところで言及した。

一、索引のような工具類、あるいは研究書は掲出しない。

一、なお、三品彰英博士の『日本書紀朝鮮関係記事考證』上巻・下巻は、著者ご本人が注釈と認識しておられるので、それを尊重して掲出した。

一、小論の作成にあたっては、『皇學』第五巻第一・二・三号、第六巻第二号掲載の「神宮文庫及神宮皇學館所蔵『日本書紀』関係書目録」（上）（中）（下）（続）（昭和十二年三・八・十二月、同十三年十月）を参照したが、歌謡の注釈を別に立項したのは、たまたま方針が一致しただけである。なお、筆者は、榊原末一氏の執筆にかかる、この目録の原稿を所蔵しており、これに加えられた訂正等も併せて参照した。

一、国語読本・漢文読本・詔勅謹解のたぐい、さらには少年少女向けの「神話伝説集」のたぐいは、このたびの目録からは除外した。

【全体にわたるもの】

・中山繁樹訓点

『神代巻』全二冊

同盟書房、明治6年8月発兌

『日本書紀』巻第一・二神代巻の原文に返り点と訓読を施したもの。下巻奥書には「原刻　延宝四年丙辰八月　明治六年四月二刻」とある。上巻巻頭には明治6年10月の加茂御祖神社大宮司・権少教正岡本経春の序と、明治6年7月の中山繁樹の序がある。

・田中頼庸《たなかよりつね》校訂

『校訂日本紀』一・二

校訂兼出版人田中頼庸・売捌所中田正朔、明治13年5月29日発行

『日本書紀』神代巻の校訂本。諸本を以て校合した結果を頭注の形で掲げる。和装本。

・伴信友校訂

『本朝六國史　日本書紀』全三冊

赤志忠七、明治16年8月出版

和装本。『日本書紀』全文の校訂本。第一冊は巻第一～七、第二冊は巻第八～十九、第三冊は巻第二十～三十を収録。のち昭和40年3月25日に郁文舎から他の五国史と合冊して縮刷版が刊行された。

・飯田武郷

『日本書紀通釋』

大八洲學會、明治22年8月23日～明治28年10月11日発行

『日本書紀』全巻の注釈。寛文版本を底本とする原文を掲げ（別巻の「索引・歌文集」の口絵参照）、それに対して詳細な注釈を施したもの。全七十巻。大八洲學會出版の分は、明治22年8月23日出版の上篇之一から明治28年6月7日出版の上篇之七までと、中篇之一（明治22年10月11日）・二（明治22年11月11日）があるが、他は未確認。その後、洋装活字本全五巻（発売所明治書院、明治35年1月23日～明治36年1月31日発行）が刊行され、このとき索引（発売所明治書院・六合館、明治36年1月31日発行）が加わった。のち『再版日本書紀』の書名で再刊され（発売所明治書院・六合館、全五巻とも明治42年12月1日発行、ただし索引はなし）、さらに大鐙閣（大正11年12月15日～大正12年4月20日、ただし索引はなし）、内外書籍（昭和5年、このときから索引に歌文が加わる）・畝傍書房（『増補正訓日本書紀通釋』と改題、全巻とも昭和15年11月20日発行、索引あり。昭和17年にも重版）と版元を変え再版、戦後も昭和56年9月20日に教育出版センターより第一～第五・索引歌文集として全六巻同時に復刻（昭和60年3月10日にも同社から重版されたが、このとき索引歌文集を「第六」と改める）。

・敷田年治《しきだとしはる》

『日本紀標註』全二十六巻（和装本）

小林林之助、明治24年12月6日発行

『日本書紀』全三十巻にわたる注釈書。明治に入ってから刊行された注釈書は本書を以て嚆矢となす。巻之一は目録・凡例・論説・假字之例・異音・古韻・天津日嗣之大御脈・舎人親王略伝・万那婆志良《まなばしら》からなる。以下、巻之二は神代上之上、巻之三は神代上之下、巻之四は神代下、巻之五は神武天皇、巻之六は綏靖天皇～崇神天皇、巻之七は垂仁天皇、巻之八は景行天皇・成務天皇、巻之九は仲哀天皇・神功皇后、巻之十は応神天皇、巻之十一は

仁徳天皇、巻之十二は履中天皇~安康天皇、巻之十三は雄略天皇、巻之十四は清寧天皇~武烈天皇、巻之十五は継体天皇~宣化天皇、巻之十六は欽明天皇、巻之十七は敏達天皇~崇峻天皇、巻之十八は推古天皇、巻之十九は舒明天皇・皇極天皇、巻之二十は孝徳天皇、巻之二十一は斉明天皇、巻之二十二は天智天皇、巻之二十三は天武天皇上、巻之二十四は天武天皇中、巻之二十五は天武天皇下、巻之二十六は持統天皇を扱う。

・大八洲《おおやしま》學會校訂
『六國史校本』
大八洲學會、明治25年4月13日発行
『日本書紀』巻第十六までの校訂本。底本は寛文板本で、諸本によって校合する。奥附によれば、校訂者は飯田武郷・木村正辭《まさこと》。巻末に「凡例」「新校正日本書紀所拠諸本」と巻第十六までの「校異」を掲げる。続巻については不明。なお、『大八洲學會雑誌』巻之三十二(明治22年2月10日発行)には「六國史校正趣旨」「大八洲學會発行六國史購求豫約規則」が、また同誌巻之三十三(明治22年3月10日発行)には魚住長胤《うおずみおさたね》「六國史校本刊行ニ就テ所感ヲ述ブ」が掲載されており、這般の事情を知ることができる。

・岸本宗道・大宮宗男司校訂
『日本書紀 全』
東京堂、明治25年8月6日発行
『日本書紀』全文の校訂本。底本は寛文板本で諸本によって校合。頭注の形で校異を記す。扉に「菊園舎藏版」とあり、奥附に印刷者近藤圭造、発兌所東京堂、大売捌博文館、関西発売元盛文館とある。巻頭に内藤耻叟《ちそう》の序あり。

・經濟雑誌社集
『國史大系』第壹巻
經濟雑誌社、明治30年2月28日発行
『日本書紀』全文の校訂本。「凡例」によれば、「本書は故文学博士小中村清矩大人が安政の頃内藤廣前の校本を以て異同を註されしものに拠りて寛文の板本(流布本)に標註を加へ傍ら日本紀通證書紀集解等二三の書を参攷して校訂せり」とある。大正4年1月26日、黒板勝美が再校訂したものが刊行される。

・井上頼圀閲、三崎民樹・氷室銑之輔・庄田哲夫述
『日本紀講義』上巻・下巻
水穂會、明治39年4月20日発行
前掲田中頼庸氏の『校訂日本紀』を原本とし、神代巻の原文を掲げ、ついで鈴木重胤『日本書紀傳』によって注釈を施す。『日本書紀傳』の活字本は、いまだ刊行されざる時期なれば、宮内省図書寮所蔵の献納本によったか。

・井上頼圀閲、三崎民樹・氷室銑之輔・庄田哲夫述
『日本紀講義 神代巻』
皇學書院、明治39年8月20日発行
前掲井上頼圀閲、三崎民樹・氷室銑之輔・庄田哲夫述『日本紀講義』上巻・下巻を合本したもの。

・鈴木重胤著・秋野庸彦《あきのやすひこ》校訂

『日本書紀傳』全七巻
皇典講究所國學院大學出版部（明治45年2月12日発行の第六巻からは皇典講究所國學院大學販売所）、明治43年5月28日～同44年7月30日発行
『日本書紀』神代上下の注釈書（未完）。原文と注釈から構成される。重胤が生前に執筆した三十巻を適宜分冊。一には一之巻～七之巻、二には八之巻～十二之巻、三には十三之巻～十七之巻、四には十八之巻～二十二之巻、五には二十三之巻～二十七之巻、六には二十八之巻・二十九之巻、七には二十九之巻（続き）～三十之巻を収録。
なお、『日本書紀傳』はのち樹下快淳編輯『鈴木重胤全集』第一～九（鈴木重胤先生学徳顕揚会、昭和12年11月30日～同15年11月20日）にも収録されている。

・飯田弟治訳・松本愛重校閲
『新譯日本書紀』
嵩山房、大正元年年8月15日発行
『日本書紀』全巻の読み下し文。訳者は、飯田武郷の子息で、武郷の校訂した蓬室本の訓法により読み下したもの。松本愛重氏が校閲。本居豊頴《もとおりとよかい》の序あり。巻頭に「新譯日本書紀索引」を排する。

・島根県皇典講究分所編
『日本書紀　神代巻』
島根県皇典講究分所、大正4年7月10日発行
『日本書紀』神代巻の全文について読み下し文を掲げたもの。巻末に詳細な索引を附す。

・島根県皇典講究分所編
『日本書紀　神武巻より成務巻』
島根県皇典講究分所、大正6年6月15日発行
神武天皇紀～成務天皇紀までの全文について読み下し文を掲げたもの。巻末に「日本書紀年表」と詳細な索引を附す。前掲『日本書紀　神代巻』の続篇。

・社会教育協會編纂
『勤王文庫　第二巻　教學篇（上）』
社会教育協會、大正8年10月5日発行
『日本書紀』神代巻の正文だけを読み下しにしたもの。「十七条憲法」「大化改新の詔の奉答」などを併載。昭和15年11月20日に改訂版発行。

・原訓者橘守部・纂註者加藤玄智《げんち》・解題者安藤正次
『世界聖典全集　神道　日本書紀神代巻全』
世界聖典全集刊行會、大正9年4月20日発行
『日本書紀』神代上下について、まず、「日本書紀神代巻本文」として橘守部の『稜威道別』の正文・旁訓によって書き下し文を作成。ついで、「日本書紀纂註」として、諸家注釈を排列し、巻末に「日本書紀解題」を附す。注釈はいずれも明治以前のもので、編者の私見は交えていないが、書き下し文を採用している点を考慮し、ここに掲載する。

・植松安《やすし》編
『釋註假名の日本書紀』上巻・下巻

大同館書店、上下巻とも大正9年9月5日発行
清水濱臣旧蔵本を底本とし、諸本を以て校合を加えたもの。適宜註解を施して、用語等を解説。上巻巻頭に植松氏の「假名日本書紀に就て」を排する。上巻は第一～十五、下巻は巻第十六～三十を収録。

・中山泰昌編輯
『校註日本文學大系第一巻』
國民圖図書會社、昭和2年7月21日発行
植松安編輯担当。『日本書紀』巻一・二の読み下し文と頭注。「例言」には田中本・宮内省図書寮本・彰考館本・岩崎文庫本などを参照したとある。『古事記』・風土記。祝詞・宣命などを併載。巻頭に尾上八郎氏の執筆にかかる「解題」あり。昭和12年7月12日に普及版発行。

・佐伯有義編
『六國史巻一・二　日本書紀』

朝日新聞社、巻壹昭和3年12月30日、巻貳は昭和4年4月2日発行。

『日本書紀』の全巻について原文と頭注を掲げる。巻壹は寛文版本を底本とする『日本書紀』校訂本のうち、巻第十五までを収録。巻貳は巻十六から三十までを収録。巻壹巻頭には「日本書紀解題」を排し、巻貳巻末には附録として「日本書紀所見宮都並山陵一覧」「天武天皇紀賜姓一覧」などを掲載。のち、昭和15年3月22日（上巻）、昭和15年5月25日（下巻）に増補版刊行。なお、『明治聖徳記念學會紀要』三八（昭和7年9月10日発行）掲載の佐伯有義「六国史の編修と古写本に就て」が掲載され、本書刊行の経緯について記されている。

・黒板勝美編
『訓讀　日本書紀』上・中・下
岩波書店、上巻昭和3年1月15日発行、同18年4月8日改版、中巻昭和6年3月5日発行、同16年12月15日改版、下巻昭和7年12月25日発行、同19年2月20日改版
『日本書紀』ほぼ全文の読み下し文（武烈天皇紀に一部抄略あり）。わずかではあるが注を附す。上巻は巻第一・二、中巻は巻三～十七、下巻は巻第十九～三十を収録。

・聖徳太子奉讃會
『推古天皇紀』
聖徳太子奉讃會、昭和3年4月18日発行
前掲の植松安編『註釋假名の日本書紀』から巻第二十二を抄出したもの。

・武田祐吉編
『校註日本文學類從　上代文學集』
博文館、昭和4年1月15日発行
『日本書紀』巻第一～三までの全文の読み下し文と、巻第五～二十七の抜粋の読み下し文と、かんたんな頭注を掲げる。『古事記』・風土記などの読み下し文も併載。

・物集《もずめ》高見編
『新註皇學叢書　第一巻』
廣文庫刊行会、昭和4年5月12日発行
『日本書紀』全巻の原文と頭注。原文の末尾に「日本書紀校異」「日本書紀

校訂所據諸本解説」を附す。『古事記』『古語拾遺』や風土記を併載。

・正宗敦夫編纂・校訂
『日本古典全集第三期　日本書紀（原文）』上・下
日本古典全集刊行会、上巻昭和5年7月25日・下巻昭和5年12月25日発行
『日本書紀』全巻の原文について寛永版本の再刻本を底本とし、諸本により校訂を加えたもの。上巻は巻第一〜十八、下巻は巻第十九〜三十を収録。

・田邊勝哉著
『日本書紀講義　神代巻』
帝國神祇學會出版部、昭和7年5月10日発行
『日本書紀』神代巻上下について、原文・訳読（読み下し文）・解釈の順で排列したもの。「解釈」は用語解を中心とする。

・正宗敦夫編纂・校訂
『日本古典全集第三期　日本書紀（訓讀）』上・下
日本古典全集刊行会、上巻昭和7年7月25日・下巻昭和8年5月20日発行
『日本古典全集第三期　日本書紀（原文）』上・下の訓読。上巻は巻第一〜十八、下巻は巻第十九〜三十を収録。

・堀江秀雄著
『校註　日本書紀　神代より神武天皇まで』
明治書院、昭和7年9月25日発行
『日本書紀』巻第一〜三（神代上下・神武天皇）について、原文・読み下し文・頭注を施す。

・武田祐吉訳
『國文六國史』第一日本書紀上・第二日本書紀下
大岡山書店、第一は昭和7年10月5日、第二は昭和12年11月25日発行
『日本書紀』全文の読み下し文。扉には「武田祐吉・今泉義忠編」とあるが、本冊の担当は武田祐吉。のち、昭和63年12月15日に臨川書店より合冊し武田祐吉訳『訓読日本書紀』として復刻。

・黒板勝美校訂・解説
『日本書紀精粹』
大日本教化図書株式会社、昭和8年12月26日発行
日本思想叢書第9輯として刊行されたもの。『日本書紀』全巻の記事を適宜抜萃し、注釈・読み下し文・口訳と叮嚀な解説を施す。神代巻の「一書」は省略も多いが、『日本書紀』全体を俯瞰できよう配慮されている。

・藤澤衛彦《もりひこ》編
『日本神話と傳説』
大洋社出版部、昭和9年1月20日発行
『古事記』『日本書紀』『今昔物語集』『日本霊異記』から抽出した神話・伝承を口訳したもの。神代の話は『古事記』に譲り、『日本書紀』は神武天皇紀以下にみえる伝承三十二項を選び、訳出。同じものが判型を変えて、昭和10年9月30日に趣味の教育普及會からも発売されているが、両者の関係は不明。なお、藤澤氏は『神話伝説大系』8日本の神話伝説〔Ⅰ〕（近

代社、昭和3年1月30日発行、のち昭和54年12月20日に名著普及会より改訂版発行）をはじめ、同種の編著を複数出版しているが、ここではもっとも詳細な本書のみを掲げる。

・黒板勝美訓読
『古事記 日本書紀　崇神天皇御紀』
崇神天皇聖徳奉讃會、昭和9年11月12日発行
『古事記』崇神天皇段と『日本書紀』崇神天皇の巻全文の訓読。適宜、鼇頭に小見出しを附す。訓読は、前掲岩波文庫のそれをほぼ踏襲。

・平泉 澄《きよし》校訂
『大日本文庫　國史篇　日本書紀』
春陽堂、昭和9年12月25日発行
新訂増補国史大系本を本として、岩波文庫本などを参考に『日本書紀』全三十巻について読み下し文と頭注を附したもの。

・大倉精神文化研究所編
『神典』
大倉精神文化研究所、昭和11年2月11日発行
『日本書紀』全三十巻のほぼ全文の読み下し文を掲げる（雄略天皇紀・武烈天皇紀に一部抄略あり）。『古事記』『古語拾遺』『新撰姓氏録』などを併載。巻末に「神典索引」として同書所収の古典全部の周到な索引を附す。なお、昭和13年刊行の大倉精神文化研究所編『神典解説』上巻（大倉精神文化研究所発行）には『日本書紀』の解説が収録されている。

・三教書院編輯部
『いてふ本日本書紀』上・中・下
三教書院、上は昭和11年5月7日、中は昭和11年11月25日、下は昭和12年6月17日
『日本書紀』ほぼ全巻の読み下し文を掲げる（武烈天皇紀に一部抄略あり）。（上）は巻第一～十、（中）は巻第十一～二十、（下）は巻第二十一～三十を収録。和装本。

・飯田季治
『日本書紀新講』上巻・中巻・下巻
明文社、三巻とも昭和11年10月15日発行
『日本書紀』全文の注釈書。飯田武郷校本による本文・正訓（読み下し文）・講（注釈）を施す。上巻には巻第一～巻第三、中巻には巻第四～巻第十四、下巻には巻第十五～三十を収録。

・植木直一郎訳
『現代語譯國文學全集　第一巻　古事記・日本書紀抄』
非凡閣、昭和11年10月20日発行
神代上下・神武・崇神・垂仁・景行・成務・仲哀・神功・応神・仁徳・欽明・推古・舒明天皇紀の抄訳。各巻の末尾には簡単な語注が附く。「序言」として植木氏による解題がある。

・中山久四郎《なかやまきゅうしろう》監修・宮下幸平著
『詳解日本書紀』上・下
芳文堂、上巻は昭和12年10月19日、下巻は昭和12年11月20日発行

上巻は神代巻、下巻は神武・崇神・垂仁・景行・神功・仁徳・欽明・推古の各天皇紀の重要箇所を抄出し、原文・読方・語釈・通釈の順で掲げる。

・暁烏《あけがらす》敏《びん》
『神武天皇紀古事記　日本書紀』
香草舎、昭和13年7月10日発行
『古事記』中巻の神武天皇段・『日本書紀』巻第三を読み下したもの。「はしがき」によれば、前掲『神典』によったとある。

・泥谷良次郎編
『原典別記　日本神代傳集成』
日本神代傳集成刊行所、昭和13年11月3日発行
神代・神武天皇について、『日本書紀』の本文を標準とし、『古事記』『古語拾遺』『先代旧事本紀』の関係記事を掲げ、さらに関聯史料として『新撰姓氏録』の記事などを附す。複数の先行テキストを用いて読み下し文のみ掲出。

・官幣大社橿原神宮社務所
『神武天皇御紀謹解』
三秀舎、昭和15年1月15日発行
皇紀二千六百年にあたり、『日本書紀』巻第三、すなわち神武天皇紀の読み下し文・語釈・大意を掲げたもの。和装本。附録として「神武天皇を奉祀せる神社」、巻末に索引を附す。凡例に「本書は内務省神社局考證竝に指導課に於て謹纂したものである」とあり、下に掲げる内務省神社局編『神武天皇御紀謹解』と題字・凡例・奥附・判型以外は同じもの。和装本。

・内務省神社局編
『神武天皇御紀謹解』
内務省印刷局、昭和15年5月18日発行
皇紀二千六百年にあたり、『日本書紀』巻第三、すなわち神武天皇紀の読み下し文・語釈・大意を掲げたもの。附録として「神武天皇を奉祀せる神社」、巻末に索引を附す。前掲官幣大社橿原神宮社務所『神武天皇御紀謹解』とほぼ同じだが、こちらのほうが判型はやや小さい。

・佐伯有義校訂・標注
『増補六國史』巻壹日本書紀上・巻貳日本書紀下
朝日新聞社、巻壹昭和15年3月22日・巻貳昭和15年5月20日発行
巻壹は寛文版本を底本とする『日本書紀』校訂本のうち、巻第十五までを収録。頭注を附す。巻貳は巻十六から三十までを収録。のち、昭和57年7月15日に名著普及会より合本して復刻。

・内務省神祇院訳
「神武天皇御紀　日本書紀巻第三（一）～（五）」
東亞教育協會『興亞教育』第二巻第七・八・九・十・十一号に連載、昭和18年7月11日～11月1日発行
上段に『日本書紀』巻第三の読み下し文を掲げ、下段にその注解を附す。神武天皇紀のみだが、詳細な注釈を施している。

・田邊勝哉著
『日本書紀神代巻新釋』

明世社、昭和18年6月28日発行
『日本書紀』神代巻上下について、前掲敷田年治『日本紀標註』全二十六巻・飯田武郷『日本書紀通釋』・鈴木重胤『日本書紀伝』によりつつ、田邊氏自身が古写本その他によって校合を加えた原文を掲げ、ついで訓読・校異・釈義の順で排列する。

・平林治徳・沼津龍雄・島津久基・宮崎晴美共編
『國典大綱　神典篇』
明治書院、昭和18年10月30日発行
『日本書紀』神代巻・神武天皇紀を適宜読み下したもの。

・武田祐吉校注
『日本古典全書　日本書紀』全六巻
朝日新聞社、一は昭和23年1月30日、二は昭和28年6月20日、三は昭和29年10月20日、四は昭和30年12月30日、五は昭和31年12月10日、六は昭和32年6月30日発行
『日本書紀』全巻について、北野神社本を底本（缺本については彰考館本などを採用）とした原文とその校異・読み下し文・頭注を附したもの。六分冊からなり、一は巻第一・二、二は巻第三～九、三は巻第十～十六、四は巻第十七～二十三、五は巻第二十四～二十七、六は巻第二十八～三十を収録。

・國史大系編修會編
『新訂増補　國史大系　日本書紀』前篇・後篇
吉川弘文館、前篇は昭和26年9月1日、後篇は昭和27年12月25日発行
寛文版本を底本とする『日本書紀』全文の校訂本。前篇は巻第一～十五、後篇は巻十六～三十までを収録。のちに完成記念版（前篇は昭和41年12月30日、後篇は昭和42年2月28日刊行）、ついで新装版（前篇は前篇平成12年4月20日、後篇は平成12年8月20日刊行）が出版されている。なお、『新訂増補　国史大系書目解題』下巻（吉川弘文館、平成13年11月1日）掲載の「国史大系校訂分担者一覧」によれば、前篇・後篇の校訂者はともに丸山二郎・土井弘・井上薫の三氏。

・佐佐木信綱・久松潜一・竹田復《さかえ》監修
『日本書紀』（上）（中）（下）
いてふ本刊行會、（上）は昭和28年9月10日、（中）は昭和28年9月20日、（下）は昭和28年9月10日発行
『日本書紀』ほぼ全巻の読み下し文を掲げる（武烈天皇紀に一部抄略あり）。（上）は巻第一～十、（中）は巻第十一～二十、（下）は巻第二十一～三十を収録。前掲『いてふ本日本書紀』上中下の洋装復刊。巻頭の「いてふ本刊行の言葉」によれば「いてふ本を土臺として」「厳密なる補校を加へ」たとあるが、顕著な内容の違いは認められない。

・三品彰英著
『日本書紀朝鮮関係記事考證』上巻・下巻
上巻は昭和37年11月10日に吉川弘文館より発行、下巻は上巻の第二版第一刷とともに天山舎より平成14年12月19日発行
『日本書紀』の朝鮮関係記事の原文と校異を前掲國史大系編修會編『新訂増補　國史大系　日本書紀』前篇・後篇により掲げ、詳細な注釈を施したもの。上巻は崇神天皇紀から応神天皇紀まで、下巻は仁徳天皇紀からまでを扱う。

下巻の原稿は昭和46年8月に出来ていたようだが、諸般の事情で下巻は吉川弘文館からは刊行されることはなかった。なお、天山舎版の上巻では吉川弘文館版にあった「三品彰英略年譜」「三品彰英先生著作目録」が省かれている。

・丸山林平《まるやまりんぺい》編
『定本日本書紀』上巻、中巻、下巻、辞典・索引
講談社、四巻とも昭和41年6月30日発行
『日本書紀』全文の原文（底本は寛文版本）とその校異・読み下し文を掲げたもの。とくに校異については各巻の巻末に「別記」として詳細な諸本の異同を掲載する。上巻は巻第一～九、中巻は巻第十～二十一、下巻は巻第二十二～三十を収録。辞典・索引の巻は、主要用語を五十音順に排列したもので、索引と用語解を兼ねる。本編は各巻五百頁を超える大冊。

・坂本太郎・家永三郎・井上光貞・大野晋《すすむ》校注
『日本古典文学大系67・68　日本書紀』上・下
岩波書店、上昭和42年3月31日・下昭和40年7月5日発行
『日本書紀』全文の原文とその校異・読み下し文・注釈。上には巻第一～十五、下には巻第十六～三十を収録。上巻には詳細な解説がある。のちに五分冊に再構成して岩波文庫に収録。

・井上光貞責任編集、川副武胤《かわぞえたけたね》・佐伯有清・笹山晴生訳
『日本の名著1　日本書紀』
中央公論社、昭和45年12月20日発行
『日本書紀』全三十巻の現代語訳（巻第四・十五～二十一・巻第二十六・巻第三十は省略）と補注からなる。井上光貞「『日本書紀』の成立と解釈の歴史」「『日本書紀』年表」を附す。

・田中卓《たかし》
「神功皇后を中心とした日本紀・古事記の編年対照史料」
神功皇后論文集刊行会編『神功皇后』（皇學館大学出版部、昭和47年5月30日発行）所収
仲哀天皇（一部）・神功皇后・応神天皇（一部）にみえる神功皇后関係の『古事記』『日本書紀』の記事を上下対照に排列したもの。底本は前掲坂本太郎・家永三郎・井上光貞・大野晋校注『日本古典文学大系67　日本書紀』上。のち『田中卓著作集　第十巻　古典籍と史料』（国書刊行会、平成5年8月30日発行）に再録。

・國學院大學日本文化研究所編
『校本日本書紀』一～四
角川書店、一は昭和48年昭50年2月、二は昭和50年12月20日、三は平成元年4月10日、四は平成7年5月31日発行
『日本書紀』神代巻の校訂本。寛文板本を底本として、諸本によって対校を加え、その校異を詳細に掲出したもの。

・福永武彦訳
『日本古典文庫1　古事記・日本書紀』
河出書房新社、昭和51年2月25日発行
『古事記』『日本書紀』の抄訳。『日本書紀』については、前掲『國文六國史』や『日本古典全書　日本書紀』をテキストとして口訳したもの。歌謡につ

いてはべつに「歌謡略注」があり、巻末に「解説」を附す。のち、『古事記』と『日本書紀』を別々に河出文庫に収録。

・直木孝次郎・西宮一民・岡田精司編
『鑑賞　日本古典文学第二巻　日本書紀・風土記』
角川書店、昭和52年5月10日発行
『日本書紀』の読みどころについて、「本文鑑賞」として読み下し文・注・口訳・解説を施す。全文ではないが、ほぼ各巻からあまねく抜粋している。巻頭に「総説」として直木孝次郎氏による解説があるほか、巻末に小島憲之「『日本書紀の「ヨミ」に関して」など論考数篇を掲載。

・中村啓信・菅野雅雄編
『日本神話』
桜楓社、昭和53年3月20日発行
『古事記』上巻の読み下し文とそのもとになる原文（真福寺本）を掲げ、それに対応する『日本書紀』の記事も併載するが、部分的な引用・掲出に留まる（一部は「付録」として別掲）。頭注のほか、「解説」「日本神話参考論文解説」「神名索引」あり。

・築島裕・石塚晴通著
『東洋文庫蔵岩崎本日本書紀　本文と索引』
貴重本刊行会、昭和53年11月20日発行
『日本書紀』巻二十二・二十四の古写本である岩崎本について、訓点をふくむ本文を忠実に飜刻したもの。周到な索引を附す。

・原田敏明編
『古事記と日本書紀との比較』
大和書房、昭和53年11月28日発行
同書前編の原田敏明・池山聰助共編「紀記対照表」は、前掲國史大系編修會編『新訂増補 國史大系　日本書紀』前篇と同じく新訂増補國史大系本の『古事記』により、『日本書紀』正文を二十七節にわけ、それに対応する一書と『古事記』の原文を対照できるように下段に排列したもの。後編には、関聯する原田・池山・望月一憲・西川順土諸氏の研究論文を収録。

・石塚晴通
『圖書寮本日本書紀　本文篇』
美季出版社、昭和55年3月31日発行
宮内庁書陵部所蔵の『日本書紀』をできるかぎり原本に忠実に飜刻したもの。巻第十二・巻第十四・巻第十五・巻第二十一〜二十四と巻第十と巻第二（排列順）を収録。ほかに、『圖書寮本日本書紀　索引篇』（美季出版社、昭和56年2月28日）・『圖書寮本日本書紀　本文篇』美季出版社、昭和59年2月25日）も刊行されている。ちなみに、この圖書寮本については、のちに八木書店から宮内庁書陵部本影印集成『日本書紀』1〜4（平成17年12月15日〜同18年9月30日）として写真版が出版されている。

・浜田清次
『壬申紀私注』上巻・下巻
桜楓社、上巻昭和56年11月10日、下巻昭和58年5月25日発行
天武天皇紀上について、読み下し文とその解説を施したもの。

・田中卓

「日本紀の天武天皇元年紀の〝改訂本〟」

『田中卓著作集　第五巻　壬申の乱とその前後』（国書刊行会、昭和60年9月15日発行）所収

壬申の乱研究の基本史料である巻第二十八を読みやすく「改訂」したもの。底本は、前掲佐伯有義校訂・標注『増補六國史』巻貳日本書紀下・國史大系編修會編『新訂増補國史大系　日本書紀』後篇・坂本太郎・家永三郎・井上光貞・大野晋校注『日本古典文学大系68　日本書紀』下によっている。

・宇治谷《うじたに》　孟《つとむ》

『全訳―現代文　日本書紀』上巻・下巻

創芸出版、上巻は昭和61年1月1日、下巻は昭和61年3月1日発行

『日本書紀』全文の現代語訳。原文はなし。のち改訂して講談社学術文庫に収録。

・井上光貞監訳

『日本書紀』上・下

中央公論社、上巻昭和62年3月25日・下巻昭和62年11月20日発行

『日本書紀』全巻の現代語訳。総説・注・校訂本と詳細な校異を附す。上巻には巻第一～十六、下巻には巻第十七～三十を収録。上巻の現代語訳は川副武胤・佐伯有清両氏、下巻のそれは笹山晴生氏の担当、原文は林勉氏が担当。のち現代語訳のみ三分冊で中公クラシックスに収録。

・眞殿皎訳

『日本書紀』上

入木山房、昭和62年6月10日発行

『日本書紀』巻第一～九までの現代語訳。原文は添えられていない。凡例等がなく、底本も不明。下巻は未刊。

・宇治谷孟

『全現代語訳日本書紀』（上）（下）

講談社、（上）は昭和63年6月6日、（下）は昭和63年8月4日発行

前掲『全訳―現代文　日本書紀』上巻・下巻を改訂して文庫化したもの。

・山田宗睦訳

『原本現代訳　日本書紀』（上）（中）（下）

教育社（のちニュートンプレス社）、平成4年3月10日発行

『日本書紀』全文の現代語訳。（上）は巻第一～十、（中）は巻十一～二十二、（下）は巻二十三～三十の現代語訳を収録。各頁下に簡単な注を附す。

・小島憲之・西宮一民・毛利正守・直木孝次郎・蔵中進校注・訳

『新編日本古典文学全集　日本書紀』①～③

小学館、①は平成6年4月10日、②は平成8年10月10日、③は平成10年6月20日発行

『日本書紀』全巻の原文・現代語訳・注・読み下し文・校訂付記を掲載する。上巻の巻末には、詳細な解説と参考文献・日本書紀年表があり、各巻には「神名・人名・地名索引」も附す。

・坂本太郎・家永三郎・井上光貞・大野晋校注

『日本書紀』全五巻

岩波書店、(一)は平成6年9月17日、(二)は平成6年10月17日、(三)は平成6年12月16日、(四)は平成7年2月16日、(五)は平成7年3月16日発行

前掲坂本太郎・家永三郎・井上光貞・大野晋校注『日本古典文学大系67・68 日本書紀』上・下を五分冊で文庫化したもの。第一冊には巻第一～五、第二冊には巻第六～十三、第三冊には巻第十四～十九、第四冊には巻第二十～二十六、第五冊には巻第二十七～三十を収録。

・三橋健

『神典日本書紀』

いけがや書房、平成8年4月1日発行

『日本書紀』のうち、神道にかかわりの深い箇所を抜萃し、その読み下し文を前掲坂本太郎・家永三郎・井上光貞・大野晋校注『日本古典文学大系67・68 日本書紀』上・下によって掲げたもの。原文はなし。「本文篇」につづき、「解説篇」として「神典としての『日本書紀』」、「年表篇」として「『日本書紀』神道関係年表」を併載。

・山田宗睦著

『日本書紀史注』巻第一～巻第四(既刊四冊)

風人社、平成9年2月15日～同11年2月15日発行

『日本書紀』各巻の注釈書。前掲坂本太郎・家永三郎・井上光貞・大野晋校注『日本古典文学大系67・68 日本書紀』上・下にもとづく原文を掲げ、ついで試訓・注釈を掲げる。

第1巻が『日本書紀』巻第一、第2巻が巻第二、第3巻が巻第三、第4巻が巻第四で、全三十巻の予定だが未完。

・角林《かくばやし》文雄著

『日本書紀』神代巻《かみよのまき》全注釈』

塙書房、平成11年3月17日発行

兼方本『日本書紀』神代巻を底本とし、現代語訳・原文・注釈・考察の順で解釈を施す。

・井上光貞監訳、川副武胤・佐伯有清・笹山晴生訳

『日本書紀』Ⅰ・Ⅱ・Ⅲ

中央公論社、Ⅰは平成15年8月10日、Ⅱは平成5年9月10日、Ⅲは平成15年10月10日発行

前掲井上光貞監訳『日本書紀』上・下から現代語訳のみを抽出したもの。Ⅰは巻第一～九(川副武胤・佐伯有清訳)、Ⅱは巻第十～二十一(佐伯有清・笹山晴生訳)、Ⅲは巻第二十二～三十(笹山晴生訳)の現代語訳をそれぞれ収録。新たに各巻に「解題」を附す。

・福永武彦訳

『現代語訳　日本書紀』

河出書房新社、平成17年10月5日発行

前掲『日本古典文庫1　古事記・日本書紀』の『日本書紀』の部分を抜粋し、文庫として刊行したもの。

・小島憲之・西宮一民・毛利正守・直木孝次郎・蔵中進訳

『日本の古典を読む2・3　日本書紀』上・下

小学館、ともに平成19年9月25日発行

『新編日本古典文学全集日本書紀』①〜③の現代語訳部分を抄出したもの。原文はない。

・宮澤豊穂《とよほ》

『日本書紀　全訳』

ほおずき書籍　平成21年9月10日発行

前掲國史大系編修會編『新訂増補國史大系　日本書紀』前篇・後篇を底本とした『日本書紀』全巻の現代語訳。適宜小見出しを附す。アマゾンジャパン合同会社からKindle（電子書籍）版も公開。

・皇學館大学記紀研究会・富山県神社庁教化委員会教学部会共編

『日本書紀〈神代巻〉を読む―富山に祀られる神々―』

・皇學館大学記紀研究会・富山県神社庁教化委員会教学部会、平成21年8月20日発行

『日本書紀』巻第一・二と『古事記』上巻について、現代語訳と注釈を施したもの。現代語訳のみで原文はなし。非売品。

・菅野《すがの》雅雄訳

『現代語訳日本書紀【抄訳】』

KADOKAWA／中経出版、平成26年9月8日発行

『日本書紀』全巻の抄訳。前掲坂本太郎・家永三郎・井上光貞・大野晋校注『日本古典文学大系67・68　日本書紀』上・下の読み下し文をもとに各巻の読みどころを現代語訳で示し、注を附したもの。巻頭に菅野氏による「日本古代史と『日本書紀』の成立」が掲げられている。

・相原清次

『解析『日本書紀』図版と口語訳による『書紀』への招待』

彩流社、平成29年7月3日発行

第Ⅰ部「『日本書紀』の書物としての創られ方」と第Ⅱ部「『日本書紀』口語訳と注解」とからなり、第Ⅱ部に『日本書紀』の口訳と注解を収める。ただし、巻第三以降に一部省略があり、また、歌謡の口訳は省略される。

〔附記〕

櫻園書院刊行の『日本紀神代巻』上・下全二冊（二円四十銭）は明治のころの出版なれど、刊記がないので、便宜上ここに参考として書名をあげるに留める。

【歌謡の注釈】

・佐佐木信綱著

『日本歌選　上古之巻』

博文館、明治42年3月8日発行

「上古の歌謡」に「古事記日本紀所載」として、記紀歌謡の読み下しを上段に『古事記』、下段に『日本書紀』に対照・排列。巻末に「上世歌謡の概観一」として解題を附す。

・野村八良《はちろう》校訂

『有朋堂文庫　古代歌謡集』

有朋堂書店、大正7年7月4日発行

神楽歌・催馬楽などとともに、林諸鳥『紀記歌集』（天明8年刊）を採用し、あわせて先行研究によって頭注を施す。

・太田水穂著
『紀記歌集講義　附録上代歌謡解』
洛陽堂、大正11年9月10日発行
記紀の歌謡を時代順に排列し、原文・読み下し・注解を施す。「附録」は、『続日本紀』『日本後紀』など、記紀以外の古代歌謡の注解。大正15年2月12日に共立社より再刊。

・植松安著
『記紀の歌の新釋』
大同館書店、大正12年3月10日発行
記紀の歌謡について、頭注の形で原文を掲げ、本文で読み下し・語釈・大意・評言を掲げる。

・武田祐吉編
『續萬葉集』
古今書院、大正15年5月14日発行
記紀の歌謡を雑歌・相聞・挽歌などに分類し、時代順に排列。原文・読み下し・訳を掲げる。巻末に「書物別歌謡索引」「作者別歌謡索引」「歌謡初句索引」を附す。

・兒山信一著
『水甕歌書叢刊第十二篇　上代歌謡集』
水甕社、昭和4年8月1日発行
『萬葉集』以外の古代歌謡を集成。上段に読み下し、下段に原文を掲げる。

・遠藤佐市郎・藤田徳太郎編
『上代歌文新抄』
中興館、昭和4年11月9日発行
第一篇「歌謡」で萬葉歌とともに、『日本書紀』歌謡を原文で引き、訓みを附す。

・國民圖図書會社編輯
『校註國歌大系第一巻　古歌謡集』
國民圖図書會社、昭和6年3月23日発行
林諸鳥『紀記歌集』（天明8年刊）を収録し、頭注を附す。本巻の担当は佐伯常麿。昭和10年7月15日に誠文堂新光社より普及版が、昭和51年10月10日には講談社より復刻版が刊行されている。

・編輯兼発行人山本三生
『短歌講座　第五巻　撰集講義篇』
改造社、昭和7年2月20日発行
森本吉治「記紀歌集講義」を収録。記紀歌謡についての総説、数首の歌謡について読み下し・歌意・語釈・餘釈を掲げる。

・松岡静雄著
『紀記論究外篇　古代歌謡』上巻・下巻
同文館、昭和7年9月20日発行
記紀歌謡の原文・読み下し・用語解・大意を掲げる。のち昭和61年2月10日に教育出版センターより復刻版が刊行されている。

・次田潤編
『上代文學選集』
明治書院、昭和7年12月5日発行
主要な記紀歌謡の読み下しとかんたんな頭注を掲げる。べつに『日本書紀』本文についても一部掲載。「緒言」によれば、歌謡は前掲佐佐木信綱『日本歌選　上古之巻』により、本文については前掲佐伯有義校訂の『六國史』を基としたとある。昭和16年2月5日に修正十七版刊行。

・武田祐吉校註
『記紀歌謡集』
岩波書店、昭和8年10月30日発行
岩波文庫の一冊。記紀歌謡について、原文・読み下しとかんたんな脚注を掲げる。初句索引・作者索引を附す。

・森敬三著
『上代名歌評釈』
大倉廣文堂、昭和10年7月15日発行
「古事記の名歌」「日本書紀の名歌」「萬葉集の名歌」の順で、読み下し・原文・語釈・歌意・評を掲げる。

・窪田空穂校閲・谷馨著
『歴代名歌評釋　記紀・萬葉篇』
交蘭社、昭和11年12月13日発行
第一篇「記紀歌謡」を「一、記紀歌謡概説」「二、記紀歌謡評釈」に分け、後者では読み下し・評釈・口訳・評言を記す。

・相磯貞三著
『記紀解釈新解』
厚生閣、昭和14年4月20日発行
記紀歌謡の原文・読み下し・題意・口訳・語釈・考説を収める。巻末に「記紀歌謡初句索引」「記紀歌謡作者索引」を附す。

・中村富次郎著
『古事記日本書紀の歌』
月明會出版部、昭和17年6月15日発行
古事記の部・日本書紀の部に分けて、さらに神代に始まり、歴代天皇朝ごとに歌謡の原文・読み下し・注釈を掲げる。

・平林治徳・沼津龍雄・鳥津久基・宮崎晴美共編
『國典大綱　和歌篇』
明治書院、昭和17年7月27日発行
第一篇「御歴代御製並びに皇后の御歌」・第二篇「上代の和歌」において、『日本書紀』などが記す歌謡のおもなものを適宜読み下す。

・佐佐木信綱著
『上代歌謡の研究』
人文書院、昭和21年10月1日発行
とくに断りはないが、前掲『日本歌選　上古之巻』の改訂版とみられる。「上代の歌謡」に「古事記日本紀所載」として、記紀歌謡の読み下しを上段に

『古事記』、下段に『日本書紀』に対照・排列。巻末に「上世歌謡の概観」として解題を附す。

・賀古明《かこあきら》編纂
『日本文學新集　古代歌謡篇』
互陽堂、昭和31年4月20日発行
記紀歌謡・古代歌謡拾遺・万葉集に分類し、歌謡の読み下しを掲げ、頭注を附す。

・武田祐吉著
『記紀歌謡集全講』
明治書院、昭和31年5月20日発行
記紀歌謡の原文と校異・読み下し・訳・釈・評を収める。

・土橋寛・小西甚一校注
『日本古典文学大系3　古代歌謡集』
岩波書店、昭和32年7月5日発行
『日本書紀』の歌謡について、原文・読み下し文・頭注を附す。古事記歌謡・続日本紀歌謡・風土記歌謡・仏足石歌とともに収録。日本書紀歌謡は土橋氏の担当。

・武田祐吉編
『日本古典鑑賞講座　第一巻　古事記・風土記・記紀歌謡』
角川書店、昭和32年8月10日発行
記紀歌謡の主要なものについて、読み下し・口訳・解説を施したもの。『古事記』・風土記と併載。記紀歌謡の担当は武田氏。

・石川淳・倉野憲司・福永武彦訳
『古典日本文学全集1　古事記　日本霊異記　風土記　古代歌謡』
筑摩書房、昭和35年5月4日発行
「古代歌謡」（福永武彦訳）の一部として日本書紀歌謡の現代語訳を収録。解説に小島憲之「古代歌謡」を掲載する。

・相磯《あいそ》貞二著
『記紀解釈全註解』
有精堂出版、昭和37年6月20日発行
記紀歌謡の原文・読み下し・題意・口訳・語釈・考説を収める。前掲相磯氏『記紀解釈新解』に『記紀歌謡論』（昭和35年6月）を増補したもの。

・森本治吉《もりもとじきち》・竹内金治郎《たけうちきんじろう》・大久保正編
『上代歌謡』
桜楓社、昭和39年4月10日発行
『日本書紀』歌謡の読み下しと頭注を掲げる。

・高木市之助校註
『上代歌謡集』
朝日新聞社、昭和42年5月30日発行
記紀歌謡の原文・読み下し・大意・頭注。のち昭和52年5月1日におなじく朝日新聞社から日本古典選の一冊として復刊。

・堀内民一（文）・葛西宗誠（写真）
『古代歌謡の旅』
淡交新社、昭和43年2月11日発行
「古事記の歌」「日本書紀の歌」に分け、主要な記紀歌謡の読み下しとかんたんな脚注を関聯写真とともに掲出。

・益田勝美著
『日本詩人選1　記紀歌謡』
筑摩書房、昭和47年5月25日発行
厳密な意味での注釈ではないが、かなりの数の記紀歌謡について、現代語訳を交えつつ解説。

・山路平四郎著
『記紀歌謡評釈』
東京堂出版、昭和48年9月20日発行
記紀歌謡の読み下し・口語訳・語釈・評を収める。

・荻原浅男・鴻巣隼雄校注・訳
『日本古典文学全集1　古事記　上代歌謡』
小学館、昭和48年11月5日発行
『日本書紀』歌謡の注釈と現代語訳。歌謡の担当は鴻巣隼雄氏。

・土橋寛・池田弥三郎編
『鑑賞日本古典文学　第4巻　歌謡Ⅰ　記紀歌謡　神楽歌・催馬楽』
角川書店、昭和50年5月30日発行
記紀歌謡の読み下しと注釈。記紀歌謡は土橋寛氏担当。

・山路平四郎・窪田章一郎編
『記紀歌謡』
早稲田大学出版部、昭和51年4月20日発行
記紀歌謡の読み下しを掲げ、解説を加えたもの。巻末に詳細な「主要参考文献解題・目録」を附す。

・土橋《つちはし》寛《ゆたか》著
『古代歌謡全注釈　日本書紀編』
角川書店、昭和51年8月31日発行
「日本古典評釈　全注釈叢書」の一冊として刊行されたもの。『日本書紀』歌謡について、原文・読み下し・口訳・考説を施す。原文の底本は日本古典文学大系の『日本書紀』を採用し、校異も掲げる。巻末には「歌謡語彙総索引」「主要語釈・事項索引」を附す。『日本書紀』歌謡の注釈書としてはもっとも詳細なものである。

・大久保正訳注
『日本書紀歌謡全訳注』
講談社、昭和56年8月10日発行
講談社学術文庫の一冊。『日本書紀』歌謡について、読み下し・現代語訳・語釈・解説を施す。

・山田實著
『新讀日本書紀歌謡及び訓注』

かわち印刷会社、平成4年11月24日製本（私家版）
『日本書紀』の歌謡及び訓註について、当時の発音形を推定し、新読を施したもの。語彙索引を附す。

・大久間喜一郎・居駒永幸編
『日本書紀【歌】全注釈』
笠間書院、平成20年4月1日発行
『日本書紀』にみえる歌謡全百二十八首と前後の文について注釈を加えたもの。

跋

今年、すなわち令和二年は、『日本書紀』が撰進されてからちょうど一千三百年の節目の年である。本書は、同書に関して、筆者がこれまで折にふれて執筆してきた原稿をもとに編んだものである。

『日本書紀』は、そのあとを承けて編纂された『続日本紀』とともに、若い頃からもっとも親しんだ歴史書なので、当然のことながら、これにかかわる論文は、筆者の研究のなかでも多数を占める。今回は、あまり専門的な論文や、かつて拙著に収録したことのある文章はなるべく排除し、比較的最近執筆したものを中心に構成した。旧稿は、本書への再録にあたって徹底的に改稿するとともに、編成も大きく改めたので、あえて初出書誌は掲げずにおく。一書としての体裁を整えるために、最低限の統一をはかったが、それでも、なお相互の重複や引用のスタイルの不揃いが残った。平に読者諸彦のご寛恕を乞う次第である。

第Ⅰ篇の諸章は、日本書紀論ともいうべきもので、同書の成立、『古事記』との関係、散逸した「系図一巻」と「別巻」などについて考えた。「系図一巻」については、平成六年以来、なんどか稿を改めてきたが、できれば、今後拙見に言及する場合は、この第二章に拠られることをお願いしたい。

第Ⅱ篇の歴代天皇に関する記述は、以前に所功監修『歴代天皇　知れば知るほど』(実業之日本社、平成十八年一月)と『歴史読本』平成七年二月号「秘史　皇位継承実録」に掲載したものを利用しつつ、その後講演や啓蒙書執筆のために用意した原稿を加えて再構成したものである。旧稿の性格上、恩恵を蒙った先行研究を細かく注記できなかったことをお詫びしたい。

また、附篇所収の第二・三章は、一般向けにおこなった講演の原稿をもとにしたもので、近年の発掘成果や先行研究を紹介しただけにとどまり、新味に乏しい。ただ、第一章は、比較的最近執筆した論文(『皇學館論叢』第五二巻第六号、令和元年十二月）を転用したものである。本書には不釣り合いな一篇だが、四道将軍伝承に関しては、自身の旧説を改めたところがあるので、旧著の訂正の意味を込めてここに再録した。なお、最後の第四章は、勤務校の機関誌に掲載したものだが（『皇學館大学紀要』五六、平成三十年三月）、今後「日本書紀に学ぶ」ことを志すかたがたの参考として掲げた。別な形の「日本書紀の手引き」も考えないわけではなかったが、こうしたテキストと注釈書の出版の歴史から、先人が『日本書紀』にどのように取り組んできたかを知ることもたいせつだと思い、附論として加えさせていただいた次第である。微意をお汲み取りいただければ幸いである。

なお、最後になったが、本書を編むにあたり、収録諸篇の執筆にあたって助言と励ましを惜しまれなかった塚口義信・中司照世両先生には心よりお礼申し上げる。また、普段からいろいろと刺戟を受けることの多い日本書紀研究会の会員諸氏にも、この機会に感謝の意を表する次第である。

索　引

＊この索引は、目次を補うもので、各論文における重要語句（ただし、『日本書紀』などの頻出語句は除く）を抽出したものである。
＊語句は、おおむね本文の地の文にあるものに限り、引用文・史料・補註からは原則として採択しなかった。また、附篇第四章も対象外とした。
＊抽出にあたっては、多少字句を整えるとともに、その頁に当該語句がなくても、前後の頁に存在し、叙述が連続している場合は、頁数に加えた。

あ行

か行

さ行

た行

な行

は行

ま行

や行

ら行

わ行

【著者略歴】

荊木美行（いばらき　よしゆき）

昭和34年和歌山市生まれ。昭和57年3月高知大学人文学部卒業、同59年3月、筑波大学大学院地域研究研究科修了。平成元年4月から四條畷学園女子短期大学専任講師、その後同4年4月から皇學館大学に転任、同大学講師・助教授を経て同15年4月から教授。現在、皇學館大学研究開発推進センター教授・副センター長。博士（文学）。著書は、『風土記逸文の文献学的研究』（学校法人皇學館出版部，平成14年）・『記紀と古代史料の研究』（国書刊行会，平成20年）・『風土記研究の諸問題』（国書刊行会，平成21年）・『記紀皇統譜の基礎的研究』（汲古書院，平成23年）など多数ある。

日本書紀《にほんしょき》に学《まな》ぶ

令和2年3月10日　印刷
令和2年3月20日　発行

ISBN978-4-88978-142-7

著作権者との
申合わせにより
検　印　省　略

©著　者　荊　木　美　行
発行者　藤　波　　優

〒558-0046　大阪市住吉区上住吉2-2-29
発行所　株式会社　燃　焼　社
TEL 06-6616-7479 / FAX 06-6616-7480
http://www.nenshosha.co.jp　e-mail fujinami@nenshosha.co.jp

落丁・乱丁本はお取替えします。印刷所　アイブレーン